KB245375

HANGIL
GREAT BOOKS
23

인간현상

테야르 드 샤르댕 지음 | 양명수 옮김

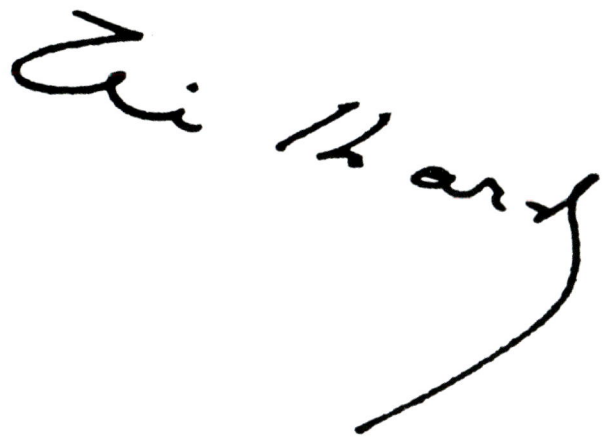

한길사

HANGIL
GREAT BOOKS
23

Le Phénomène Humain
by Pierre Teilhard de Chardin
Translated by Yang Myung-su

테야르 드 샤르댕(1881~1955)

샤르댕이 어린 시절을 보낸 사르스나에 있는 저택

어린 시절 넉넉한 가정에서 부모의 사랑을 받고 자란 샤르댕은 자연 속에서 존재의 신비를
느끼며 어떤 바탕에서 만물이 나왔으리라고 생각하기 시작했다.
그의 진화 신학은 어린 시절에 이미 싹트고 있었다.

13세 때의 샤르댕(1894)

샤르댕은 11세가 되면서 부모의 가정교육에서 벗어나 예수회에서 운영하는 노트르담 학교에
들어갔다. 그것이 샤르댕 가문의 전통이었다.

데카르트(왼쪽)와 파스칼(오른쪽)

데카르트와 파스칼은 17세기에 활동한 위대한 수학자요 철학자이다. 그러나 둘은 다른 길을 갔다. 파스칼의 철학이 신비를 인정하고 사람의 얼을 어루만지는 것이라면 데카르트는 엄밀한 학문을 세웠다. 데카르트 이후 과학은 연장체(res extensa) 곧 물질을 다루는 것이 되었다. 샤르댕은 이 둘을 묶고자 했다. 과학을 통해 철학을 발견하는 방법론에 따라 그는 물질과 얼이 따로따로가 아니며 물질의 발전이 얼의 발전과 같이 감을 밝혔다.

사제가 된 후 샤르댕은 1912년 파리에 있는 국립역사박물관에 들어갔다.
화석 연구에 일생을 바치겠다는 그의 결심은 이곳에서 탁월한 고생물학자인
마르셀랭 블레의 지도를 받으며 현실로 익어갔다.

저우커우뎬 발굴 대원
오른쪽부터 바르부르, 블랙, 샤르댕이다. 샤르댕은 중국의 공식 협조를 받으며 화석 탐사를
계속하고 제자들을 키웠다. 그리고 마침내 1928년 12월 북경에서 3마일 떨어진
저우커우뎬(周口店)에서 인류의 화석을 발견하고 북경원인이라 이름붙였다.
이는 20세기 고생물학에서 가장 큰 발견이다.

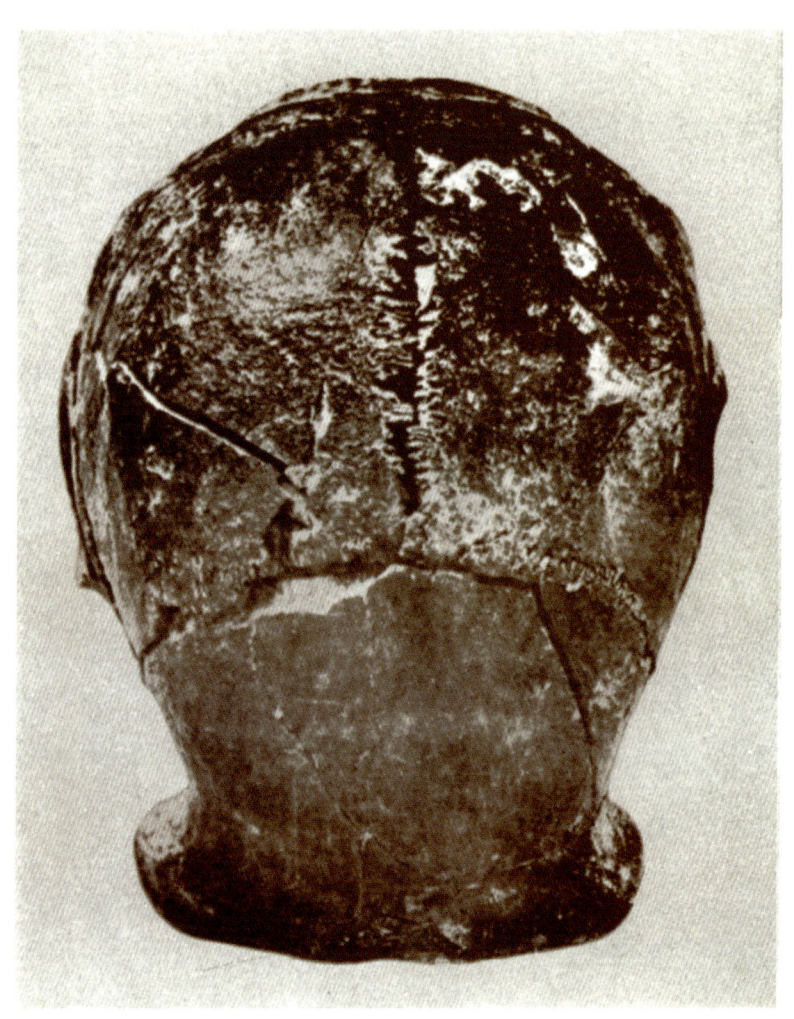

시난트로푸스

중국에서 발견된 인간화석이라는 뜻으로 샤르댕이 발견한 북경원인을 가리킨다.
이른 사람(先人科)이며, 직립원인(호모 에렉투스)이다. 불을 사용했고
도구와 무기를 만들어 썼다.

황색십자군(1931년)

북경원인을 발굴하여 중국 지질학계의 고문으로 추대된 샤르댕은 중국인들을 데리고 황색십자군이라는 발굴대를 이끌었다. 그리고 북경으로부터 파키스탄에 이르기까지 거대한 발굴작업을 계속했다.

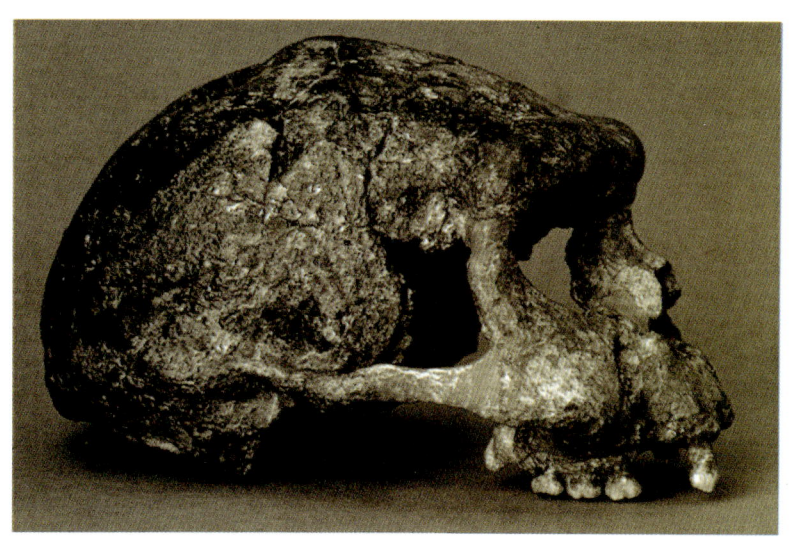

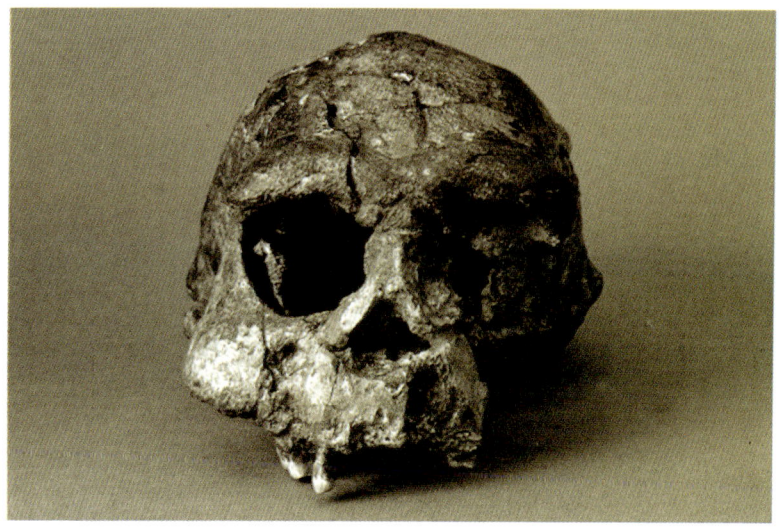

피테칸트로푸스(자바원인) 8호

피테칸트로푸슨느 약 80만 년 전의 화석이다. 샤르댕의 학문활동은 그칠 줄 몰랐다. 이미 1928년 북경원인 화석을 발견한 그는 1935년부터 몇 년 간 북인도와 자바섬을 발굴했으며 1951년과 1953년에는 최초 인류가 남아프리카에서 생겼으리라고 믿고 탐사여행을 계속했다.

샤르댕의 '오메가 신학'은 그리스도를 우주진화의 원리로 본다. 우주진화는 흩어진 여럿이 하나가 되는 사랑의 운동이요 의식확장 운동이다. 거기에 그리스도가 있으며 그런 점에서 그리스도는 처음(알파)이요 나중(오메가)이다.

옮긴이 양명수

옮긴이 양명수는 서울대 법대(학사), 감신대 대학원(석사), 프랑스 스트라스부르대 신학부(박사)에서 공부했다. 현재 이화여대 기독교학과 명예교수이다. 기독교의 고전과 신학을 인류사상사의 관점에서 소개해 왔다. 자유, 평등, 정의, 사랑 같은 보편가치의 발전과 기독교의 관계를 규명하는 연구를 진행했다. 대한민국학술원 우수학술도서로 선정된 『아무도 내게 명령할 수 없다: 마르틴 루터의 정치사상과 근대』, 『퇴계사상의 신학적 이해』, 『성명에서 생명으로: 서구의 기독교적 인문주의와 동아시아의 자연주의적 인문주의』를 비롯한 다수의 저서가 있다. *Journal of the Society of Christian Ethics, Journal of Lutheran Ethics, Etudes Ricoeurienne, Revue de Theologie et de Philosophie* 등의 국제학술지에 논문을 게재했다. 이화학술상을 수상했으며(2018), 미국기독교윤리학회(SCE)의 글로벌 스칼러(Global Scholar)에 선정되어 워싱턴 D.C.에서 열린 66회 연례 학술대회에 초청되었다(2020). 교토대학, 제네바 대학, 로잔느 대학 등에서 동서양 사상에 대해 강연했다.

인류의 위대한 지적유산

테야르 드 샤르댕

인간현상

양명수 옮김

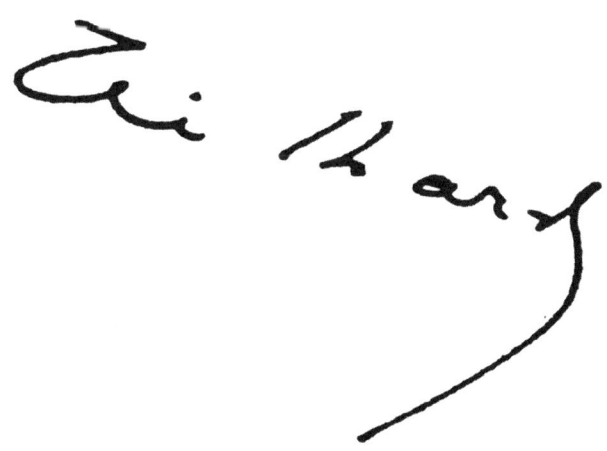

한길사

●인간현상 · 차례

●우주 생명의 길, 사람됨의 길
　　—샤르댕의 『인간현상』

　　샤르댕의 사상은 20세기 후반이라는 한 시대를 사로잡았다. 자연과학의 발달로 공허해진 정신세계에 새로운 희망을 불어넣었던 것이다. 정신세계를 자연과학과 별개로 두지 않고 과학을 통해 정신세계를 마련하는 일, 거기에 샤르댕의 업적이 있고 바로 그 때문에 그의 영향력이 컸다.

　　그는 지질학자로서 또 고고학자로서 수많은 업적을 남기고 수많은 논문을 발표하였다. 그는 아시아에 머무르며 고비 사막에서 자바 섬에 이르기까지 넓디넓은 지역에서 발굴작업을 하였고 아시아의 과학자를 길러냈으며 그들을 통해 '북경원인'의 화석을 발굴하는 개가를 올리기도 하였다. 그러나 그는 무엇보다도 사상가였다. 그의 진화론은 단순히 사물 바깥만 보는 과학에 머물지 않는다. 물질의 내면을 주장하고 인류의 미래를 내다보는 데까지 이르면 그는 물질과 정신을 연결선 위에서 보는 독특한 사상가로 자리잡는다. 얼의 완성도(의식의 집중도)와 물질의 합성 정도(복잡함)는 같은 현상의 두 가지 측면이다. 그 둘은 서로 연결되어 있다. 정신주의도 아니고 물질주의도 아니다. 그 둘의 연결을 보아야 한다. 그것이 샤르댕이 생명현상을 분석하는 일관된 관점이다. 그리고 과학으로 그 점을 설득했기 때문에 샤르댕의 사상이 더욱 설득력 있고 우리에게 감동을 주는 것이다.

　　사실 사람은 모든 면에서 물질과 정신의 양면성을 띠고 있으며 어느 하나에 기울어질 때 독단에 빠지고 만다. 어느 하나를 강조하는 사상은 삶의 현실에 맞지 않으며 결국 민중을 소외시킨다. 정신주의의 이원론과 유물론을 주장한 마르크스주의에서 우리는 그 실례를 본다. 따라서 그 둘을 극복하고 물질과 정신의 연결관계를 주목한 샤르댕의 사상은 인류에게 새로운 희망을 주기에 충분하다.

사람은 과거로는 물질과 이어져 있으며 미래로는 '큰 사람'과 이어져 있다. 생명의 역사는 물질에서 이미 시작된다. 물질에도 생명이 있다. 넋이 있다. 샤르댕은 에너지를 물질 에너지와 얼 에너지로 나눈다. 그러나 모든 에너지는 기본으로 얼 에너지의 성질을 지닌다. 다시 말해서 우리가 볼 때 물질로만 보이는 것이라 해도 그 속에 넋이 있다. 그리고 그 넋은 물질의 종합과 함께 의식의 깊어짐으로 이어진다.

'여럿으로 흩어져 있음'에서 '하나로 모임', 사물의 바깥과 안, 몸뚱이와 넋이 모두 그런 방향으로 움직인다. 샤르댕은 그처럼 생명의 역사가 한 방향으로 움직이는 정향진화(正向進化)를 주장한다. 그러한 생명의 운동이 찾은 해결책이 사람이다. 사람은 사람 이전에 이 땅에 나타난 모든 존재들의 바람과 애씀의 열매다. 그런 점에서 사람은 귀하다. 그러나 사람이라는 존재는 사람 이전의 동물뿐만 아니라 물질에까지 그 뿌리가 이어져 있다. 그 연장선 위에 있다. 사람을 알려면 생명의 역사를 보아야 하고 생명을 알려면 우주의 역사를 보아야 한다. '지구 발생'과 '생명 발생'과 '사람 발생'은 계속 이어지는 운동이다. 물론 단순한 연장이 아니라 임계점의 비약이 있다. 어떤 면에서 불연속이 있는 연속이라고 하겠다.

그의 사상은 교회 쪽의 의심을 받아 말년에 쓸쓸한 세월을 보내야 했다. 그의 책도 그가 죽은 후에야 발간되었다. 그러나 그가 살았을 때부터 널리 읽히며 사람들의 관심을 끌던 그의 단편들은 1955년 이후 책이 나오면서 한 시대를 휩쓸기 시작했다. 20세기 후반은 종래의 과학을 비판하는 얘기가 나오면서 새로운 방향 설정이 필요한 시대였다. 과학으로 삶을 설명할 수 있다고 믿는 것은 미신이라고 야스퍼스 같은 철학자는 주장했다. 과학의 분석방법은 물질을 다루지만 정신세계를 설명하지 못한다. 그렇다면 과학은 기계론에 따라 물질을 다루고 철학과 신학은 기계론으로 분석되지 않는 정신세계(얼누리)를 다룬다고 하면 될까? 그러나 그처럼 영역을 갈라놓아서는 문제를 해결하지 못한다. 어차피 사람은 몸뚱이와 넋과 얼로 이루어져 있고, 삶은 물질과 정신이 서로 어울려 이루어진다. 어느 하나만 가지고는 사람이 아니요 삶이 아니다. 물질과 정신을 분리해서 답을 구한 다음 합한다고 해서 삶의 모양이 이루어지지는 않는다.

과학을 마냥 발전시킨 현대인이 풀어야 할 숙제가 거기에 있었다. 그리고 샤르댕은 바로 그 문제에 대해 나름대로 답을 내놓았다. 그가 죽은 후 온 세상의 생각 있는 사람들이 앞다투어 그의 사상을 연구하고 받아들이고 때로는 열광했던 까닭이 거기에 있었다. 사상은 결국 철학이요 신학이지만 그것을 과학으로 뒷받침했다. 과학이라는 소중한 열매를 손에 쥐고 그 이전으로 돌아갈 수 없는 현대인으로서는 과학을 통해 과학을 넘어선 샤르댕의 얘기에서 대단한 설득력을 발견했던 것이다.

사상은 인류를 이끌 큰 규범과 가치를 제시할 수 있어야 한다. 샤르댕에게서 과학이 철학이 되었다는 것은 가치중립 지대에서 어떤 가치를 발견했다는 것이다. 그것은 흩어져 있는 과학 분석들을 묶어 일관된 이야기로 엮어내면서 일어나는 일이다. 이야기로 엮으면서 엮은이의 가치관이 들어가게 마련이다. 우주와 생명의 과거가 이러했으니 그 법칙을 따라 앞으로는 어떠할 것이며 그러므로 우리는 이렇게 살아야 한다. 그런 식이다. 과학 법칙으로부터 현재 우리의 삶의 뜻을 밝히고 그 '삶의 뜻'에서 '따라야 할 뜻' 곧 규범을 내놓는다. 그렇게 해서 과학은 사상이 된다. 사상이란 미래의 꿈을 보여주고 우리에게 삶의 의미를 줌으로써 생명을 북돋우는 설득력 있는 생각이 아닌가? 샤르댕은 그 설득력을 과학에서 빌려왔다. 물리화학과 생물학과 해부학과 지질학 지식을 끌어와 자신의 생각을 뒷받침한다. 지식(칸트가 말한 Erkenntnis)에서 생각(칸트가 말한 Gedanken)으로 그리고 생각에서 지식으로. 그는 과학자이면서 사상가이고 종교인이면서 과학자였다.

26

그는 진화의 역사를 '이른 생명'(1부), '생명'(2부), '생각'(3부), '다음 생명'(4부)으로 이어진다고 본다. 앞의 두 부분은 과학에 따르고 뒤의 두 부분은 철학의 냄새가 짙게 풍긴다. 그러나 그가 물리화학이나 생물학을 가지고 말하는 1, 2부에서도 이미 그가 무슨 얘기를 하려는지 철학이 엿보인다. 그의 이야기는 웅장하고 가슴 벅차다. 진보주의는 아니더라도 진보의 신념이 깔려 있으며 낙관주의는 아니더라도 사랑의 승리를 말하는 점에서 가슴 벅찬 큰 이야기다. 기초 물질로부터 오메가 포인트에 이르기까지 그는 큰 이야기로 우리에게 희망을 주고 오메가 포인트에 걸맞게 살 수 있는 용기와 힘을 준다. 어떻게 되리라는 것은 그렇게 되어야 한다는 신념을 품고 있다. 서술에는 당위가 들어 있다. 그냥 당위만 말하면 선언에 그칠 뿐 실천할 수 있는 힘을 주지 못한다. 그러나 어떻게 되고 있으며 그래서 어떻게 되리라는 서술은 나도 그 방향에 맞추어 살아야겠다는 결단을 이끌어낸다. 큰 이야기가 큰 규범을 이끌어내는 것이다.

그러나 오늘날 탈현대주의자들(post-modernists)의 말대로 한다면, 큰 이야기(le grand récit)는 유행이 지난 것 아닌가? 큰 이야기는 다른 것을 같은 것으로 묶고, 모든 걸 보편규범 속에 가두어 참된 자유를 억압하는 것 아닌가? 이제 21세기를 앞두고 같음보다는 다름, 중심보다는 변두리, 모임보다는 흩어짐, 하나보다는 여럿을 찾아야 하는 시대 아닐까? 어떤 면에서 옳은 말이다. 그러나 큰 이야기가 없으면 정당성의 문제가 풀리지 않는다. 무엇을 바라보고 살아야 하는지 알 수 없다. 무엇이 옳은 것인지 합의를 이루어낼 수 없다. 그러므로 정치가 불가능하다. 정치가 단순히 권력 다툼이 아니라 구성원의 합의를 이끌어내어 한 사회(국내정치)와 인류(국제정치)의 행보를 하나하나 결정해나가는 것이라면 정치 허무주의야말로 인류의 미래를 위해 위험한 것이 아닐까? 뜻을 묻지 말라고 하지만 뜻은 여전히 중요하다. 역사에도 뜻이 있고, 모든 존재에도 뜻이 있고 삶에도 뜻이 있으며 그 뜻은 우리를 이끌어, 자기만 아는 본능을 누르고 더불어 살도록 한다. 사람은 배고파 죽기도 하지만 삶의 뜻이 없을 때 자살한다. 뜻은 생명이다.

　그래서 저자는 우주 존재의 뜻을 밝히고 그 속에서 사람의 삶의 뜻을 밝힌다. 가치중립의 과학이 현대인을 무의미(뜻 없음)에 빠뜨렸을 때 그는 과학의 '사실'에서 '큰 뜻'을 찾음으로써 인류에게 삶의 '진실'을 밝힌다. 사실에서 진실로. 구원과 해방과 자유는 진실에 있으며 그것은 큰 뜻을 찾는 데 있다. 구원과 해방은 목적이요 끝이며 그래서 종말에 있다.

　샤르댕이 생명의 역사를 보는 눈이 그렇다. 큰 뜻은 끝에 있다는 말이다. 그 '큰 뜻'이 4부에서 말하는 '오메가 포인트'의 내용이다. 오메가 포인트를 중심으로 모든 원소와 개체와 개인이 모인다. 흩어진 '여럿'이 모여 '하나'가 된다. 물론 다른 생명체와 달리 한 사람은 이미 하나다. 사람의 특징은 개체가 전체에 흡수되지 않는다는 점이다. 동물에서는 개체가 종을 위해 존재한다. 그러나 사람은 전체를 위해 존재하지 않는다. 오히려 근대에 이르면 전체가 개인을 위해 존재하도록 만든다. 그러므로 오메가 포인트에서 여럿이 모여 하나가 되는 것은 동물 집단과 그 성격이 다르다. 개인의 자율성을 잃지 않으면서도 서로 완벽한 연합을 이루는 것이다.

　개인이 그 주체성을 잃지 않고 독립된 하나로 있으면서도 '큰 하나'를 이루는 것이야말로 21세기를 앞두고 인류가 바라는 것이 아닐까? 현대는 '반성 철학'으로 개인의 주체성을 세웠다. 샤르댕은 3부에서 사람을 가리켜 반성체로 본다. 반성이란 자기를 돌아보는 것이요 또한 자기를 중심으로 다른 모든 것을 자기 앞에 세우는 것이다.

　사람의 특징인 반성은 데카르트 이후 뚜렷하게 주체철학으로 발전했다. 한 사람이 주체요 목적이다. 그것은 개인주의를 낳고 인권을 확립하고 국민주권주의를 이룩했다. 한 사람이 있는 곳 거기가 중심이요 그래서 중심은 사람 수만큼 있다. 그러나 오늘날 개인주의가 원자주의로 이동하여 민주주의의 위기를 낳았다. 사회구성원이 각기 흩어져 제각기 중심인 것만 강조하면서 또 하나의 '큰 중심'을 만들려 하지 않는다. 그러나 큰 중심이 없이는 흩어진 여러 중심도 있을 수 없다. 개인의 주체성 때문에 생긴 이 문제를 해결해야 하지만 그렇다고 개인의 주체성을 희생할 수는 없다. 그것은 현대가 이룬 위대한 업적이요, 생명의 역사에서 '반성하는 생명'(사람)이 그 이전의 생명과 구별되는 가장 뚜렷한 점이다.

사람 이전에는 개체보다는 종의 생존이 더 중요했으나 이제 현대에 들어서며 개인이 국가를 위해 있지 않고 국가가 개인을 위해 있게 되었다. 한 사람이 목적이다. 그것은 큰 공헌이다. 그러나 이제 '우리'를 다시 얘기할 때가 되었다. '나'를 찾아 나섰던 현대의 사상이 '자기'에 빠져 정작 '나'를 잃어버리게 되었다. 그렇다면 '우리'를 다시 찾는 것은 나를 찾는 길이다. 나를 찾아가다보면 '우리'를 찾아가지 않을 수 없다. 그러므로 여럿이 모여 '하나'가 되는 것은 새로운 해방의 길이다. 개인주의 이전의 '우리'가 과거에 집단주의에 바탕을 둔 전체주의를 이루는 데 이용되었다면 이제 개인주의를 거친 후 '우리'를 말하는 것은 현대가 한 발 내딛었으나 이루지 못한 인간해방을 이루는 새로운 길이다.

우리는 샤르댕의 글을 깊이 읽을 필요가 있다. 나는 이미 사람이지만 사람이 되어야 할 존재다. 사람됨의 문제는 개인의 문제일 뿐만 아니라 인류라는 종 전체의 문제다. 인류 속에 들어 있는 동물스런 힘을 점점 얼로 다스려 참된 인류문명을 이룩하는 것, 그것이 사람됨의 길이다. 그때는 개인 사이의 대결을 넘어서고(힘의 대결은 동물스런 찌꺼기다), 집단과 집단의 대결을 넘어서고, 국가와 국가의 대결도 넘어서게 된다. 사람이 사람답게 되어가는 과정이란 그런 것이다. 거기에 오메가 포인트가 있다. 그가 말하는 오메가 포인트는 모든 개체(개인, 집단, 민족, 국가)가 대결을 넘어 하나되는 것이다. 그 하나됨은 개체가 전체에 함몰되는 것이 아니라 하나됨으로써 오히려 개체성이 더욱 뚜렷해지는 점이다. 어떤 면에서 참된 공동체가 이루어지는 시점이다.

여기서 공동체는 물론 사람 공동체다. 사람은 생명체 가운데 가장 중요한 존재다. 그러나 사람은 생명의 열매로서 중요하고 존엄하다. 자연의 노력의 열매요 자연이 찾은 해결책이다. 그러므로 사람만 주체가 되고 사람 바깥의 모든 존재(자연)를 객체로 몰아세우는 근대 자연과학의 사람 중심주의는 고쳐야 한다. 우리는 이 책의 1, 2부를 읽으면서 우리 둘레에 있는 생물 아니 무기물을 포함한 모든 존재를 가깝게 느끼게 된다. 우리 바깥의 모든 존재들과 무슨 관계가 있다. 완전한 연속이라고 할 수도 없지만 완전한 불연속이라고 할 수도 없다. 무기물도 '이른 생명'이다. 살아 있다고 하기에는 아직 이르지만 죽은 것도 아니다. 돌 속에도 이미 이른 의식이 있다고 생각해야 한다.

샤르댕은 정향진화의 시작을 무기물이 모여 결정체를 이루는 것에서 찾는다. 무기물의 운동에 이미 생명 진화의 시작이 있다. 샤르댕은 기초 물질을 에너지로 보고 에너지의 기본을 얼(정신) 에너지로 본다. 얼의 작용 그것은 이미 무기물의 운동에 들어 있다. 무기물에도 넋이 있고 나무에도 넋이 있다. 그것은 사람과 통한다는 얘기다. 종래의 과학은 물질을 죽은 것으로 보았다. 사람 바깥의 것과는 '상대'(相對)하지 않았다. 그래야 분석이 가능하다. 오직 '대상'(對象)일 뿐이었다. 그러나 샤르댕의 얘기에서 우리는 우리와 통하는 만물과 상대하는 길을 보게 된다.

그렇다면 오메가 포인트의 공동체는 사람 공동체를 넘어 모든 존재의 공동체로 갈 가능성이 생긴다. 사람만 중심으로 보고 다른 모든 것을 변두리로 몰아내는 사람 중심주의를 넘어설 길이 보인다는 말이다. 물론 사람 안에 다른 모든 존재의 중심이 모여 있다. 사람은 지금까지 지구 역사의 축적이기 때문이다. 그래서 어느 정도 저자는 사람 중심주의에 서 있다. 그러나 그가 서 있는 사람 중심주의는 사람이 얼마나 귀한 존재냐 하는 것을 말하기 위한 방법이지 다른 존재가 별것 아니라는 것을 말하려는 것은 아니다. "이 우주는 강력하게 합치는 힘으로 뭉친 하나의 조직이요 덩어리이며 하나의 양자라는 것을 모르는 사람은 역사나 의식이 우주 속에서 차지하는 자리가 무엇인지 알 수 없다"고 한다.

샤르댕을 의심하던 무리들은 그를 범신론자로 몰아붙였나. 범신론에서는 만물에 신이 들어 있는 것으로 본다. 그렇게 되면 만물을 낮게 보는 것이 아니라 너무 높게 보아 사람의 주체성이 상실되기 때문에 문제다. 샤르댕의 사상을 범신론으로 보는 사람들이 있었다는 것은 그만큼 그의 사상이 사람만 아는 사람 중심주의하고는 거리가 멀다는 얘기다. 넬슨 만델라가 남아프리카 공화국 대통령 취임사에서 사람 중심의 사회를 만들겠다고 한 것처럼 사람 중심주의는 사람이 신분이나 인종이나 재산에 관계 없이 그 자체로 귀하다는 것을 선언하는 귀한 사상이다. 사람의 존엄성 그리고 인권과 민주주의가 근대의 사람 중심주의에서 나왔다. 그리고 그것이 자연을 관찰과 이용의 대상으로 삼은 기술과학의 사람 중심주의와 밀접히 연관된 것도 사실이다.

그러나 이제 사람의 존엄성을 이룩하는 사람 중심주의는 귀한 유산으로 이어가되 자연을 이용의 대상으로만 삼는 사람 중심주의는 떼어놓아야 한다. 근대 문명에서 그 둘은 붙어서 발생한 것이기 때문에 떼어놓기가 어렵지만 이제 그 일을 해야 한다. 자연을 이용의 '대상'에서 얘기의 '상대'로 삼아야 한다. 샤르댕의 얘기는 그 점에서 현대 과학문명이 낳은 생태계 위기를 넘길 수 있는 가르침을 주기도 한다.

사람은 자연이 찾은 해결책이지만, 자연은 지금까지의 자연 속에 있던 본능을 사람이 '생각'과 '큰 얼'로 넘어서길 바란다. 그러므로 사람 사회의 미래를 진화로 푼다고 해서 저자가 지난날의 진화법칙인 자연선택이나 약육강식을 그대로 사람 사회에 인정하는 것은 아니다. 자연은 사람에게서 생명의 완성을 바란다. 그것은 하나되는 것이요, 사랑이다. 이제부터 진화는 사람 손에 달렸다. 사람 책임이다. 저자가 과학법칙으로부터 앞을 예측했다고 해서 필연을 말하는 것이 아니다. 사람이 어떻게 하든 결과가 정해져 있다는 얘기가 아니다. 사람하기에 달렸다. 사람은 이미 사람이지만 사람이 되어야 할 존재다. 한 사람으로뿐만 아니라 인류로도 그렇다. 그리하여 사람이 참사람이 되는 순간 생명은 완전히 꽃핀다. 그것은 지금까지 진화에 걸렸던 시간표에 비추어볼 때 앞으로 엄청난 세월 이후에 이루어지겠지만 이미 여기서 시작하고 있다.

한 시대를 풍미했던 이 책이 우리말로 나오게 되어 기쁘며 한길사에서 기획하고 출판한 것을 고맙게 생각한다. 그리고 바쁜 가운데도 원고를 꼼꼼히 읽고 도움말을 준 배재대학교 생물학과의 이기성 교수, 물리학과의 김칠민 교수 그리고 화학과의 민병진 교수에게 인사를 전한다.

끝으로 이 책을 번역하면서 우리말을 살려 쓰려고 애썼음을 밝혀둔다. 문체나 신학, 철학 용어를 조금 바꾸어보았는데 아직 너무나 부족하다.

1997년 봄에
연자산 연구실에서
옮긴이 양명수

●들어가기 전에

　평생을 바쳐 연구를 한 과학자는 말년에 이르렀을 때 자신의 이런저런 관찰과 생각들을 체계를 세워 종합하고픈 마음이 들게 마련이다. 또 연구를 통해 점차 어떤 세계관을 갖게 되고 그것을 모양 있게 내놓고 싶은 마음도 들 것이다. 그의 연구 대상이 과학의 발전이나 인간실존이라는 큰 문제와 얽혀 있을 때에는 그러한 종합의 필요성이 더욱 간절해지리라.

　지난 몇 해 동안 세계의 이름난 학자들이 그런 필요를 느꼈다. 그들은 각자 자신의 연구분야에 충실하면서도 그 영역을 넘어 어떤 결론을 얻어내려고 했다. 연구를 통해 떠올랐던 생각들의 종착점을 찾고 어떤 세계관을 세우려 했다. 그렇게 해서 나온 문서 중에는 인류를 위해 대단히 귀한 것들이 많다. 그리고 대개 상낭한 호응을 얻는데, 전문가들뿐만 아니라 과학하고는 거리가 먼 대중들에게도 큰 반응을 일으킨다.

　물론 어떤 사람들은 그런 종합하는 작업을 도외시한다. 드높은 정신세계를 무시한 채 실증주의 방법론에 사로잡힌 그들의 종합하는 작업은 과학의 한계를 벗어났다고 야단들이다. 물론 과학과 철학을 제멋대로 뒤섞어놓는 일은 피해야 하리라.

　그렇지만 과학을 할수록 생명이란 무엇인가 하는 일반물음에 부딪힐 수밖에 없다. 그리고 새로운 발견 덕택에 생명의 개념이 더욱 풍부해지고 깊이 있게 된다. 그렇게 해서, 아무리 자기 분야에 한정된 방법론에 집착하는 학자라 해도 마침내 철학자에게 손을 내밀게 되고, 신앙인이라면 신학자에게 도움을 청하게 된다.

우리 시대에 그러한 필요성을 가장 심각하게 느낀 학자들 가운데 샤르댕 신부야말로 첫 손가락에 꼽힌다. 그는 지질학자요 고생물학자로서 자기 분야의 문제들 특히 새로운 발견과 더불어 생기는 문제들을 푸는 데 온 힘을 기울였다. 그 분야에서 그가 최고 권위자요 우리의 시야를 넓혔다고 하는 점을 의심할 수 없을 것이다.

그러나 그는 탁월한 과학자일 뿐 아니라 사상가이기도 했다. 그는 사실을 관찰하고 늘어놓는 데 만족하지 않고 사실들의 상호관계와 뜻을 찾으려 했다. 그는 과학자로서 눈에 비치는 현상들을 놓치지 않으면서도, 천천히 그러나 점차 뚜렷하고 분명하게 어떤 세계관을 그려나갔다. 그 세계관은 그 깊이와 종합성 그리고 문화발전에 이바지한 면에서 이 시대에 가장 독특하고 뛰어나다.

이 우주의 사건에 대한 그의 생각을 여러 각도와 관점에서 드러낸 작품들 중에서 『인간현상』은 가장 중요한 작품이다. 그 부피도 부피이지만 무엇보다 그의 기본 사상이 잘 드러나 있기 때문이다. 1938년 6월과 1940년 7월 사이에 이 책을 썼는데 그렇다면 당시에 이미 그의 세계관이 성숙해 있었다는 얘기가 된다. 1947년과 1948년에 그는 책을 조금 손보고 덧붙였다.

이 책을 읽다보면 생각의 과감함과 남다른 점은 제쳐두고라도 저자가 확인해주는 '하나됨에 담긴 깊은 뜻'에 놀라게 된다. 이 책에서 우리는 그가 밝힌 우주의 하나됨이 우주 현상학에 큰 공헌을 했음을 볼 수 있다. 그의 글이 객관에 따를 뿐 아니라 뜻 깊은 서술이기 때문이다. 『인간현상』은 치밀한 추리로 쌓아올린 생각의 뭉치가 아니다. 물론 저자가 그런 능력이 충분히 있겠지만 이 책은 추리의 산물이라기보다는 저자에게 뚜렷이 보이는 현실을 그대로 옮겨놓은 것이다. 독자는 그 점을 느낄 수 있을 것이다.

시간에 쫓기는 사람들도 이 책에 금세 빨려들게 된다. 생각이 있는 사람들은, 적어도 사람에 관해서는 될 수 있는 대로 빨리 다양한 학문의 업적들을 모아 튼튼하게 종합해야 한다고 느끼고 있다. 종교 쪽에서도 창조의 위대함과 아름다움을 밝히 드러낼 종합작업을 기다린다.[원주1] 결국 사람의 얼은 무한히 쪼개지고 갈라진 과학에 만족할 수 없다.

　사람은 본래 어떤 통일된 세계관을 필요로 한다는 것을 느낀 샤르댕 신부는 그 일에 뛰어들었다. 사실 그는 누구보다도 그 일에 적합한 준비가 된 사람이다. 그러나 이 책에 나오는 생각들이 옳다고 하더라도 철학과 신학의 발전을 생각해야 한다.

　다시 말해서, 짜임새 있는 세계관을 이루었다 해도 더 중요한 문제가 있다. 그 세계관이 신앙의 내용에 맞아야 한다는 점이다. 성 토마스 아퀴나스 이래 어떤 신학자도 부인하지 못하는 것은, 자연질서와 초자연질서 사이에 그 차원의 차이에도 불구하고 어떤 은밀한 조화가 있다는 점이다. 중세에는 이 두 질서 사이의 조화로운 일치가 명백했지만 과학의 발전을 맛본 현대인들에게는 불분명하다. 그리스도교의 지식인들은 그 일치를 의심한다기보다, 믿고 있으면서도 보려고 하지 않는다.

　샤르댕 신부는 현대의 과학지식과 그리스도교의 종합에 계속 관심을 두었고 이 책에서 그것을 실현했다. 이 책은 두번째 종합작업이면서 가장 큰 작업이었다. 그의 넋 안에 차츰차츰 모양을 갖추는 세계관 안에서 탐구를 계속하면서 그는 어떤 확신을 갖게 되었다. 사도 바울의 옥중서신에 잘 나타난 대로 그리스도교는 그 본질로 볼 때 우주 진화의 성취요 완성이라는 점이다. 바울처럼 샤르댕이 볼 때도 그리스도는 세계의 모든 사건의 축이요 마침이며, 모든 상승력이 모이는 신비한 오메가 포인트다. 오메가 포인트에서 볼 때 모든 피조물은 '몸을 입은 말씀'과 연관되어 나타난다.

　우리는 지금 그리스도를 중심으로 한 그의 관점에 대해서 더 말하지 않을 것이다. 『인간현상』은 어디까지나 경험의 영역에 충실하고 있으며 신학

[원주1] 1955년 4월 24일 교황 비오 12세는 교황청 과학 아카데미에서 이렇게 선언했다. "과학은 현실의 깊은 뜻을 쉽게 꿰뚫어보고, 완벽하고 조화스럽게 전체를 볼 수 있기를 바라지 않습니까?"

문제를 주제로 삼고 있지는 않다.

더 큰 시야를 열어주고 더 멀리 생각하게 하는 이 귀한 책이, 우리 시대의 불안과 방황을 느끼고 세상과 삶의 뜻을 좀더 잘 이해하려는 사람들을 도울 수 있으리라 믿는다. 많은 사람들에게 빛과 영감을 주고 우리 시대에 큰 영향을 끼칠 책이 될 것이다.

• 덧붙이는 글

그리스도인들을 위해 몇 가지 신학 설명을 덧붙이는 게 낫겠다.

1) 저자는 책 앞에 머리말을 썼는데 그의 사상을 전체의 방법론에서 놓고 보는 데 매우 중요하다. 눈에 보이는 우주의 현실을 그대로 분석해서 적는 것이 그의 방법론이다. 그렇지만 그는 세상의 진화를 일으키고 이끄는 사람스러운 창조주 하느님을 어디서나 염두에 두고 있다.

2) 사람의 기원에 관한 부분은 아주 흥미있는 부분 가운데 하나인데, 과학을 잘 모르는 사람들 중에는 오해를 할 수도 있다. 다시 말해서, 저자가 생명의 연속성을 너무 밀고 나가서 사람과 동물 사이의 차이를 그냥 지나쳤다든지, 또는 사람의 출현에 하느님의 개입을 불필요하게 만들었다든지 하는 생각을 할 수도 있을 것이다.

그러나 좀더 자세히 읽어보면 그런 해석이 오해임을 알게 된다. 저자는 '연속 속의 불연속'을 두고자 했으며 그의 현상학적인 서술에는 신의 개입을 말할 만한 여지가 많다. 확인해보고 싶으면 특별히 제3부 제1장의 원주 2를 읽어보라.

3) 인류 동조론(人類同祖論, monogénisme) 문제에 있어서는 과학과 신학이 서로 다른 차원에 있음을 생각해야 한다. 그 점에서 그는 과학자의 자리에 서 있다. 물론, 문(門)의 기원이 사라진다고 해서 그것이 인류가 한 쌍의 인간에게서 나왔느냐 아니면 여러 쌍에서 나왔느냐 하는 것을 결정할 만한 근거가 되지 않는다고 말하고 있지만 말이다. 좀더 자세한 조사를 해봐야 하겠지만 아직은 인류 동조론의 여지도 있다(제3부 제1장의 원주 3·

5를 보라). 그 문제는 아직 확실하게 풀리지 않았으며 과학이나 신학 분야에서 더 연구를 해야 할 것이다.

신학박사

N. M. 빌디에르

●머리말

    이 책은 형이상학이나 어떤 신학작품으로 봐서는 안되고 오로지 과학책으로 봐야 한다. 그렇게 해야 이 책을 정확히 이해할 수 있다. 그래서 책 제목도 그렇게 붙였다. '현상'일 뿐이다. 그러나 또한 전체 현상이다.

    먼저, 현상일 뿐이라는 얘기는 무슨 뜻인가? 이 책은 세상을 설명하는 것이 아니라 설명으로 이끄는 것일 뿐이다. 사람을 중심으로 삼고 그 사람 둘레에 일어난 사건들 사이에 어떤 일관된 질서를 찾아보려는 것이다. 그 것은 우주의 요소들 사이에 존재론에 따른 또는 인과론에 따른 관계의 체계를 찾아내는 것이 아니라 시간의 흐름을 따라 줄이어 나타나는 그들의 출현을 표현할 수 있는 어떤 경험법칙을 찾으려는 것이다. 나의 의도는 바로 거기에 있다. 무엇보다 먼저 과학작업이나. 물론 그 너머에는 더 발전된 사고를 하는 신학자와 철학자의 자리가 열려 있지만 존재의 문제에 대해서 너무 벗어나지 않으려고 거듭 신경썼다. 기껏해야 존재 전체가 하나가 되어가는 운동을 인정했는데 그것도 경험을 떠나지 않는 범위에 머물렀으며 그 정도의 언급은 타당하다고 믿는다. 그러나 때로는 그런 연속 운동에도 어떤 단절이 있어 철학과 신학을 동원할 필요를 느끼는데 그때도 그런 필요성을 말하는 선에서 그쳤다.

    그러나 또한 전체 현상이다. 이 전체 현상이라는 말 때문에, 내가 철학을 하고 있다고 보는 사람도 있으리라. 물론 앞에서 한 말을 거짓으로 보지는 않으면서도 여하튼 내가 이 책에서 철학의 옷을 입고 있다고 볼 위험이 여기서 생긴다. 한 50년 전부터 과학비평에 따르면 순수한 사실은 없다고 한다. 아무리 객관으로 보았다 해도 모든 경험은 그것에 무슨 형태를 주려는 순간 그 과학자의 가설의 체계 안으로 들어간다고 한다. 만일 조그마한 관찰에도 그처럼 해석자의 주관이 들어간다면 우주 '전체'를 조망하는 경우에는 더 말할 나위가 없을 것이다. 극점에 가까운 자오선들이 그렇듯이 과학과 철학과 종교는 전체를 향해 가까이 모이게 된다. 분명히 모인다. 그러나 끝까지 서로 다른 각도와 다른 관점에서 현실을 파헤쳐가기 때문에 결코 뒤섞여 서로 몰라볼 수 없게 되지는 않는다. 푸앵카레(Poincaré)나 아인슈타인(Einstein)이나 진스(Jeans)나 그밖의 누구든 현대과학자들이 세상에 대해 쓴 글을 보라. 그들이 세상을 과학에 따라 해석할 때 뭔가 완벽하게 설명해내려는 마음이 없을 수 없다. 그래서 '초물리학'이라고 할 수 있다. 그러나 조금만 더 자세히 보라. 그러면 그 초물리학이 형이상학은 아님을 알게 될 것이다.

어쨌든 우리는 '전체'를 과학에 따라 기술할 것이고 그때 어떤 기초전제의 영향이 없을 수는 없다. 그 전제에 따라 체계 전체의 구조가 짜여진다. 이 책의 경우에는 두 가지 전제가 있어 얘기 진행의 판을 짠다. 첫째 전제는 우주의 구성물에서 얼과 '생각'에 우선권을 두었다는 점이다. 둘째는 우리를 둘러싼 사회적 사실을 '생물학의 현상'으로 본 점이다.

자연 가운데서도 사람이 지닌 특별한 뜻 그리고 사람의 유기체 성질. 어떤 이들은 이 두 가지 가설을 처음부터 부인할지도 모른다. 그러나 그 두 가설이 없이는 인간현상을 일관되게 종합하여 그릴 수 없다.

1947년 3월
파리에서

● 들어가는 말

본다는 것

'본다는 것' 또는 '보게 한다는 것'이 무엇인지 살펴보자. 우리는 이 책에서 사람이 무엇인지 그리고 무엇을 원하는지를 우리 눈에 비치는 대로 보려고 한다. 왜 보려고 하는가? 그리고 왜 특별히 사람을 보려고 하는가?

'본다는 것.' 생명 전체가 이미 여기 있다고 할 수 있다. 완벽하지는 않지만 기본은 이미 여기에 있다. 존재를 더한다는 것은 곧 하나됨(unité)을 더하는 것이다. 이 책의 결론은 바로 그것이다. 그러나 좀더 자세히 말해보자. 하나됨이 커지는 것은 의식, 곧 보는 것이 커지는 것과 맞물린다. 그래서 생명의 역사는 우주 한가운데에 너 완벽힌 눈을 만들어내고 그 눈으로 더 많은 것을 분별할 수 있게 된다. 동물의 완성도나 생각하는 존재의 뛰어남은 무엇을 꿰뚫어보는 능력 또는 본 것을 종합하는 능력에 달려 있지 않았을까? 더 많이 그리고 더 잘 보려는 것은 환상이나 호기심 그리고 사치가 아니다. 보는 것 아니면 죽음이다. 존재라고 하는 신비한 선물에 딸린 상황이 그렇다. 우주를 이루는 구성물은 모두 그런 상황에 처해 있다. 사람 역시 마찬가지다.

알아보는 것은 정말 생명감 넘치고 복된 것이지만 왜 하필 사람에게 주목하는가? 사람에 대해서는 너무 많이 들어 지겹지 않은가? 과학이란 모름

지기 우리 눈을 우리 바깥의 대상에 돌리는 데 매력이 있지 않은가?

사람은 두 가지 까닭으로 세상의 중심이고 그 때문에 사람은 우리가 우주를 보는 데 열쇠가 된다.

먼저 주관에 따른 까닭이다. 우리는 우리 문제에 대해서 중심에 설 수밖에 없다. 어떤 현상을 우리와 동떨어진 채, 있는 그대로 관찰할 수 있다고 믿는다면 그런 낮은 믿음은 나름대로 필요하긴 하지만 역시 너무 순진한 생각이다. 사실 물리학자나 자연과학자들은 마치 세상을 위에서 내려다보면서 꿰뚫는 것처럼 행동했다. 세상을 보기 전에 이미 세상 안에 있기 때문에 세상을 있는 그대로 기술할 수 없다는 것을 그들은 인정하지 않았다. 그러나 최근에 그들은 새로운 사실을 깨닫기 시작했다. 아무리 객관에 따른 관찰도 처음부터 어떤 약속에 바탕을 두고 있으며 연구의 역사가 흘러오면서 이룩된 사고방식의 지배를 받기 마련이라는 사실이다. 그리고 그런 깨달음을 끝까지 밀고 가면, 과학자들이 얻어낸 연구결과가 정말 연구대상을 밝힌 것인지 아니면 그들 자신의 생각을 밝힌 것인지 알 수 없게 된다. 그리고 마침내, 그들이 전에는 사물 바깥에서 사물과 관계를 형성해서 무얼 발견했다고 생각했지만 사실은 그 관계의 그물 안에 그들 자신의 몸과 얼이 이미 들어가 있다는 데까지 생각이 미친다. 지질학 식으로 말하자면 변성작용과 내성작용이라고 할 수 있다. 인식작용 안에서 객체와 주체는 결합하여 서로 변형된다. 그리하여 좋건 싫건 간에 사람은 자기가 보는 것 속에 자기가 드러나고 보이는 것이다.

그것은 노예상태로 보일지 모르지만 위대함이기도 하다.

만일 어떤 사람이 어떤 경치를 보려고 하는데 어디를 가서 봐도 그곳이 경치의 중심이라면 관찰자로서는 귀찮고 힘든 일이리라. 그러나 산책하다가 우연히 확 트인 곳(길이나 계곡의 교차로)에 이르러 모든 것이 잘 보인다면 어떨까? 그때에는 주관의 관점이 사물의 객관 모습과 일치하여 충만한 인식이 이룩된다. 그때 경치는 드러나고 빛난다. 그때 사람은 본다.

바로 그 점이 사람 인식의 특징인 것 같다.

자신을 둥그렇게 둘러싸고 있는 사물과 힘을 느끼는 것은 꼭 사람이 아니라도 된다. 우리뿐만 아니라 동물들도 그 정도는 한다. 그러나 사람은 주객의 일치가 시각뿐만 아니라 그 구조상 그렇다는 점에서 자연 가운데서도 독특한 자리에 있다. 앞으로의 얘기는 바로 그런 현상을 밝히고 분석하는 작업이다. 우주는 사람의 경험을 향해 열려 있고, 생물학적 특성을 지니고 있는 사람의 '생각'은 그 우주를 완전히 분쇄할 뇌관의 위치에 있다. 관점의 중심인 사람은 동시에 '우주 건설의 중심'이다. 그러므로 어떤 과학이든 결국은 사람 문제로 갈 수밖에 없고 그렇게 하는 것이 좋다. 만일 보는 것이 더욱 존재하는 것이라면 사람을 보자. 그러면 우리는 더욱 넉넉하게 살게 될 것이다.

　이제 그 일에 맞게 우리의 눈을 맞춰보자.

　사람은 이 땅에 생겼을 때부터 자신을 들여다보았다. 사실 수십 세기 이래 사람은 자기 자신만 보아왔다. 아주 최근에 이르러서야 세상 속에서 자신의 의미에 대해 과학적 관점을 취하기 시작했다. 그처럼 늦게 깨인 데 대해 놀라지 말자. 우리 눈을 뜨게 해주는 것을 얻는 것만큼 어려운 것은 없다. 새로 열린 아이의 망막에 비친 여러 영상들을 갈라놓는 데에도 교육이 필요하지 않던가? 사람을 제대로 발견하기 위해 사람에게 어떤 '느낄 수 있는 능력'이 필요했다. 사람은 그 힘을 천천히 얻었고 바로 그 느끼는 능력을 얻는 역사가 '얼'[역주1]의 투쟁사이다.

　먼저, 엄청난 공간을 느끼는 능력이다. 빛의 영역 안에서 우리를 둘러싸

[역주1] '정신'을 가리키는 우리말이다. 우리말 '얼'은 한자말 '정신'이 지니지 못하는 장점을 지니고 있다. 서양에 물질보다 높은 존재를 가리킬 때 '누우스'와 '프시케'라는 말이 있다. 이 둘을 그냥 정신이라고 쓸 수도 있으나 때로는 사람에게 들어 있는 것을 구분해서 쓸 때 누우스는 사람에게만 있는 것이 된다. 그러한 구분을 지을 때 누우스는 '얼'이요, 프시케는 '넋'이라고 하면 좋다. 우리말에서도 얼과 넋은 어느 정도 구분해서 쓰는 것 같다. 그러나 이 책에서 우리는 무기물을 포함하여 사람에 이르기까지 공통으로 있는 넋(사람은 얼과 넋을 함께 지녔다)을 가리켜서도 그냥 얼이라는 말을 썼다. 그것은 샤르댕이 생명 역사 전체를 꿰뚫어 하나로 설명할 때 '얼의 투쟁사'라고 하기 때문이다. 그래서 존재의 밤을 이루는 물질에 짝하는 개념으로 얼과 넋을 통합하여 얼이라는 말로 썼다. 그러므로 이 책에서 사물이나 동식물의 얼이라고 할 때는 사람의 얼과 연장선에 있으면서도 구분되는 '넋'을 연상하면 된다.

고 있는 사물들의 순환궤도를 비틀기도 하고 떼어놓기도 하는 공간은 그 거대함에 있어서나 작음에 있어서나 엄청난 공간이다.

그 다음, 깊이를 느끼는 능력이다. 어떤 무게에 눌려 사건들을 과거라고 하는 얇은 나뭇잎에 졸라매는 것을 끊임없이 거듭 거부한다.

숫자를 느끼는 능력이다. 우주의 아주 작은 변화에도 얼마나 엄청나게 많은 물질원소와 생체원소가 끼어드는지 이제는 눈썹 하나 까딱 않고 안다.

크기를 느끼는 능력이다. 원자와 성운, 극소와 극대가 그 차원이나 리듬에 있어서 나누어지는 물리학 단계를 가까스로 찾았다.

질 감각 또는 새것을 느끼는 능력이다. 물리학의 통일성을 깨지 않으면서 자연 속에서 완전과 성장의 절대계층을 구분할 수 있게 되었다.

운동을 느끼는 능력이다. 엄청나게 느리기 때문에 잘 보이지 않지만 발전은 계속되고 있음을 알게 되었다. 극단의 운동은 휴식이라는 장막 아래 숨어 있다. 다만 똑같은 것의 반복 한가운데에 아주 새로운 것이 스며들어 발전이 계속된다.

끝으로, 유기체를 느낄 줄 아는 능력이다. 겉으로 보기엔 그냥 나란히 모여 있는 것 같은 물체들 속에 연결이 있으며 구조적 통일성이 있다.

이런 능력들이 없다면 누가 우리로 하여금 보도록 무슨 짓을 한다 해도, 우리는 사람밖에 못 본다. 물론 그것도 보는 것이지만 갈라진 세상 속에 흩어진 사물들을 볼 뿐이다. 그런 시각으로는 삼중의 환상이 펼쳐질 뿐이다. 작음의 환상, 다수의 환상, 부동의 환상 속에서 사람은 너무 쉽게 중심자리를 차지한다. 마치 인류는 갑자기 출현하여 우주탄생을 마무리지은 것처럼 말이다. 전부터 그런 식으로 주장해오지 않았는가?

'사람 됨됨이'(Humanité)를 보지 않고 '사람'(Homme)을 제대로 볼 수 없다. '사람 됨됨이'는 '생명'(Vie)을 보지 않고는 볼 수 없고, '생명'은 '우주'(Univers)를 보지 않고는 볼 수 없다.

여기서 이 책의 기본구도가 나온다. '이른 생명', '생명' 그리고 '생각'이다. 이 세 사건은 단 하나의 궤적을 과거 속에 그려내고 그 궤적을 미래(다음 생명)에 주문한다. 그것이 인간현상의 밑그림이다.

'인간현상', 그렇다.

우연히 이 말을 쓴 게 아니라 세 가지 까닭이 있다.

먼저, 사람은 자연 속에서 하나의 사실이라는 것 그래서 (적어도 부분으로는) 과학의 방법과 요구를 거쳐간다는 것이다.

둘째, 우리에게 드러난 사실들 가운데 인간현상보다 더 특이하고 강렬한 것은 없었다는 점을 알게 하기 위해서다.

끝으로 내가 내놓는 이 책의 특성을 잘 드러내기 위해서다.

이 책 전체를 흐르고 있는 단 하나의 목적은 거듭 말하지만 '보는 데' 있다. 다시 말해서 우리가 일반 경험을 '일관되고' '동일한' 관점으로 드러나게 하는 것이다. 일어나고 있는 것을 모은 것이다.

그러므로 이 책에서 사물에 대한 최종설명 이른바 형이상학을 찾지 말기 바란다. 그리고 내가 보여주는 필름을 완벽한 사실로 오해하지 말기 바란다. 이른 생명의 세상을 그릴 때 또는 고생대의 생명을 상상할 때, 이 땅에 아직 생각이 없을 때의 존재를 사람이 바라본다는 것이 우주론에서 볼 때 모순이 있음을 잊지 않을 것이다. 그러므로 나는 그것들이 정말 그랬다는 식보다는 이 세상이 지금 우리에게 사실이기 위해서는 그렇게 볼 수밖에 없다는 식으로 그릴 것이다. 과거 그 자체가 아니라 진화의 꼭대기에 서 있는 관찰자에게 보이는 과거다. 그것은 분명하고도 겸손한 방법이요 과거와 함께 놀라운 미래의 모습도 아울러 보여줄 것이다.

물론 아무리 겸손을 떨라고 해도 여기에 제시하는 관점들은 나 자신의 시각이요 나 나름대로 한번 해보는 것이다. 그렇지만 상당한 관찰과 긴 사고를 거친 것이므로 과학 속에 사람의 문제가 어떻게 제기되는지 한 가지 방법을 제시할 수 있으리라 믿는다.

인류학자나 법학자들이 볼 때 사람은 아주 작고 미약한 존재다. 그러나 사람의 개별성이 너무 강조되고 그 뒤에 숨어 있는 전체성을 잊어버리면, 사람의 얼을 자연과 동떨어진 것으로만 이해하고, 자연과 맺고 있는 깊은 관계와 무한한 지평은 눈에 들어오지 않는다. 아주 형편없는 사람 중심주의다. 거기서는 사람을 몸으로는 보지 않으려 하고 과학의 대상으로 삼지 않으려 한다. 그런 태도가 학자들 사이에 있다.

그러나 이제 이 말을 할 때가 되었다. 우주에 대한 해석이 만족스러우려면 사물의 겉뿐만 아니라 속도 짚어야 한다. 아무리 실증을 내세우는 해석이라 해도 그 점을 피해갈 수 없다. 물질뿐만 아니라 얼도 살펴야 한다. 참된 물리학이라면 언젠가는 세상뿐만 아니라 세상 속에 사람도 같이 끼워 풀어갈 것이다.

그런 시도가 가능하다는 것을 독자들이 이 책을 통해 느끼기 바란다. 또한 사물의 깊이에로 가고 싶고 갈 줄 아는 이들은 그런 시도를 통해 행동의 용기와 기쁨이 우리 속에 보존된다는 것 역시 느끼기 바란다.

자신이 우주의 연합체에서 동떨어진 존재가 아니라는 것을 알게 된다. 마치 눈에서 비늘이 떨어지듯 보게 될 것이다. 우주에 깔려 있는 삶의 의지가 내 안에 모여들고 그래서 내가 사람이 된다는 것을 알 것이다. 생각하는 존재에게 그 순간보다 더 중요한 순간이 또 있을까?

지금까지 믿어온 것과 달리 사람은 세상의 중심이 아니다. 그렇게 가만히 서 있는 존재가 아니다. 사람은 '진화'의 축이요 진화의 첨탑이다. 훨씬 아름다운 것이다.

제1장
우주의 바탕

　어떤 사물을 과거로 되돌리는 것은 매우 단순한 원소로 환원하는 것이다. 처음으로 한껏 되돌아가면 사람을 구성하는 마지막 소재는 우주의 구성물질과 일치하게 될 것이다.

　우주의 바탕. 과학에서 분석의 분석을 거듭할 때 마지막 남는 문제가 바로 이것 아닌가……. 그 문제로는 어디서 주위들은 사람과 실험을 통해 안다고 하는 사람 사이에 구분이 쉽지 않다. 그만큼 아직 풀리지 않은 문제이며 나 역시 그 우주의 바탕이 이것이라고 점잖게 기술할 능력이 없다. 뿐만 아니라 그 문제의 답은 물론이고 답을 내기 위한 가설마저도 제기하는 사람마다 하루가 다르게 바뀐다.

　지금까지 인정하는 원자 이론도 대부분 학자들이 어떤 필요에서 만든 것으로 얼마 후에 또 바뀐다. 오늘날 학자들이 말하는 원자의 모습은 물질에서 추출되는 수많은 '효과'들이 모순되지 않음을 보이기 위한 수단으로서 결국 통계자료의 산물이다. 게다가 그 효과들은 아무리 가중치를 더한다 해도 사람에게까지 연장되지는 못하는 것들이다.

　나는 물리학자라기보다는 자연과학자이므로 공연히 그처럼 어렵고 취약한 건축을 하지 않겠다.

　그렇지만 서로서로 타고 오르는 이론의 진실 아래에서 몇 가지 특성들이 드러나게 되고 그것들은 어떤 식으로 우주를 설명하든 그 설명 속에 자꾸 나타나게 되어 있다. 자연과학자가 제대로 말할 수 있는 것은 그 정도 선이다. 그리고 만일 그 특성들이 살아 있는 자연 변화의 숨은 조건들을 밝혀준다면, 인간현상을 탐구하는 자연과학자는 바로 거기서 출발해야 한다.

1. 기초 물질

이 특별한 각도에서 기초 상태(나는 여기서 어떤 순간, 어떤 지점, 어떤 크기를 가리킨다)를 본다면 사물의 바탕은 점점 분명하게 밝혀진다. 엄청나게 나누어져 있지만 서로 얽혀 있으며 어마어마하게 활동력이 큰 그런 것이다.

여럿, 하나, 에너지, 이들은 '물질'의 세 가지 모습이다.

1) 먼저 수없이 '여럿'이다

우주를 이루는 원자상태는 대중에게 알기 쉽게 설명되고 있다. 원자란 바닷속의 물방울이나 모래사장의 모래알 같은 것이라 했다. 생물체나 천체도 그런 원자로 이루어졌다고 본다. 시체를 태운 재 속에도 원자가 들어 있다고 본다. 현미경을 들여다보지 않고 전자학을 동원하지 않아도 자신이 먼지처럼 작은 물질로 둘러싸였고 그런 것들로 이루어졌음을 사람은 쉽게 짐작할 수 있다. 그러나 그 먼지를 들여다보는 데는 치밀한 현대과학이 필요했다. 에피쿠로스가 말한 원자는 활기 없고 나눌 수 없는 것이었다. 파스칼이 말한 미시세계는 구더기가 낄 수 있는 그런 것이었다. 현대과학은 그처럼 영감에 의존해 점치는 차원은 벗어났다. 현대과학의 분석은 과거의 막연한 추측보다 훨씬 멀리 훨씬 확실하게 그리고 훨씬 자세하게 이루어진다. 작아지는 것도 무한대다. 오늘날 물리학에 따르면, 마치 규조류의 미세한 등껍질을 확대해보면 전혀 새로운 선이 자꾸 보이듯이, 물질을 이루는 아주 작은 알갱이도 분석할수록 그보다 더 작은 알갱이로 계속 나누어진다. 그처럼 무한히 작은 것을 향한 행진이 한 단계씩 이루어질 때마다 우주의 전체 모습은 흔들리고 흐릿해진다.

그 나누어지는 정도가 어느만큼 지나면 우리 몸의 중요한 특성들(빛, 색깔, 열, 삼투불가능성)이 그 의미를 잃는다.

사실 우리의 감각이란 뭔가 뭉쳐져야 비로소 존재한다. 그러나 우주의 기체는 어지러울 정도로 그 수가 많고, 어지러울 정도로 작으면서도 끊임없이 더 작은 것을 향해 분해된다.

2) 그러나 쪼개고 나눌수록 물질은 '원래 하나'임을 더욱 분명히 보게 된다

가장 쉽게 말해서 관찰된 요소들이 놀랍도록 비슷하다. 물론 요소들이 서로 꼭 닮았다는 것은 하나됨 중에서 가장 낮은 차원의 하나됨이지만 말이다. 분자들이나 원자들, 전자들 같은 미세한 입자들은 물질에 따라 그 크기나 이름은 다를지 몰라도 그 질량과 행태가 (적어도 관찰자의 거리에서 볼 때) 완전히 같다. 그 치수나 작용이 놀랍게도 동일하다.[역주1] 그것은 마치 표면에 보이던 갖가지 빛깔이 깊은 곳에서는 사라지는 것과 같다. 그리하여 마치 모든 바탕의 바탕은 똑같은 모양을 한 단순한 실체가 아닌가 하는 생각이 든다.

그러므로 물질이 하나라는 것은 '서로 똑같음'(homogénéité)을 가리킨다. 우주를 이루는 미립자들의 행동반경이 각각 그 입자들의 크기에 달린 것처럼 보일지 모른다. 그러나 그들의 행동반경은 주변물에 대한 영향력에 따라 결정된다. 우주의 원소는 자기가 차지하고 있는 공간을 완전히 복사빛으로 가득 메우고 있다. 따라서 어떤 원자핵이 아무리 작아도 다른 원자와 같은 크기의 영역을 차지하고 있다고 봐야 한다. 적어도 능력으로는 그렇다. 참으로 이상한 특성인데, 우리는 나중에 사람의 분자에서도 똑같은 현상을 보게 될 것이다.

뿐만 아니라 '서로 모여 하나를 이룬다.' 물질을 이루고 있는 수많은 원소

[역주1] 오늘날 물리학에서 발견한 결과에 따르면 전자, 양성자, 중성자 따위 입자들의 질량과 작용이 서로 다르다.

들이 따로따로 나누어져 있지만 정말 동떨어진 채 있는 것은 아니다. 무언가가 그것들을 엮고 묶어준다. 공간은 활기 없이 여럿이 따로따로 있는 곳이 아니다. 수많은 여러 원소들이 가고 오는 활동의 자리다. 단순히 원자들이 늘어선다고 물질이 되지는 않는다. 원자들이 모이고 결합되어 하나의 물질이 되는 것은 신비다. 우리 생각으로는 그 신비한 하나됨을 이해할 수 없지만 인정할 수밖에 없다.

개별 입자의 중심 너머, 그 중심들을 감싸는 무엇이 있다.

이 책을 읽는 동안 사람 발생의 여러 단계를 맞을 때마다 상상도 할 수 없는 엄청난 개체연결을 보게 될 것이다. 물론 그게 뭔지를 밝히고 알아볼 때까지 쉽사리 인정해서는 안되지만 말이다. 아직 얘기가 깊이 들어가기 전이니까 그 연결을 가져오는 것을 가리키는 말로 과학자들이 흔히 쓰는 말을 쓰면 되리라. 즉 '에너지'다.

3) '에너지', 물질의 세번째 모습이다

힘을 기울인다는 뜻의 이 낱말을 물리학에서는 행동을 가리키는 데 쓴다. 행동이란 더 정확하게는 상호 행위다. 에너지란 한 원자가 다른 원자로 변화되며 일어나는 것의 척도다. 그러므로 에너지는 연결 능력이다. 원자는 교환 도중에 더 넉넉하게 되기도 하고 메마르기도 하는데, 그런 점에서 에너지는 일의 양이기도 하다.

에너지가 방사능 현상으로 말미암아 새로워진다는 것을 고려할 때, 물질의 미립자들은 농축되는(가운데로 몰리는) 힘을 잠시 보관하는 창고와 같다고 할 수 있다. 아직 뚜렷하게 밝혀지지는 않았지만 에너지는 대개 입자로 보이며 (빛도 그렇다!) 그것이 우주의 가장 최초의 바탕이라고 과학자들은 보고 있다. 그런 얘기를 들으면 갑자기 에너지가 어떤 최초의 흐름 같은 것으로 여겨지고, 세상에 존재하는 것들도 그런 모습이라 덧없는 '회오리'에 지나지 않는 것으로 그리게 된다. 그렇게 본다면 우주의 단위는 '우주가 완전히 분해됐을 때' 드러난다. '우주의 존립은 밑에 있다'는 얘기다.

물리학에서 확정된 얘기들에 귀를 기울여야 한다. 그러나 그들이 궁극명제라고 내놓은 관점에 쏠리지는 말자. 오히려 세상의 운동을 더욱 완벽하게 관찰하면 할수록 점점 그 물리학의 관점을 되돌려놓게 된다. 다시 말해서 사물들이 존립하는 것은 서로 뭉치기 때문임을 알게 된다. 우주의 존립은 '위에 있다.'

2. 전체 덩어리 물질

앞에서 우리는 물질 속을 들여다보았다. 어떤 하나의 물질이 어떻게 구성되어 있는지에 관심을 두었다. 마치 우리가 마음대로 그 물질에서 한 조각을 떼어내어 나머지와는 별개로 관찰할 수 있는 것처럼 했다. 이제 그런 일들이 순전히 생각에서만 가능한 것임을 알 때가 왔다. 물리학 차원으로 보거나 현실로 보거나 우주의 바탕은 조각낼 수 없는 것이다. 일종의 거대한 원자와 같은 그것은 나눌 수 없는 유일한 실체를 이루고 있다. 그것이 속으로 뭉치고 뭉치면 나중에 '생각'이 생기는데, 나눌 수 없는 전체 덩어리는 생각 밖의 것이다. 사람이 속해 있는 이 우주가 강력하게 합치는 힘으로 뭉친 하나의 '조직'이요, '덩어리'이며 하나의 '양자'라는 것을 모르는 사람은 역사나 의식이 우주 속에서 차지하는 자리가 무엇인지 알 수 없다. 우주는 그 '수없이 많은 여럿'이 하나의 '조직'을 이룬 것이며, 그 '하나됨'으로 보면 하나의 '덩어리'이며, 그 '에너지'로 보면 하나의 '양자'다.

이제 이야기를 풀어가보자.

1) 조직
자연을 관찰하는 이들에게 '조직'은 금세 눈에 들어온다.

우주를 이리저리 뜯어본다는 것은 언제나 참으로 놀라운 일이 아닐 수 없었다. 과학의 사실탐구가 더 정밀하고 체계를 잡아가면서 하루가 다르게 놀라움은 커져갔다. 뛰어난 기능을 지닌 도구를 이용해 더욱 멀리 그리고 깊게 물질을 탐구해 들어갈수록 구성부분들 사이의 상호연관성이 우리를 사로잡는다. 우주를 이루는 구성원소 하나하나는 다른 원소와 거미줄처럼 얽혀 있다. '구성'은 신비한 현상이다. 그 구성을 통해 원소들은 자신을 넘어 다른 것과 연결된다. 조직된 전체 속의 한 점이 된다. 화합물은 원소보다 높은 차원이다. 그것은 위에서 영향력을 발휘하여 원소들을 지배하고 품어 자기 나름의 목적을 실현해나간다.

　그 망에서 한 조각을 베어내거나 잘라내는 것은 불가능하다. 그렇게 하면 거기서부터 올이 풀려 해체되고 말 것이다.

　사방 어디라도 까마득한 저 끝까지 우주는 하나의 전체로 존재한다. 그것을 그려볼 수 있는 방법은 한 가지밖에 없다. 즉 거대한 덩어리로 보는 것이다.

2) 전체 덩어리

　그런데 그 덩어리를 자세히 들여다보면 단순히 엉켜 있는 것이 아님을 쉽게 알게 된다. 앞에서 우리는 원소들이 거미줄이나 망처럼 서로 얽혀 있다고 했는데, 그런 얘기를 들으면서 그물 같은 것을 생각할지도 모른다. 그러나 그물 역시 나눌 수 없지만 그물의 경우는 비슷한 단위들이 늘어서 있어 원소 하나만 보아도 전체를 알게 되고 반복의 법칙에 따라 그 다음이 어떻게 될지 알게 된다. 한 공간을 계속 똑같은 방식으로 채워나가는 반복의 법칙 속에서는 그물코 하나하나에 이미 전체 모습이 보인다.

　그런 구조와 물질의 구조와는 전혀 다르다.

　물질 속에 반복이란 없다. 물질은 그 단위가 커가면서 내용의 반복이 없다. 흔히 우주를 상상할 때 아주 작은 것부터 아주 큰 것까지 사다리꼴처럼 일정하게 커가는 행성 조직을 연상하지만 그것은 환상에 지나지 않는다. 물질을 이루고 있는 단위들은 서로 매우 다르다. 잘 알고 있듯이 물질은 아주 작게는 전자 또는 그보다 더 작은 단위들의 모임이다. 좀더 크게 보면 원소들이 수소 원자의 주기에 따라 배열되어 이루어진 간단한 몸체들의 모임이다. 좀더 나아가면 그것은 분자들의 단단한 연합이다. 그리고 아주 거대한 것으로 눈을 돌리자면 별과 은하의 모임이다. 그런데 이런 우주의 여러 단위영역들은 서로 너무나 다르기 때문에 단순히 계수 조정만으로 하나의 단위에서 다른 단위로 넘어갈 수 없다. 사다리처럼 일정하게 커가는 것이 아니며 같은 모티브가 재현되는 법도 없다. 질서와 구상은 전체에서만 보인다. 우주의 코는 우주 자체다.

그러므로 물질이 덩어리라는 말만으로는 불충분하다.

전체가 한 개요, 오직 한 가지 과정을 거치면서도 조금의 반복도 없는 우주의 바탕은 단 하나의 형상일 수밖에 없다. 우주의 바탕은 우주 '전체'다.

3) 양자

이 세상의 단위가 세상 전체라면 에너지도 세상 전체와 관련해서 풀어야 한다.

여기서 두 개의 결론이 생긴다.

첫째, 우주를 이루는 구성원소의 행동반경이 우주 끝까지 미친다는 것이다. 왜냐하면 앞에서 말한대로 원자가 자기가 있는 공간 전체에 그 영향을 미친다면 ─ 그리고 조금 전에 보았듯이 우주 전체가 '하나의 존재'라면 ─ 우주 공간 전체가 모든 원자의 행동영역이라는 것을 인정할 수밖에 없다. 원자 하나하나가 우주만큼 큰 것이다. 흔히 생각하는 것과 달리 원자는 닫혀 있는 작은 세계가 아니다. 그것은 아주 작으면서도 세상 전체의 중심이다.

이제 우주 공간에 널려 있는 그 미세한 중심들에 눈을 돌려보자. 그 수가 엄청나게 많지만 어떤 목적을 가지고 집단을 이루고 있다. 왜냐하면 전체 덩어리가 존재하는 한 어떤 거대한 행동능력을 지니고 있을 것이요, 그 일부가 우리 속에도 들어와 있어 우리의 존재를 가능하게 할 것이기 때문이다. 그렇게 본다면 이 세계가 얼마나 활기찬지 짐작이 갈 것이다.

물론 세상은 겉모습이 있고 윤곽이 있다. 우리의 감각기관에 여러 가지 모습으로 비친다. 끝없이 뻗어 있는데 갈수록 희미해져가는 주위처럼 비치기도 하고 또는 굽고 폐쇄된 영역인데 그 속에서 우리의 경험들이 펼쳐지는 그런 곳으로 비치기도 한다. 그때 물질이 끝없는 것으로 여겨지는 까닭은 우리가 그 바깥으로 나갈 수 없기 때문이다.

그러므로 무한하게 보인다고 해서 하나의 에너지 양자를 부인할 까닭은
없다. 물리학자들은 이미 그것을 측정하는 단계에 와 있다.

그러나 이 양자는 자연의 운동 곧 '지속'(la Durée)과 연관시켜야 그 의
미가 분명히 드러난다.

3. 물질의 진화

지난 세기에 새롭게 탄생한 물리학이 내건 것은 고정성과 기하학이다.
물리학은 초창기에 세상을 수학으로 설명하는 것을 이상으로 삼았다. 세상
을 닫힌 평형상태 속에 있는 고정된 원소들의 조직으로 보았다. 그 다음에
는 현상에 대한 지식이 늘어난 결과 과학이 하나의 '역사탐구'가 되어가는
것을 인정하게 되었다. 그것은 과학의 발전 그 자체가 낳은 결과였다. 오늘
날에는 어떤 사물의 과학 지식은 당연히 그 사물의 발전사를 연구하는 것
이 되었다. 뒤에 '생각'을 다루는 장에 가면 '지속'의 발견을 통해 사람의 의
식 안에 일어난 대단한 혁명을 기술하고 해석하게 될 것이다. 여기서는 이
새로운 차원을 끌어들임에 따라 물질을 보는 우리의 눈이 얼마나 확대되는
지만 보기로 하자.

먼저 우리는 '공간과 시간'이라는 것을 끌어들일 것인데 이 새로운 개념
을 이용하면서 새로운 경험을 한다. 즉 우리가 지금까지 우주를 관찰하면
서 주목한 점들이 무한한 시간 섬유의 순간 단면이라는 것이다. 알고 보면
사물의 구성원소 하나하나는 까마득하게 멀리, 뒤로 또는 앞으로 연장된
다. 그리하여 거대한 공간 전체는, 뿌리를 까마득한 과거에 내리고 그 줄기
가 끝없는 미래를 향해 뻗는 나무를 '시간 t'에서 자른 단면이 된다. 이런
새로운 각도에서 보면 세상은 변화중에 있는 덩어리와 같다고 할 수 있다.
'전체 덩어리'와 '양자'의 정체는 우주의 탄생에서 찾을 수 있다.

그렇다면 물리학에서 볼 때 그러한 '물질 진화'의 모양(질로 볼 때)은 어

떤 것이며 어떠한 법칙(양으로 볼 때)을 따라 일어나는가?

1) 모양

지금까지의 이론은 이렇다. 가장 분명한 그 중심부분에서 볼 때 '물질의 진화'는 물리화학자들이 말하는 여러 가지 원소들이 점차 조금씩 복잡하게 형성되면서 이루어진다. 맨 처음에는 빛을 내는 어떤 단순한 것이 있었다고 보지만 그 모양은 알 수 없으며 아직 풀리지 않은 문제로 남아 있다. 그리고 갑자기[원주1] 양성과 음성의 미립자들(양성자, 중성자, 전자, 광자 등 그 이름은 자꾸 많아지고 있다)이 들끓었다. 그리고 수소에서 우라늄까지 단순한 입자들이 나열하여 원자 정도를 이룬다. 그리고는 엄청나게 다양한 구성체들이 생기고 분자들의 집합이 어떤 수준에까지 오르면 이제 '생명'이 나온다. 핵과 전자의 합성처럼 보이는 것은 이 긴 여정의 끝이 아닌 것이다. 모든 물체가 최초의 미립자들의 나열에 따라 생긴다는 사실의 발견은 우주의 역사를 밝히는 데 대단한 공헌을 했다. 물질은 처음부터 '복잡하게 됨'이라고 하는 거대한 생명법칙(우리는 끊임없이 이 법칙으로 되돌아갈 것이다)에 나름대로 복종한 것이다.

나름대로라고 했다. 원자 단계에서는 아직 밝혀지지 않은 것이 많기 때문이다.

예를 들면 이런 문제들이다. 먼저, 간단한 물체가 생기기까지는 원소들이 일종의 개체발생 또는 계통발생을 따라 사다리를 처음부터 끝까지 (가장 단순한 것에서 가장 복잡한 것까지) 모두 넘어야 이루어지는 것인가? 또는 원자들이란 오직 핵과 전자들이 갑자기 뭉쳐서 일련의 평형상태를 이

[원주1] 몇 년 전에, 미립자들의 최초 출현을 무한한 우주에 퍼져 있는 원시물체의 갑작스런 응결 (포화상태처럼)로 보는 설이 등장했다. 그러나 지금은 물리학자들의 생각이 몇 가지 이유를 들어 (특히 상대성과 은하계의 원심력 팽창) 폭발이론으로 기울고 있다. 수십억 년 전에 시간과 공간을 품고 있는 (말하자면 절대 제로 상태) 어떤 원시물체가 폭발해서 흩어졌다는 것이다. 미리 말해두지만 두 가설은 같은 얘기다. 그 둘은 모두 사람을 수많은 미립자 속에 자리매김하여 그밖에는 어디로도 갈 수 없는 것으로 본다. 그 미립자 주변을 돌 수도 없고 그 뒤로 갈 수도 없다. 감싸고 속으로 깊어져 전진할 수 있을 뿐이다(제4부 제2장을 보시오).

루고 있는 것인가? 그리고 그 두 경우 모두 다양한 핵 융합이 언제든지 즉 각 일어날 수 있는 것인가? 아니면 어떤 순서가 있어 가벼운 원자들 다음 에 무거운 원자가 나타나는 것인가?

이런 종류의 질문에 대해 과학이 확실하게 줄 수 있는 답은 아직 없는 것 같다. 분자의 진화라면 몰라도 아직 원자의 진화에 대해서는 아는 게 별로 없다. 그렇지만 분명한 것은 (이 점이 우리에게는 중요한데) 시간이 더 앞 선 것일수록 물질의 '처음 상태'의 모습을 잘 보여준다는 것이다. 이 처음 상태에 물질의 나중 모습을 결정짓는 비밀이 들어 있고 그 비밀을 알아내 는 데는 두 가지 관점이 있다. 하나는, 임계 국면에서 시작하는 것인데 원 자의 구성요소 아니면 원자 그 자체를 낳는(오직 한번?) '입상화'(粒狀化) 에서 시작하는 것이다.[역주2] 또 하나는 분자에서 시작하여 점점 복잡해져가 는 과정을 따라가는 것이다.

어떤 과정도 이 우주 속에서는 연속으로 일어나지 않는다. 어떤 과정이 어디서나 똑같이 일어나는 법도 없다.

현대 과학이 밝힌 물질의 변화를 몇 줄로 요약하면 그렇다. 그러나 물질 의 변화를 시간에서만 보고 있지 아직 우주의 공간에서는 보지 못하고 있 다. 역사를 보자면 우주의 바탕은 더 복잡한 물질형태로 집중되고 있다. 그 러나 최소한 분자의 축적에서 시작될 이 변화가 어디에서 일어나는 것인 가? 그저 아무 곳에서나 일어나는가? 결코 그렇지 않다. 별들 속에서, 별 들의 지표에서 일어난다. 이제 우리는 갑자기 아주 작은 요소에서 눈을 떼 어 매우 큰 집단들을 바라보게 된다.

엄청나게 큰 집단들⋯⋯. 우리 과학은 이 거대한 단위들에 매혹을 느끼 면서도 당황스러워한다. 그것들은 어떤 면에서 원자들처럼 움직이지만 그 구성이 너무 거대하고 불규칙하게 복잡하기 때문에 우리를 당혹하게 만든 다. 물론 언젠가는 흩어져 있는 별들이 어떻게 구성되어 있고 왜 그 위치에 있는지 그 법칙을 알아낼 날이 올지도 모른다. 천체 '층위학'(層位學)과 천

[역주2] 원자보다 작은 전자, 양성자, 중성자 같은 미립자의 탄생부터 살펴본다는 뜻이다.

체 '화학'이 원자의 역사를 그대로 잇지 않을까?

우리는 그런 난해한 관점들을 다루지는 않았다. 상당히 매력이 있지만 아직은 그런 관점들로 우리가 무엇을 얻기보다는 오히려 거기에 파묻히게 된다. 그러나 일단 지적해두고 넘어가야 하겠다. 왜냐하면 그런 관점이 '얼'(정신)의 탄생을 파악하는 데 필요하고 원자의 탄생과 별의 탄생의 연관을 이해하는 데도 도움이 되기 때문이다. 물리학이 천체규모에서 어떤 구조를 설정하기에는 아직 오랜 시간이 필요할 것이다. 그러나 그 가운데서도 한 가지 분명한 점이 있는데 이는 인류의 탄생을 알아보려는 우리에게 지침이 되기에 충분하다. 그것은, 발전된 물질형성은 우주의 바탕이 성운과 태양들 속에서 이룬 집중작용 또는 농축작용의 도움을 받아 일어날 수밖에 없다는 점이다. 우주가 아무리 큰 모양을 갖고 있더라도 그 구석구석에서 일어나는 화학작용은 이미 우리에게 상당한 의미가 있다. 별들은 거대한 분자들을 향하는 물질의 진화가 일어나는 실험실이다. 게다가 이 진화는 어떤 수량 법칙을 따라 일어난다. 이제 그 문제를 보도록 하자.

2) 수량 법칙

고대인이 (물질의 진화를) 숫자의 자연조화로 파악했던 것을 현대과학은 공식을 통해 잡아내고 구체화했다. 우주의 미시구조와 거시구조를 알아내는 데는 직접 관찰하는 것보다 더 세밀한 측정을 거쳐야 한다. 그런데 과감한 측정도 필요하다. 물질의 변화가 수량계산의 법칙에 따라 일어남을 안 것은 과감한 측정을 통해서다.

여기서 에너지의 법칙을 비판·토론하지는 않겠다. 그러나 우주의 역사를 아는 데 꼭 필요하고 쉽게 이해할 수 있는 법칙만 간단히 짚고 넘어가자. 생물학의 측면에서 에너지의 법칙은 대개 두 가지 원리로 묶을 수 있다.

첫째 원리 : 물리화학 성질이 변할 때 새로운 에너지는 발생하지 않는다

합쳐지는 데에는 어떤 대가를 치르기 마련이다. 이것이 우리가 아는 한 얼 영역까지 포함하는 사물의 기본법칙이다. 어떤 분야건 발전이 있으려면 노력, 곧 힘을 쏟아야 한다. 그런데 쏟을 힘이 어디서 나오는가?

먼저 간단히 이런 생각을 할 수 있다. 진화에 필요한 것을 충족시키기 위해 우주 내부에서 자료들이 증가했다는 것, 다시 말해 시간이 흐르면서 역학 물량의 절대증가가 있었다는 것이다. 그러나 사실과 다르다. 통합하는 데 필요한 힘을 위해 새로운 힘이 보태진 적은 없으며 힘의 소비만 있을 뿐이다. 한 쪽에서 얻으면 다른 쪽에서는 잃는다. 파괴가 없이 건설은 없다. 건설이 있으면 그만큼의 파괴가 있다.

일단 우주는 그 역학에서 볼 때 새로운 것을 보태 점점 커가는 열린 양자로 보이지는 않는다. 처음에 주어진 것들의 교환을 통해서만 무엇이 진행되는 닫힌 양자다. 그것이 가장 먼저 눈에 들어오는 원리다.

둘째 원리 : 물리화학 차원의 변화에는 열역학이 발생하여 가용 에너지의 일부가 반드시 '엔트로피'로 된다. 다시 말해 열의 형태로 사라진다

물론 사라진 가용 에너지를 상징으로 방정식 안에 넣어, 물질의 운동에는 새로 생기는 것이 없을 뿐 아니라 사라지는 것도 없음을 증명할 수 있다. 그런데 그것은 순전히 수학 공식으로 하는 얘기다. 진화의 현실에서 보면 합쳐지고 통합할 때에 반드시 뭔가가 종합의 대가로 소모된다. 우주의 에너지 양자는 활동하는 만큼 소모된다. 그러므로 적어도 우리가 알기로는 이 우주가 끝없이 활동을 계속할 수는 없다. 폐쇄회로를 따라 한없이 도는 것이 아니라 제한된 발전의 길을 간다. 그 과정에서 우주는 거대한 추상에서 벗어나, 태어나고 크고 죽는 실제의 현실이 된다. 그리하여 '시간'에서 '지속'으로 가며 그 전체 덩어리로 보거나 구성원소로 보거나 '기하학'의 대상을 넘어 '역사'의 대상이 된다.

에너지 보존과 에너지 상실의 이 두 가지 원리가 지니는 뜻을 그림 그리듯 설명해 보자.

질의 차원에서 물질의 진화를 '지금 여기에' 드러난 대로 보자면 원자의 구성요소들이 결합되고 농축되는 과정이다. 양으로 보자면 이 변화는 확실하지만 값비싼 운동이요 그 과정에서 최초의 도약은 서서히 소모된다. 원

자나 분자의 활동은 쉴새없이 더욱 복잡하고 더욱 차원 높아진다. 그러나 올라가는 힘은 점차 상실된다. 게다가 합성이 일어난 만큼 우주의 전체 모습은 파괴된다. 합성의 수준이 높을수록 전체를 파괴하는 속도도 높다. 합성이 만들어낸 '신비한' 결합이 조금씩 조금씩 단순한 원소로 붕괴되면서 '그럴싸한' 비결정체로 나누어진다.

시간의 방향을 따라 타올라 자신을 활활 태우면서 언젠가는 꺼질 불꽃, 흘러내리는 물을 거스르는 역류, 그것이 우주의 모습이다.

여기까지가 과학이 밝힌 것이다. 나는 과학을 신뢰한다. 그러나 과학은 세상을 '사물 바깥에서'만 보고 있지 않은가?

제2장
사물 안

    과학에서는 물질주의자와 정신주의자 그리고 결정론자와 목적론자 사이에 갑론을박이 끊이지 않는다. 한 세기 동안 논란을 거친 후에도 각자 자기 생각을 뒷받침할 근거를 가지고 자리를 지키고 있다.

    나 역시 그 논란에 끼어 있지만 내 생각을 말해보겠다. 내가 볼 때 논쟁이 끝나지 않는 까닭이 있다. 자연의 두 가지 모습 곧 기계스러움과 자유, 죽음과 영생 따위를 어떻게 조화시킬 것이냐 하는 문제를 풀려고 하지 않고 각기 자기들의 생각만 고집하면서 공동의 장소로 나오지 않기 때문에 논쟁이 끝나지 않는 것 같다. 한편에서 물질주의자들은 사물을 '바깥' 관계에서 설명하려고 한다. 그러나 정신주의자들은 존재를 그 자체로 봐야 하고 '속'의 활동에서 봐야 한다고 고집한다. 사사건건 서로 다른 차원에 서 있어 만나지 못한다. 그래서 문제를 반밖에는 보지 못한다.

    두 관점이 만나야 한다는 것이 나의 신념이다. 사실 사물의 바깥뿐 아니라 안까지도 보는 현상학이나 일반 물리학을 통해 두 관점은 만날 수 있다고 본다. 다른 방법으로는 우주 현상을 전체로 일관되게 설명할 방법이 없다. 과학은 늘 앞뒤가 맞아야 하지 않는가?

    앞 장에서 우리는 물질의 '바깥' 측면을 두고 말했다. 잴 수 있는 차원에서 물질의 여러 가지 결합을 말했다. 그런데 우리의 관측이 더 멀리 나가 사람에까지 이르려면 이제 물질 '안'으로 들어가야 한다.

물질에는 '안'이 있다. '새침데기'처럼 내색은 하지 않지만 말이다. 그 안은 '양'과 '질'에서 우주 에너지의 발현과 관련이 있다. 세 가지 명제가 이 장의 세 가지 부분을 이룬다.

그것을 다루려면 '이른 생명'의 단계를 넘어 '생명'과 '생각'까지 넘봐야 한다. 그러나 종합의 완결이란 늘 그 시작에 이미 들어 있지 않는가? 그것이 또 종합의 어려움이 아닐까?

1. 존재

최신 물리학이 알아낸 것은, 자연 속에는 서로 다른 영역과 계층이 있음을 경험으로 알 수 있다는 것이다. 그리고 그 각각의 영역과 계층은 이웃 영역이나 계층에서는 눈에 띄지 않는 요소들이 지배하고 있다는 것이다. 우리 유기체가 형성되는 중간 단계에서 속도는 물질의 본질을 바꾸지 못하는 것 같다. 그런데 원자활동이 이룩한 그 끝 단계에 가면 속도가 물체의 질량을 크게 바꾼다. '보통' 화학원소들은 그 안정됨과 수명이 무한하다. 그런데 방사성 물체가 발견되면서 그러한 환상이 깨졌다. 우리 인간 편에서 보자면 산과 천체는 고정된 것으로 보인다. 그러나 거대한 '지속'의 흐름에서 볼 때 지각은 우리 발 밑에서 끊임없이 바뀌고 하늘은 우리를 별들의 회오리 속으로 끌고 들어간다.

이런 모든 경우에 정해진 크기는 없다. '모든' 질량은 그 속도에 따라 변한다. '모든' 물체는 방사한다. '모든' 운동은 속도가 줄어 어느 단계에 이르면 움직이지 않는다. 그런데 더 깊은 어느 단계에 이르면 새로운 현상이 시야를 뚫고 나타나 아주 특별한 모습을 보여준다.

사물의 '안'에 있어서도 마찬가지다.

뒤에서 곧 그 까닭을 보겠지만 물리화학의 영역에서 사물을 보는 곳은 바깥이다. 물리학자의 눈에는 마땅히 사물의 '바깥'만 보일 뿐이다. 그런 태도는 실험실에서 모든 걸 결정하는 박테리아 학자에게도 똑같다. 그러나 식물의 세계만 가도 그런 인식방법이 통하지 않는다. 예를 들어 곤충의 행태에 관심이 있는 생물학자는 그런 사고방식을 가질 수 없다. 척추동물쯤 가면 그런 사고방식이 거의 쓸모 없어지고 사람에 이르면 완전히 쓰레기가 된다. 왜냐하면 사람은 '안'의 존재를 더이상 피할 수 없으며, 안은 직관의 대상이요 모든 인식의 바탕이기 때문이다.

의식의 현상이 가장 높은 형태의 생명에만 있다는 선입관을 가지고 오랫동안 과학은 우주의 형성 문제에서 의식의 문제를 빼버렸다. 예외, 이상한 기능, 부대현상, 이런 말들을 붙여 과학은 '생각'의 문제를 피해갔다. 그러나 라듐을 그저 '비정상'의 물체로 분류하고 끝냈다면 현대과학은 어떻게 됐을까? 물론 그렇지 않았고 그럴 수도 없었다. 왜냐하면 그것은 바깥에서 측정될 수 있는 것이기 때문이었다. 반면에 의식을 우주의 체계 속으로 집어넣으려면 우주의 바탕 문제에 새로운 차원을 집어넣어야 한다. 우리는 노력도 안 해보고 뒤로 물러선다. 그러나 여기저기서 끊임없이 제기되는 똑같은 문제를 외면할 수는 없다. 그것은 '예외에서 보편을 발견하라'는 것이다.

의심하기에는 너무나 확실해진 경험법칙이 있다. 자연의 이상현상은 널리 퍼진 어떤 특성이 파악되지 않은 상태에서 과장되게 드러난 것이라는 점이다. 잘 살펴보면 어떤 현상이든 뜻이 있다. 앞에서 말한 대로 우주는 하나이기 때문에 어떤 현상이든 그 뿌리는 우주 전체와 관련이 있다. 그러한 법칙을 사람의 '자기 인식'에 적용한다면 어떻게 될까?

전에는 이렇게들 말했다. "의식은 분명하게 사람에게만 나타나는 것이니 독특한 경우요 과학에서 관심을 둘 분야가 아니다."

그러나 이제는 고쳐서 말해야 한다. "의식은 분명 사람에게서 나타난다. 그런데 거기를 잘 들여다보면 그것은 우주로 뻗어 있고 공간과 시간으로 무한히 연장된다."

결론을 내린다는 것은 엄청난 문제다. 그러나 그렇게 하지 않을 수 없다.

우리에게는 우리의 존재 한가운데에 속(intérieur)이라는 것이 있다. 그런데 그 점만 가지고도 속이 대자연 속에 처음부터 어디에나 어느 정도 있었다고 말하기에 충분하다. 우주의 바탕은 알갱이처럼 시간과 공간이 있으면서 동시에 속을 가지고 있다. 우주 바탕의 구조는 '두 얼굴'이다. 곧 "사물의 바깥이 있는 만큼 안도 있다."

여기서 우리는 우주의 모습을 그려볼 수 있다. 단순한 상상이 아니라 논리에 따라 말이다. 우리는 앞서 물질의 가장 낮은 단계에서 출발했다. 그 문제에 대해 물리학자들은 치밀한 분석을 통해 최초 물질을 특별하게 들끓는 무엇으로 보았다. 그러나 바로 그 최초 시점에서부터 물질은 그 이상이다. 다음 단계의 우주 상태를 설명하기 위해서는 최초의 역학 차원과 함께 '생물학'의 차원도 따져야 한다. '속' '의식'[원주1] 그리고 '스스로 함'이 세 가지는 똑같은 것인데 다른 것들도 그렇지만 이것들도 우주의 역사에서 언제부터 시작되었는지 꼭 집어 말할 수 없다.

결국 "우주를 일관되게 설명할 때 '생명'은 그보다 까마득히 앞선 '이른 생명'을 전제로 한다."[원주2]

그렇다면 이제 물질주의자와 정신주의자를 객관적으로 바라보자. 대자연의 모든 것이 생명체요 적어도 이른 생명이라면, 물질을 역학으로 계산하는 과학은 어떻게 성립되는가?

사물은 밖으로는 매여 있고 안으로는 '자유로운' 두 얼굴을 하고 있으니

[원주1] 이 책에서 '의식'이라고 할 때는 일반 개념으로 쓴다. 속 느낌을 가질 수 있는 단순한 상태로부터 사람의 반성 인식에 이르기까지 모든 심리 현상을 아우르는 개념이다.

[원주2] 나는 이 글을 홀데인(J.B.S. Haldane) 이전에 작성했다. 홀데인 역시 똑같은 얘기를 하는데 나는 무척 놀랐다. 영국의 위대한 생화학자인 그는 "물질이라고 하는 것 속에서는 생각이나 생명의 흔적을 분명하게 찾을 수 없다"고 한다. "그래서 생명이나 생각의 흔적이 좀더 분명하게 드러나는 곳을 찾아보기로 했다. 만일 현대과학의 관점이 옳다면 언젠가는 그것을 찾아낼 것이다. 적어도 아주 미흡한 형태로 우주 전체에 널려 있는 것을 찾을 것이다." 그리고 그는 나의 '오메가 포인트'와 비슷한 말을 했다. 독자들은 뒤에서 나의 '오메가 포인트' 얘기를 들을 때 홀데인의 다음 말을 다시 떠올릴 것이다. "만일 신경 안에 있는 수십억 개의 세포들이 협력하여 우리의 의식을 이루어낸다면 모든 사람 또는 그 일부가 협력할 때 콩트(Conte)가 말하는 초인과 같은 '큰 존재'가 생길 수도 있을 것이다"(The Inequality of Man, Pelican Edition, p.114). 이렇게 볼 때 형이상학자들은 득의만만하게 될지도 모른다. 절대 무기물질은 없다는 것을 물리학자들마저도 인정했다고 말이다.

어떻게 풀어볼 길이 없지 않은가? 당신은 어떻게 해결하겠는가?

이 어려운 물음에 대한 답은 앞에서 우리가 한 얘기 속에 어느 정도 들어 있다. 우리는 우주 안에 다양한 '경험의 영역'이 포개져 있음을 보지 않았는가? 이제 이른바 '사물의 안'이라는 것이 어떤 질의 법칙을 따라 변하고 커져가는지를 알아내면 그 답이 더욱 명쾌해질 것이다.

2. 질의 성장 법칙

우리의 연구 목적은 이런 것이다. 시간과 공간 안에 있는 사물들을 조화롭게 관찰하되 그것들의 깊은 속을 움직이는 조건들을 어떤 것으로 못박지는 말 것. 대자연 속에 경험의 연속선을 만들되 '존재론'의 인과관계를 세우지는 말 것. 설명하지 말고 볼 것. 이런 것들이 우리가 노리는 것이다. 독자들은 잊지 않았으리라.

이런 현상학의 관점(곧 과학의 관점)에서 볼 때 우리가 조금 전에 우주의 바탕을 분석한 방법보다 나은 것이 있을까? 조금 전에 우리는 우주의 바탕이 흔히 과학에서 말하는 바깥 '물질'뿐 아니라 의식이라는 안도 있음을 보았다. 여기서 좀더 나아가 잘 드러나지 않는 이 두번째 측면을 분명하게 하여 우리의 경험 속에 떠오르도록 할 수 있을까?

그럴 수 있으리라. 다음 세 가지 고찰을 서로 연결하면 아주 간단히 해결될 수 있다.

• 첫째 고찰

우리는 앞에서 물질이 막 생겨날 때부터 안이 있다고 했다. 그러나 이른 생명의 단계에서 안은 연속되는 덩어리를 이루지 못하고 물질처럼 입상화되어 있다.

굉장히 중요한 문제인데 뒤에 다시 보기로 하자. 우리 경험에 들어오는 '첫번째 생명체'는 그 크기나 수로 볼 때 '메가'급의 엄청난 분자체다. 극소의 핵들이 엄청나게 많이 뭉쳐 이루어진다. 여기서 서로 똑같음과 연속성으로 미루어볼 때 이른 생명체가 우주의 미립자 구조와 특성을 지녔음을 알 수 있다. 그러므로 우주의 바탕 역시 바깥으로 보거나 안으로 보거나 먼지와 같은 미립자로 나누어진다. ① 그 미립자들은 서로 완전히 닮았다(적어도 멀리서 관측하면 그렇다). ② 하나하나가 전체 우주 덩어리에 똑같이 참여하고 있다. ③ 총 에너지에 의해서 그들 사이가 서로 연결되어 있다. 우주의 두 얼굴인 안과 밖은 하나하나 정확하게 서로 화답한다. 그리하여 우리가 앞에서 우주의 중심에 대해 말한 부분 가운데 '상호 역학작용'을 '의식'으로 바꾸기만 하면 밖에서 본 얘기가 곧 안의 얘기가 될 수 있다.

'원자의 행태는 사물의 밖이나 안에 공통된 특성이다.'

• 두번째 고찰

의식의 원소들은 (물질의 요소들처럼) 최초에는 원소들끼리 서로 똑같았지만 '지속'의 과정이 흐르면서 차츰 복잡해지고 달라진다. 이런 관점에서 보면, 그리고 순전히 경험으로 보아도 의식은 점점 커가는 우주의 실체요 우주의 거대한 변화에 따르는 것으로 보인다. '생명'에서 '생각'에 이르는 성장과정을 따라가다보면 잘 보이는 이 거대한 현상은 우리 눈에는 아주 익은 것이다. 만일 그 반대 방향으로 거슬러가면 앞에서 말한 대로 점점 희미해지고 얄팍해져가는 낮은 상태가 보이며 우리에게도 낯선 것이다.

'진화의 뒤안길로 거슬러가면 의식은 여러 가지 색조의 스펙트럼으로 문산되는데 맨 밑은 어두워 보이지 않는다.'

• 세번째 고찰

그 스펙트럼의 두 영역에서 진화의 정도가 서로 다른 의식의 미립자 둘을 취해보자. 그 두 미립자에는 조금 전에 보았듯이 바깥을 이루는 어떤 물질집단이 각각 대응해 있다. 바깥의 이 두 집단을 서로 비교해보자. 그리고 그것들이 서로 어떻게 자리잡고 있으며 그것들이 감싸고 있는 그 작은 양의 의식과는 어떤 관계에 있는지 알아보자.

답은 바로 나온다.

어떤 경우를 가지고 따지든지, 발전된 의식일수록 잘 정돈되고 풍부한 뼈대를 지니고 있음을 분명히 알 수 있다. 가장 단순한 원형질이 이미 새로운 복잡함의 출현이다. 복잡함은 원생동물에서 후생동물에 이르기까지 정확한 비율을 따라 증가한다. 나머지도 언제 어디서나 그렇다. 이 현상은 너무나 자연스러워 더이상 놀라운 일이 아니다. 그러나 그 중요성을 그냥 지나쳐서는 안된다. 그 현상 덕택에 우리는 '측정기'를 얻은 셈이다. 그 측정기를 손에 쥐고 세상의 밖과 안을 연결할 수 있게 되었다. 어떤 '지점'과 지점뿐만 아니라 '운동'끼리도 연결해볼 수 있다.

이렇게 말할 수 있다. 물질 구성이 복잡해짐에 따라 의식의 집중 또는 농축이 커진다. 또는 의식이 자리잡고 있는 물질이라는 집이 정교하고 넉넉할수록 의식의 완성도도 커진다.

'얼의 완성도(또는 의식의 집중도)와 물질의 합성 정도(또는 복잡함)는 같은 현상의 두 가지 측면으로서 서로 연결되어 있다.'[원주3]

이제 문제의 해결점에 도달했다. 우리는 발전법칙을 찾아 보이지 않는 것에서 나타나는 것까지 설명하고 사물의 안이 바깥을 점차 지배하는 현상을 설명해보고자 했다. 우주가 아주 단순한 물질원소들이 수없이 모여 이루어진 A 상태(속이 아주 빈약한 상태)에서 복잡한 집합물들이 모여 이루어진 B 상태(속이 넉넉한 상태)로 옮겨간다고 보면 발전법칙을 제대로 간파한 것이다.

A 상태에서는 그 요소들의 숫자가 하도 많고 엉성하기 때문에 의식의 알갱이들은 집단효과를 통해서만 드러나고 활기차지 못하다. 그것들은 집단으로 수학법칙의 지배를 받는다. 물리화학의 영역이다.

[원주3] 이런 관점에서 볼 때 모든 존재는 두 개의 중심을 지닌 '타원'과 같다고 할 수 있다. 하나는 물질 구성의 중심이요, 또 하나는 얼 집중의 중심이다. 이 두 중심은 서로 연결되어 같은 방향으로 변해간다.

B 상태에서는 요소들의 숫자가 적고[원주4] 더욱 개인화되어 차츰 거대한 숫자의 예속에서 벗어난다. 자유가 그들의 기본 특성으로 나타난다. 우리는 그것들을 하나씩 보고 추적할 수 있는데 그렇게 되면 생물학의 영역에 들어가는 것이다.

앞으로 우리가 다룰 것은 우주 안에서 벌어지는 투쟁의 역사다. 하나가 된 '여럿'과 엉성한 '여럿' 사이의 투쟁이다. 줄곧 '복잡함과 의식'의 법칙을 적용해나갈 것이다. 그 법칙 안에는 세상의 '얼이 수렴하는 구조'도 들어 있다.

그러나 서두르지는 말자. 더구나 우리는 지금 생명 이전을 다루고 있지 않은가? 그러니 기계처럼 보이는 우주가 '질'의 관점에서 보면 사실은 '자유'로 이루어졌음을 인정하는 데 아무런 모순이 없음을 다짐하는 선에서 만족하자. 이 자유가 커다란 분열과 불완전의 상태에 놓여 있지만 말이다.

이제 좀더 까다로운 '양'의 관점으로 옮겨가 우리 얘기를 끝맺도록 하자. 위에서 우리가 본 우주 안에 들어 있는 에너지를 물리학 법칙으로 규정할 수 있는지가 문제다.

3. 얼 에너지

얼의 힘이라는 말보다 우리에게 더 친근한 말도 없으리라. 그러나 그것만큼 과학에서 애매하게 남아 있는 것도 없으리라. 정신력에 대해서는 누구나 객관으로 인정하고 있기 때문에 모든 윤리학이 거기에 바탕을 두고 있다. 그러나 그 속 힘은 손에 잡히지 않기 때문에 역학 계산이 되지 않는다.

얼과 물질을 똑같은 관점에서 묶기는 상당히 어려운 일이다. 그러나 우리 삶에서 얼과 육체가 서로 협력하기를 바란다면 그 두 강줄기 사이에 다리를 놓는 일보다 더 시급한 것도 없다.

[원주4] '다양화'라는 생명력 넘치는 역학운동에도 불구하고 그렇다.

얼과 몸뚱이라는 두 에너지를 일관된 방식으로 연결시키는 것을 과학은 지금까지 일단 뒤로 미루었다. 그렇게 하는 것이 편하기는 하리라. 그러나 다행인지 불행인지 우리는 사물의 안이 사물 바깥 못지 않은 또는 그 이상의 뜻을 지닌다고 보기 때문에 그 문제를 피해갈 수 없다. 둘을 꼭 만나게 해야 한다. 해결을 위해 앞으로 나가야 한다.

우리는 얼 에너지에 대해 속시원한 해결책을 주려는 것은 아니다. 다만 적절한 연구의 원칙이 어떤 것이고 통합하려면 자연과학은 어떤 방향으로 설명해야 하는지를 보이려는 것이다.

1) 두 에너지 문제

사람의 의식 깊은 곳에서 우주의 속이 드러나고 비치기 때문에, 우주 어디에서든 사물의 안과 밖이 어떤 역학 관계에 있는지를 이해하려면 우리 자신을 스스로 들여다보아야 할 것 같다.

사실 그것은 가장 힘든 일이다.

어떤 현실 행위에서 두 힘이 결합되어 있음을 우리는 분명히 '느낀다.' 어떤 발동기가 움직인다. 그러나 그것이 어떻게 움직이는지 우리는 알아내지 못한다. 얼 에너지 문제를 이치에 맞게 생각할 때 중요한 점은 우리 행동이 물질의 힘에 얼마나 의존하고 있으며 얼마나 독립하고 있는가 하는 것이다.

먼저, 의존하고 있다. 거기에는 너무 뚜렷해서 싱거운 증거가 있다. '먹어야 생각하지 않는가?' 이 짧은 공식에는 물질이 얼을 지배한다는 얘기가 들어 있다. 아무리 고상한 사변이나 순수한 사랑에도 다른 모습이 있다. 잘 아는 대로 그러한 얼의 활동에도 물리 에너지가 필요하다. 빵이 필요하고, 포도주가 필요하고 화학물질과 호르몬의 주입이 필요하고 때로는 색깔의 충동이 필요하다. 때로는 소리가 우리 귀를 울려 신경세포에 전달되면 영감이 떠오르기도 한다.

물질 에너지와 얼 에너지는 '어떤 무엇을 통해' 서로 연결되고 결합되어 있음을 의심할 수 없다. 그리고 더 깊이 들여다보면 우주에는 하나의 에너지만 있을 것이며 하나의 에너지만 존재하는 '어떤 방식'이 있을 것이다. 그 문제에 대해서 언뜻 떠오르는 생각은 어떤 '영혼' 같은 것이다. 그래서 자연의 통로를 따라 들어온 물질의 힘이 그 영혼 속에서 아름다움과 진리로 속을 갖추고 승화된다고 생각해볼 수 있을 것이다.

그런데 조금만 잘 살펴보면, 그처럼 두 에너지가 '직접' 교환된다는 생각은 매력이 있긴 하지만 옳지 않다. 왜냐하면 두 에너지가 결합되어 있는 것에 못지 않게 분명히 서로 독립되어 있기 때문이다.

'생각하기 위해서는 먹어야 한다.' 그러나 똑같은 빵을 먹고도 얼마나 생각이 다른가! 똑같은 문자를 가지고도 이상한 시가 나오는가 하면 형편없는 말투가 나오듯이 똑같은 열량이 얼 활동에 꼭 필요하기도 하지만 상관없기도 하다.

세상의 안팎을 이루는 물질과 얼의 두 에너지는 전체로 보면 같이 움직인다. 결합되어 있고 때로는 서로 모습을 바꾸기도 한다. 그러나 그들의 행적을 꼭 일치하는 것으로 볼 수는 없다. 예를 들어 가장 고도의 얼 에너지는 매우 적은 물리 에너지를 사용한다. 그리고 이 적은 부분은 흡수되는 즉시 뜻밖의 변동에 의해 큰 속으로 바뀐다.

그같은 양의 불균형으로 볼 때 두 에너지 사이의 단순한 '형태의 변화'라는 풀이는 옳지 않으며 의지나 생각을 '딱 들어맞게 설명할 수 있는 역학'을 발견하기는 불가능하다고 할 수 있다. 물론 사물의 안과 밖은 서로 의존해 있다. 그러나 그 상호의존은 전혀 다른 질서로 이루어진 복잡한 상징물 같은 것으로 보아야 한다.

2) 해결책

이원론은 과학에 맞지 않고 불가능하다. 우리는 이원론을 피하면서도 우주 바탕의 복합성을 살리기 위해 다음과 같은 해결책을 제시하려고 한다. 앞으로 전개될 얘기에도 도움이 되는 해결책이다.

모든 에너지는 기본으로 얼의 성질을 지닌다. 그러나 개별 원소들 속에서 이 기초 에너지는 서로 다른 두 개의 구성체로 나뉜다. 하나는 '탄젠트 에너지'로서 자기와 같은 차원(복잡함과 집중의 정도가 같은)의 다른 요소들과 단단히 결합하도록 하는 에너지다. 다른 하나는 '방사 에너지'로서 더 복잡하고 더 집중된 상태를 향해 앞으로 끌고 가는 힘이다.[원주5]

최초 상태가 자유로운 탄젠트 에너지의 상태라고 할 때, 최초 상태의 입자는 이웃 입자와 결합하여 안이 복잡하게 되고 그럴수록 (그 집중성이 커지기 때문에) 방사 에너지를 높이게 된다는 것이 분명하다. 한편 그렇게 생긴 방사 에너지는 탄젠트 영역 속에서 새로운 정돈으로 반응한다.

흔히 과학에서 생각하는 짧은 에너지가 바로 그 탄젠트 에너지라고 할 때 어려운 문제는 탄젠트 에너지의 정돈 작용을 열역학 법칙에 따라 설명하는 일이다. 그 문제에 대해 몇 가지 풀이를 해보자.

첫째, 방사 에너지가 '정돈을 매개로' 탄젠트 에너지를 따라 움직인다면 흔히 크게 보는 방사 에너지가 작게 보는 탄젠트 에너지에 매여 있다는 결론이 나온다. 정돈이 완벽하려면 활동은 미약해야 하기 때문이다. 이것은 우리가 앞에서 확인한 사실과도 일치한다.

둘째, 그런 체계라면 우주 에너지가 끊임없이 증가하되, 심각한 것은 방사 에너지 형태로뿐만 아니라 탄젠트 에너지의 형태로도 증가한다는 점이다. 집중도가 더해감에 따라 요소들 사이의 긴장도 증가하기 때문에 그렇다. 이것은 에너지 보존 법칙에 정면으로 어긋나는 것처럼 보인다. 그러나 잘 들여다보자. 물리학에서 꺼리는 이 탄젠트 에너지의 증가는 알고 보면 매우 높은 방사치(예를 들면 사람이나 사회적 긴장의 경우)로부터만 보이는 것이다. 그 이하의 경우 곧 우주의 최초 입자들의 경우에 우주 전체의 탄젠트 에너지의 총합은 변화의 와중에서도 일정하다. 통계로도 그렇고 실제로도 그렇다. 과학에 필요한 것은 그것이다.

[원주5] 원소의 집중도 또는 농축도가 떨어질수록 탄젠트 에너지는 강력한 역학 효과를 발휘한다. 집중도가 강한 입자들(고 방사성 에너지 입자) 속에서 탄젠트 에너지는 물리학에서 볼 때 '속으로 들어가거나' 사라진다. 물론 여기에는 에너지 보존을 설명하기 위한 보조 법칙이 있다. 두 종류의 탄젠트 에너지를 구분해야 할 것이다. 하나는 '복사' 탄젠트 에너지(방사치가 아주 낮은 존재. 곧 원자의 경우에 최대)요, 다른 하나는 '정돈' 탄젠트 에너지(방사치가 큰 존재. 곧 생물체나 사람의 경우에서만 느낄 수 있다)다.

셋째, 우리 이론에 따르면 집중을 이루어가는 우주의 전 과정을 떠받드는 것은 그의 최초 정돈이기 때문에, 그 집중의 완성은 자유로운 탄젠트 에너지 형태의 최초 양자에 따라 이루어진다. 그런데 그 최초 양자는 엔트로피 법칙을 따라 점차 고갈되어간다.

전체로 볼 때 이상의 몇 가지 명제는 현실을 설명하기에 충분하다.

그러나 아직 세 가지 문제가 풀리지 않고 남아 있다.

첫째, 우주는 그의 최초의 축을 따르면서 도대체 어떤 특별한 에너지의 힘을 입어 더 복잡하고 집중된 형태로 향해 가는가?

둘째, 복잡해지고 가운데로 뭉치면서 커지는 방사 에너지의 기본치나 총량에 한계가 있고 끝이 있는가?

셋째, 마지막 에너지 형태가 방사 에너지라면 그것은 엔트로피 법칙을 따라 언젠가는 붕괴되는가? 그리고 우주의 거죽 속에 줄곧 들어 있던 탄젠트 자유 에너지가 고갈되고 평준화됨에 따라 방사 에너지는 붕괴되어 생명 이전 또는 그 이하의 상태로 전락하는가?

이 세 가지 물음은 한참 뒤에 가서야 만족스런 답을 찾을 수 있으리라. 사람에 대해서 볼 때 우주의 최고축 곧 '오메가 포인트' 얘기가 나올 것이고 그때 위의 물음에 대한 답도 보일 것이다.

제3장

청년 지구

수십억 년 전 매우 안정된 원자들로 이루어진 물질의 파편이 태양 표면에서 떨어져 나왔다. 항성의 진화 단계를 따라 일어난 일도 아니고 갑자기 일어난 일인데 (별들의 충돌인지, 내부의 파열인지) 그 까닭은 알 수 없다. 어쨌든 태양과의 관계를 유지하고 또 적당한 강도의 빛을 받는 거리에서 이 파편은 응집되고 뭉쳐 형체를 갖추었다.[원주1]

인류의 미래를 그 안에 품고서 또 하나의 천체——이것은 행성이다——가 막 탄생했다.

지금까지 우리는 우주의 바탕되는 물체가 펼쳐진 무한히 크고 넓은 공간을 생각했다.

그러나 이제부터 막 탄생한 아주 작은 물체, 이상하면서도 매혹스런 그 물체에 우리의 시선을 집중하자. 그것은 우리 자신에 이르기까지 물질의 진화를 추적할 수 있는 '단 하나의 물체'다.

그 옛날에 청년 지구가 신선하고 막강한 탄생력을 가지고 어떻게 움직였는지 보도록 하자.

[원주1] 천문학자들은 다시 라플라스의 이론으로 돌아가는 것 같다. 별 주위에 떠 있던 우주의 먼지 구름 가운데서 행성이 탄생했다는 이론이다.

1. 밖

우주 집단 속에서 우연히 생긴 것 같은 이 둥근 물체에 대해 물리학자들이 관심을 가지게 된 것은 화학성분으로 구성된 물질의 존재 때문이었다. 그것은 다른 곳 어디에서도 볼 수 없는 것이었다.[원주2] 별의 온도가 몹시 높을 때 물질은 거의 해체된 상태로밖에 존재할 수 없다. 그래서 열로 끓는 천체에는 아주 단순한 물체만 존재하게 된다. 지구에서는 그런 단순한 원소들이 주변에 맴돌고 있었다. 대기권이나 성층권 가스 속에 다소 이온화된 형태로 있었고 밑으로는 지핵이 금속으로 있었다. 그러나 그 양극 사이에 '식어버린' 별들에서만 보이는 일련의 복잡한 물질들이 층을 지어 늘어서 있었고, 우주의 합성력이 그들 속에서 엿보였다. 그중에는 먼저 무수규산층이 있어 나중에 이 행성의 단단한 철갑을 이루게 된다. 그리고 수분층과 탄산층이 있었는데 이들은 무수규산층을 불안정하게 감싸고 흔들어댔다.

지핵권, 암석권, 수권, 대기권, 성층권, 이런 식으로 이루어졌다.

이런 기본적인 구성형태는 자세히 말하자면 더 복잡하게 나눌 수도 있을 것이다. 그러나 크게 볼 때 그런 식으로 형성되었다는 얘기다. 그리고 바로 거기에서부터 지구화학이 두 방향으로 나뉘어 발전된다.

1) 결정체 세상

첫번째 방향은 지구 에너지가 처음부터 발산되고 터져나갔을 것이라는 주장이다. 규산과 물과 탄소 가스, 이 기본 산화체들은 각각 구성원소들의 친화력을 부수고 중립하면서(혼자 그랬든 아니면 다른 단순한 물체와 연합해서 그랬든) 형성되었다. 이 도식대로 계속되면 엄청나게 다양한 '무기물계'가 생긴다.

무기물 세계.

[원주2] 지구에서 가장 가까운 행성들은 예외다.

고대 과학에서도 상당히 유연하고 유동하는 세계로 인정했던 부분이다. 오늘날에는 한 발 더 나아가 단단한 바위 속에서 일어나는 무기체의 끊임없는 변화를 마치 생물체의 변화를 보는 듯하다.

그러나 요소들의 내부 구성력이 매우 작기 때문에 짜임새가 약한 세계다(우리가 조사한 바로는 자연 속에서 수백 개의 규산을 본 것이 전부다).

그 점에서 무기물의 특징을 '생물학을 따라' 말한다면 이미 막혀 있는 길을 가는, 말하자면 성장이 고정된 유기체와 같다. 그 구조가 설익어서 분자들이 더 크지를 못한다. 더 크긴 하지만 순전히 바깥에서 연합이 일어나는 것이다. 원자와 원자가 서로 붙어 있을 뿐이고 참다운 통합은 없다. 옥처럼 원자들이 죽 늘어선 경우도 있고 운모처럼 넓적한 원자들이 포개져 있는 경우도 있다. 또는 석류석처럼 원자들이 주사위의 5점짜리 모양으로 배열되어 있는 것도 있다.

그렇게 해서 규칙 있는 덩어리를 이루고 그 수준이 꽤 높은 경우도 있지만 정말로 농축된 통일성과는 거리가 멀다. 원자 또는 단순한 원자 그룹이 기하학 식으로 단순히 늘어서 있는 것에 불과하다. X선을 이용하여 사진 판독이 가능한 수정의 구조 역시 작은 원소들의 모자이크다. 우리를 둘러싸고 있는 응축된 물질들은 대개 그처럼 처음부터 단순하고 멈춘 조직을 가지고 있었을 것이다.

지구에서 생긴 최초의 집단은 지금껏 우리가 관찰한 바로는 기하학 구조로 되어 있다. 결정체다.

그러나 모두 그런 것은 아니다.

2) 중합 작용
지구상의 원소들이 결정체로 되면서 에너지가 끊임없이 흘러나와 자유 에너지가 되었다(그것은 마치 오늘날 기계가 생기면서 사람이 자유롭게 되는 것과 같다). 방사성 물체의 원자가 붕괴하면서 자유 에너지는 증가된다. 그리고 햇빛이 쏟아붓는 에너지에 의해 자유 에너지는 끊임없이 커간다. 청년 지구의 표면에 생긴 이 가용 에너지는 어디로 흘러가는가? 단순히 발산되어 사라지는가?

현재의 지구를 보면 다른 가설이 훨씬 그럴듯하다. 열로 소모되기에는 너무 약한 상태에 있기 때문에 자유 에너지는 오히려 안으로 감겨들어가 합성작업을 할 수 있게 되었다. 바로 그때 자유 에너지는 오늘날 그렇듯이 탄소 화합물이나 수소 화합물 또는 수화물(水化物), 질소 화합물로 된다. 그런 화합물의 원소들은 복잡함과 불안정함을 엄청나게 증가시킬 힘을 지니고 있다. '중합'(重合)[원주3] 왕국이다. 결정체처럼 입자들이 연결되고 무리를 짓고 교환된다. 그러나 결정체와 달리 '이번에는 분자 대 분자 사이에서 그런 일이 일어나고', 광물에서는 이론상 무한한 원자 연합이 가능하지만 이번에는 '분자 대 분자 사이의 제한된 연합을 통해 점점 더 크고 더 복잡한 분자를 만들어낸다.'

이 '유기 화합물'의 세계, 우리도 그것으로 이루어져 있다. 그것은 생명체와 밀접히 연관되어 있기 때문에 흔히 우리 주위의 생물과 직접 연관지어 말한다. 그리고 무기 화합물과는 비교가 안될 정도로 그 형태가 다양하며, 지구 위의 물체에서 차지하는 비율이 얼마 되지 않아 지구 화학에서 차지하는 비중이 크지 않다. 지구 화학에서는 차라리 천둥 번개에 들어 있는 암모니아나 산화물을 다루면서 유기체를 다룬다.

조금 뒤에 우리가 자연 속에서 차지하는 사람의 자리를 따지려면 유기 화합물이 굉장히 오래된 것이라는 점과 그 모습이 다양하다는 얘기를 다시 꺼내야 하리라고 본다.

무기 화학과 유기 화학. 그들이 영향을 주는 범위는 각각 다르지만 동전의 양면이다. 지구 대지 활동의 두 국면이며 서로 뗄 수 없는 관계에 있다. 무기 화합물처럼 유기 화합물도 지구의 청년기부터 시작되었음이 분명하다. 이 책 전체의 초점이 바로 여기에 있다. "처음부터 있지 않았던 것이 나중에 진화를 거쳐 생긴 것은 없다. 어떤 것이 처음에는 없다가 진화의 문턱

[원주3] 나는 아주 폭넓은 뜻으로 이 낱말을 쓴다. 곧 단순히 화학 차원의 중합 작용을 넘어, 큰 분자를 만들어내는 '복잡함'의 전 과정을 가리킨다.

을 차례차례 타고 넘어 최후의 것으로 어느 날 생겨나지는 않았다는 말이다." 처음부터(유기체가 있을 가능성이 있는 그때부터) 지구상에 유기체가 없었다면 나중에도 없을 것이다.

그러므로 지핵권, 암석권, 수권 그리고 대기권이 처음 생길 무렵부터 우리 지구 둘레에 있었을 특별한 지대를 가정해볼 여지가 있다. 말하자면 앞에 말한 네 개의 권역에 대한 반명제로서 어떤 온대 구역을 생각해볼 수 있다. 거기서는 이미 물과 암모니아와 탄산이 햇빛을 받아 수증기를 내며 중합작용이 일어났을 것이다. 그 엷은 안개를 무시하는 것은 지구에게서 가장 기본적인 멋을 빼앗는 것이다. 왜냐하면 내가 위에서 말한 관점에서 볼 때 바로 거기에서 '지구의 안'이 차츰 농축되기 시작하기 때문이다.

2. 안

'지구의 안'이라고 할 때 나는 우리 발 밑 몇 킬로미터 속을 가리키는 것이 아니다. 물론 지구 속의 화학 성분과 물리 상태 따위도 과학이 풀어야 할 큰 신비이지만 말이다. 그러나 내가 여기서 지구의 안이라는 것은 앞 장에서처럼 우주 바탕의 '얼' 측면을 가리킨다. 그것은 태초에 청년 지구의 좁은 방사선으로 둘러싸여 이루어졌을 것이다. 막 분리된 항성 조각에는 우주 어디서나 그렇듯이 분명히 밖과 다른 안 세계가 있었을 것이다. 그 점은 이미 말했다. 그러나 여기서는 상황이 다르다. 물질은 우리 눈에 더이상 흩어져 있는 끝없는 평면이 아니다. 그것은 자기 위에 자기를 겹쳐 '일정한 하나의 부피'를 갖는다. 그런 겹침에 대해 그 안은 어떻게 반응하는가?

먼저 생각해야 할 것은, 우리 행성이 개체로 독립했을 때 처음부터 지구 물질 안에 어떤 기초 의식이 들어 있었을 것이라는 점이다. 지금까지 학자들은 차가운 행성에 생명의 씨를 뿌리는 능력이 항성들 사이에서 나온다고 보지 않는 것 같다. 생명의 씨앗을 항성들 사이에서 찾는 가설은 생명체 현상과 거기서 파생된 인간현상의 위대성을 깎아내린다. 그렇다고 일관된 설명을 하는 것도 아니다. 결국 그러한 가설은 쓸모없다고 본다. 우리 지구 얘기를 하기 위해 우주 공간에서 그것도 이해할 수 없는 번식 원칙을 찾아야 할 까닭이 없다. 젊은 지구는 최초의 화학 구성부터 그 전체가 말할 수 없이 복잡한 씨앗을 가지고 있었다. 말하자면 지구는 태어날 때부터 그 안에 '일정한 양'의 '이른 생명'을 품고 있었다. 그러면 어떻게 해서 유연한 이 원시 양자에서 모든 게 나올 수 있었는지, 그것이 문제다.

진화 초기의 모습을 생각하는 데는 여러 진화 형태들을 비교하여 얼 에너지의 발전에 들어맞을 일반법칙을 찾아보는 방법이 있다. 또는 막 생긴 지구의 물리화학 조건들을 비교해보는 방법도 있다. 앞에서 우리는 이렇게 말했다. 얼 에너지는 원소들이 화학적으로 더 복잡해짐에 따라 절대로, 정해진 한계 없이 '방사'치가 증가하며 안을 이룬다고. 그러나 앞 문단에서 우리는 원소들이 중합 활동을 일으키는 특별한 곳에서, 열역학 법칙에 따라 지구의 화학 복합성이 증가한다고 말했다. 이 두 명제를 연결해보면 서로 잘 들어맞고 명확해진다. 두 명제를 통해보면 결국 막 탄생한 지구 속에 들어 있던 '이른 생명'이 마비상태에서 빠져나왔다. 그때 '물질' 속에 들어 있던 합성력(종합력)이 깨어나면서, 그때까지 잠자고 있던 '이른 생명'이 활동을 시작했다. 동시에 지구 전면에, 안에 있는 자유의 긴장이 막 모습을 나타내기 시작했다.

이 신비한 지구 표면을 좀더 자세히 보자.

우선 눈에 띄는 특징이 있다. 지표는 엄청나게 작은 수많은 입자들로 가득차 있다. 물 속에, 공기 속에 그리고 진흙 속에 극도로 미세한 단백질 알갱이가 몇 킬로미터 두께로 빽빽히 표면을 덮고 있다. 이런 말을 들으면 눈송이 정도를 연상하며 상상력이 거기서 멈춘다. 그러나 이른 생명이 이미 원자 속에 등장했다면 수많은 거대 분자를 기대해봄 직하지 않은가?

그러나 또 하나 생각해야 할 것이 있다.

그처럼 수많은 입자와 수많은 단백질 알갱이도 중요하지만, 장차의 발전을 이해하는 데 어떤 면에서 더욱 놀랍고 중요한 것은 그 수많은 입자 속에 있는 원시 의식의 조각들이 어떤 통일성 밑에 연결되어 있다는 사실이다.

다시 말하건대 자유의 성장은 종합과 합성을 통해 분자들이 커가는 데 있다. 그러나 또다시 말하건대 그 종합과 합성은 폐쇄된 지구 표면 내부에서 지구가 몸을 굽혀 자기 위에 겹치며 안으로 감겨들어가야 일어난다.

지금까지 지구에 대해 살펴본 것들을 종합하면 안의 증가는 '안으로 감겨들어가는' 두 개의 현상이 서로 연결되어 일어난다. 분자가 자기 안으로 감기고 행성이 자기 안으로 겹치는 데서 일어난다.[원주4] 지구에 들어 있는 최초의 의식 양자는 우연히 같은 망에 걸려든 미세한 조각들의 더미가 아니다. 무수한 중심들의 연합체다. 처음부터 그리고 발전하면서 그들끼리 구조로 연결되어 있는 튼튼한 연합체인 것이다.

여기서 최초 물질의 기본 특징 곧 '여럿이 하나됨'이 다시 나타난다. 지구는 아마 어떤 기회에 생겼을 것이다. 그러나 진화의 일반법칙에 일치해서 그 기회는 나타나자마자 즉각 이용되었다. 자연스럽게 운용되는 어떤 무엇을 따라 그렇게 되었다. 세상의 안이 농축되고 익어가는 얇은 막은 '유기체 덩어리'의 형태로 출현하였을 것이며 따라서 어떤 원소와 그 원소 주변의 원소들을 분리할 수 없는 그런 것이었으리라. 그 점에서 지구 탄생의 법칙을 그대로 따라 출현했다. 우주라고 하는 나눌 수 없는 덩어리 한가운데에 나눌 수 없는 덩어리가 또 생긴 셈이다. 그것이 '이른 생물권'이다.

우리가 지금부터 관심을 둘 부분이 바로 그것이다.

과거에 눈을 붙이고 색의 변화를 관찰하자.

시대가 지날수록 빛깔이 올라간다. 그리고 청년 지구 위에 뭔가가 생겨났다.

생명! 생명이다!

[원주4] 이는 뒤에서 보겠지만 진화의 다른 끝에 '얼누리'가 출현할 조건이다.

제❷부
생명

제1장
생명의 출현

앞에서 우리는 청년 지구의 생산 능력을 살펴보았고 그 결과 이제 생명의 출현에 대해서 더 할 말이 없는 것처럼 보일 수 있다. 그런데 또 무슨 생명의 출현이란 말인가? 무기물계와 생명계, 언뜻 보면 마치 서로 상반된 것처럼 보인다. 그러나 공간 분석을 통해서 보거나 시간 위에서 뒤로 가서 미세한 세계나 미립자까지 내려가보면 그 두 세계는 결국 한 몸이다.

결국 첫 단계에서 보자면 둘의 차이는 없는 것 아닐까? 단세포 단계에서는 동물과 식물의 한계선이 불분명하다. 한편 아주 큰 분자 덩어리 단계에서는 '살아 있는' 원형질과 '죽은' 단백질 사이에 경계가 뚜렷하지 않다. '죽었다'는 것은 분류할 수 없다는 얘기다. 그러나 어떤 것 안에 얼이 전혀 들어 있지 않을 때 우리는 그것을 가리켜 죽었다고 하지 않는가?

어떤 점에서 그것은 사실이다. 생명체에서뿐만 아니라 어떤 상황에서도 절대 온도 0도를 만들 수는 없다. 적어도 우리의 경험 속에서는 불가능하다. 우주 전체로 보거나 그 원소 하나하나로 보거나 현재 상태가 있기까지 흐름은 단 하나다. 그러므로 현재의 그것을 있게 한 것의 구조를 보면 그 뿌리는 항상 더 먼 과거에 있다. 모두가 처음에서 시작되어 지금에 이른 것이다. 이러한 우리 인식에 직접 대항할 만한 것은 없다.

그러나 앞에서 우리는 새로운 존재가 출현하는 데는 항상 '우주의 배태 발생'이 필요하고 실제로 그랬음을 분명히 인정했다. 그렇다면 모든 존재가 나타나는 것이 하나의 '역사'임을 인정하는 셈이다.

무엇이든지 덩치가 충분히 커지면 갑자기 그 면모와 상태와 성질이 바뀐다. 곡선이 곤두서고 표면이 점이 되며 고체가 흐르고 액체가 끓고 알이 갈라지고 쌓인 사실들 위에 직관이 터져나온다……. 임계점, 상태변화, 경사 위에 이루어진 평평한 층계참——이렇게 해서 '발전중'에 새로운 종이 탄생한다. 과학에서 '최초 순간'을 포착하는 '유일하고' '참된' 방법이 거기에 있다.

이미 우리가 앞에서 '이른 생명'에 대해 말했지만 생명의 시작에 대해 새롭게 말할 거리가 있는 곳도 바로 거기다.

어떤 것인지 정확히 알 수 없으나 아무튼 거대한 흐름 또는 지속이 계속되는 동안, 표면에 탄화된 분자들이 형성될 만큼 식은 지구에는 아마도 수분이 퍼져 있었을 테고 장차 대륙이 될 부분이 나타나기 시작했을 것이다. 그러나 최첨단 과학기구를 가지고 본다 해도 그 당시의 지구는 삭막해보였을 것이다. 그리고 그때 있던 물 속은 아무리 자세히 들여다보아도 움직이는 입자라고는 도무지 보이지 않았을 것이다. 다만 무기력한 집합물만 보일 뿐이리라.

그런데 아주 오랜 시간이 흐른 후 어느 순간 물 속 여기저기에 미세한 물체들이 들끓기 시작했다. 이 최초의 다수에서 엄청난 양의 유기체들이 나왔다. 그리고 그 유기체들이 오늘날 지구를 덮고 있는 '생물계'를 형성했던 것이다.

우리는 결코 알 수 없을 것이다(미래 과학이 그 현상을 실험실에서 재현할 수 있다면 모르지만 말이다). 어쨌든 어떻게 분자에서 분자를 넘어 현미경으로 보이는 세계가 나왔는지, 어떻게 화학구조에서 화학을 넘어 유기체가 나왔는지, 어떻게 이른 생명에서 이른 생명을 넘어 생명이 나왔는지 역사만 가지고는 알 수 없다. 그러나 한 가지는 분명하다. 그러한 변화가 단순히 연속된 과정으로는 설명될 수 없다는 점이다. 자연사에 대한 비교연구에서 그랬듯이 지구 진화의 특정한 순간에 성숙, 허물 벗기, 문턱, 위기점을 설정해야 할 것 같다. 새 질서의 시작이다.

그러면 그때 자연은 어떠했으며 그 변화는 시간과 공간으로 볼 때 어떻게 일어났는지 알아보도록 하자. 청년 지구의 상황에도 맞고 현대 지구와도 들어맞는 방식을 찾아야 할 것이다.

1. 생명의 발걸음

물질 측면에서, 그리고 밖에서 보는 관점에서 그 순간에 대해 최대한 말할 수 있는 것은 진정한 생명은 '세포와 함께 시작되었다'는 점이다. 한 세기 동안 화학이나 구조로 복잡한 세포의 통일성에 대해 연구를 집중했는데 그럴수록 물리학 세계와 생물학 세계 사이의 연관의 비밀이 더욱 깊어진다는 것만 분명해졌다. 마치 원자가 무기물질의 극소단위이듯이, 세포는 '생명의 극소단위'다. 그러므로 생명의 발걸음이 어떤 것인지 알려면 두말할 나위 없이 세포를 들여다보아야 한다.

그러나 알아내려면 어떻게 들여다보아야 하는가? 이미 세포에 대한 글이 많이 나왔다. '세포질'의 상호기능, 세포핵, 분할방식, 유전 문제 따위에 대한 연구가 수없이 많아 도서관을 채우고도 남을 지경이다. 그러나 세포는 우리 눈에 여전히 수수께끼로 남아 있다. 어느 정도 깊이 있게 알아낸 이후 조금도 진전이 없이 제자리를 맴돌고 있는 것 같다.

역사학 방법과 물리학 방법은 우리가 기대했던 만큼을 주었고 이제 새로운 방법론이 필요함을 뜻하지 않을까?

사실 지금까지 세포학은 거의 생물학 관점에서 이루어졌다. 그 형태나 단단한 결속 따위에 비추어 세포를 미생물 또는 원생명으로 보았다.

그러나 그러한 방법이 일리가 있지만 문제의 반은 그대로 남겨둔 셈이다. 우리가 알아내고자 하는 것은 달이 해를 바라듯이 생명의 최정상을 향해 얼굴을 돌릴 때 환히 밝혀진다. 반면에 우리가 이른 생명이라고 부른 것들을 향한 부분은 아직도 깜깜하다. 그러므로 그 쪽으로 향하는 것은 과학에서 볼 때 공연히 신비를 연장하는 것처럼 보일지 모른다.

그러나 세상의 다른 것들이 모두 그렇듯이 세포 역시 미래와 과거 사이에서, 곧 진화의 흐름 속에 포함해서 (다시 말하면 우주의 전체 체계 속에서) 생각해야 한다. 다른 물질에 비해 아무리 그 독립성이 뛰어나더라도 그렇다. 지난날 우리는 다른 것들과 비교하여 세포의 차이와 뛰어남에 관심을 두었다. 그러나 정말 세포의 새로움이 무언지를 알려면 무생물에 닿아 있는 세포의 뿌리와 기원을 집중탐구해야 한다는 것이 일치된 견해다.

이미 다른 분야의 연구를 통해 잘 알고 있음에도 불구하고 세포를 과거가 없는 존재로 너무 쉽게 생각하는 경향이 있다. 오랫동안 준비되었으면서 동시에 매우 독특한 것으로 볼 때, 세포는 어떤 것이 될까? 그 점에 대해 살펴보자.

1) 미생물과 거대 분자

먼저 준비 과정을 보자.

생명 이후가 아닌 생명 이전과 관련해서 최초 생명을 관찰할 때 제일 먼저 얻어내는 결론은 그 독특함이다. 그 독특함에 놀라지 않는다면 이상한 일이다. 고차원의 생명을 이룩하는 과정에 나타나고 사라지는 것은 말하자면 '개별성을 지닌' 분자 세계다. 세포 안에서 또는 세포를 통해서 일어나는 일이다.

설명해보자.

우리는 박테리아를 볼 때마다 더 높은 수준의 식물이나 동물을 생각한다. 보통 그렇다. 그러나 달리 접근해보자. 발전된 형태의 세포에 대해서는 못 본 체하자. 또 후생동물 못지 않게 다양화된 대부분의 원생동물도 당분간 관심에 없는 것으로 해두자. 그리고 후생동물 중에서도 특히 신경 세포나 근육 세포 또는 재생 세포처럼 고도로 전문화된 세포들은 모르는 것으로 해두자. 그리하여 관찰의 범위를 외부적으로 무형이든 다형이든 다소 동떨어진 것들로 제한하자. 그것은 자연 발효 현상에 많이 보이고, 우리의 핏줄 속에 흐르며 연결 조직의 형태로 우리 몸속 기관에 축적되어 있는 것이다. 다시 말하자면 우리 관찰을 가장 단순한 세포 곧 현재의 자연 속에서도 볼 수 있는 가장 원시 세포에 국한하자는 말이다. 그 다음 그 미립자 세포와 그것이 덮고 있는 물질과의 관련에 주의를 기울이자. 나는 묻는다. 그 때 그 세포의 구성이나 행태가 물리화학 세계의 이른 생명 세계와 너무나 유사한 것을 지나칠 수 있을까? 그 단순함, 구조의 대칭성, 그 작은 크기, 그 특성과 행태의 일치…… 그것은 곧 작은 입자들의 특징이요 행태가 아닌가! 다시 말해서 생명의 첫 단계에서 '물질'의 핵심은 아니더라도 그 주변 머리가 우리 눈에 보이는 것이다.

해부학에서 그리고 고고학에서 볼 때 사람이 포유동물에서 유래했듯이 그 뿌리를 본다면 세포는 질적으로나 양적으로 화학 세계에 뿌리를 내리고 있다고 볼 수 있다. 뒤로 계속 가면 분자에 이를 것이다.

그런데 그러한 확신은 단지 직관에서 나온 것이 아니다.

단지 몇 년 전만 하더라도 내가 방금 말한 것, 곧 물질 입자에서 생명의 입자로 차츰 옮겨갔다는 주장은 다윈이나 라마르크가 변이설을 주제로 쓴 초기 논문만큼이나 그럴듯하면서도 허황된 소리처럼 들렸을 것이다. 그러나 상황은 많이 변하고 있다. 다윈과 라마르크 시대 이후 수많은 연구가 이루어져 진화론을 뒷받침할 근거를 마련했다. 또한 최근 생화학의 발달로 분자 집합체의 실태를 파악하여 원형질과 무기질의 거리를 상당히 좁혔다. 만일 우리가 어떤 측정방법(물론 간접측정이지만)을 받아들이기에 따라서는 자연 복합 단백질의 분자량을 수백만까지 잴 수 있을 것이며 그러면 식물이나 동물에 세균질환을 일으키는 '바이러스' 같은 것도 측정이 가능해지리라. 바이러스를 형성하는 입자는 박테리아보다 작아 어떤 여과기로도 거를 수 없지만 흔히 화학에서 다루는 탄소의 분자들보다는 엄청나게 크다. 그렇다면 이렇게 볼 수 있다. 그것들이 세포는 아니지만, 예를 들어 생체와 접촉해서 번식하는 능력 같은 것을 볼 때, 이미 유기체의 특성을 보이고 있다는 얘기다.[원주1]

[원주1] 전자 현미경의 발달로 바이러스가 간균과 같은 것으로 밝혀짐에 따라 그것을 '분자 집합물'로 보지 않고 박테리아의 대열에 끼워넣으려는 의견이 있었던 것 같다. 그러나 효소나 다

그처럼 거대한 미립자의 발견으로, 미세한 생명체와 그것보다 더 작은 보이지 않는 비생명체 사이에 '중간상태'가 있으리라는 예견은 직접 눈에 보이는 현실이 되었다.

그리하여 단순히 논리일관의 필요에서뿐 아니라 현실 지표로도 확실히 말할 수 있게 되었다. 우리가 '이른 생명'을 얘기하면서 예측한 대로 어떤 자연 기능이 지금까지 줄곧 미생물과 거대 분자 세계를 연결하고 있다.

2) 잊혀진 시대

나는 상대주의 물리학이 잘 된 것인지 한계가 있는 것인지 수학으로 따질 능력이 없다. 그러나 자연과학자로서 말하건대, 시간과 공간이 결합된 어떤 환경을 설정하는 것이 우리 주변에 있는 물질과 생명체를 설명할 수 있는 유일한 방법이라고 본다. 자연의 역사에 대해 지식이 늘수록, 어떤 순간에 어떤 물체와 형태가 있다는 것은 존재의 공간(또는 형태) 분산에 따라 시간의 길이가 변하는 어떤 과정을 전제로 한다는 것을 인정하게 된다. 공간 거리, 형태의 차이는 모두 하나의 흐름, 곧 시간의 지속을 전제로 하고 그것을 표현한다.

아주 간단한 예로 현재 생존하는 척추동물을 보자. 린네(Linné) 당시부터 동물 분류방식이 매우 발전되어 목(目), 과(科), 속(屬) 따위로 체계화되었다. 그런데 그런 분류가 정확하지 않다는 얘기가 자연과학자들의 입을 통해 끊임없이 있었다. 오늘날 우리는 린네의 체계가 오랫동안 나타난 수많은 계통 다발 중에서 현재까지 내려온 부분만 보여주고 있음을 알게 되었다.[원주2] 결국 생물체의 여러 형태에 대한 동물학의 분류는 시대의 차이를 무시하는 결과를 낳는다는 얘기다. 하늘의 별처럼 수많은 종(種)들의 존재와 그 위치는 어떤 과거, 어떤 최초 탄생을 전제로 한다. 특별히 전에

른 복합 화합물의 연구 결과 분자들도 형태를 가질 뿐 아니라 그 형태가 매우 다양하다는 것이 밝혀지기 시작하지 않는가?

[원주2] 이 문제에 대해서는 '계통수' 부분에서 더 자세히 살필 것이다.

알려진 것보다 더 오래된 형태의 동물(예를 들어 활유어)이 알려지면서 동물형태의 단계를 더욱 늘려놓았다. 그런 것이 발견되면 진화의 줄기에 한 시대, 하나의 윤생(輪生), 하나의 원체절(原體節)을 더 보탠다. 예를 들어 활유어를 현재의 자연 속에 자리매김하려면 과거에 물고기 밑에 '원척추동물'이라는 생명체를 설정해야 한다.

'생물학의 시공간 속에 어떤 새로운 시대를 설정하면 지속의 축을 그만큼 늘려야 함을 뜻한다.'

이 원칙을 다시 생각해보자. 그리고 그 존재가 밝혀진 거대 분자의 얘기로 다시 돌아가보자.

이 거대한 입자들이 오늘날 자연 속에서 아주 드문 예외 집단을 이루고 있을 수도 있다. 그러나 아무리 희귀하고 아무리 희박하다 할지라도 그것을 괴물로 여길 까닭이 없다. 오히려 지구 물질의 형성 과정에서 특별한 단계를 보여주고 있는 것으로 봐야 한다.

그렇다면 거대 분자 영역은 분자 영역과 세포 영역 사이의 경계 영역에 들어간다고 할 수 있다. 뿐만 아니라 그것은 위에서 말한 공간과 지속 사이의 연관에 비추어볼 때 지구의 역사 속에 한 시대를 '추가한다.' 줄기 위에 한 시대가 더해졌으니 곧 우주 생명의 역사에 기간 하나를 더 생각해야 하는 것이다. 바이러스나 그 비슷한 것들의 발견으로 물질의 형태사에 중요한 기간 하나가 덧붙여지는 것뿐만 아니다. 우리 지구의 과거를 가늠하는 시간의 연속선에서 지금까지 잊혀져왔던 새로운 시대를 되살려야 하는 과제가 생긴 것이다.

그렇게 해서, 최초의 생명에서 출발하여 밑으로 내려간 우리가 다양한 기본물질들의 비탈을 다시 올라가면 앞에서 살펴본 청년 지구의 상태와 형체를 다시 발견하게 된다.

이 지구상에 거대 분자가 형성되기 위해 걸린 시간을 자세히 알 수는 없다. 그러나 숫자까지 매길 생각을 포기한다면 거대 분자의 성장을 가늠해볼 수 있는 방법이 몇 가지 있다. 거대 분자의 성장이 아주 느리게 진행된 것으로 보이는데 거기에는 세 가지 이유가 있다.

첫째, 거대 분자의 출현이나 성장은 지구 표면의 화학 상태 및 열역학 상태의 변화와 밀접히 연관되어 있기 때문이다. 안정된 물질 환경 속에서 적당한 속도로 번식한 것으로 보이는 생명체와 달리, 거대 분자는 지구의 항성 리듬을 따라 (그러므로 말할 수 없이 느리게) 형성될 수밖에 없었으리라.

둘째, 변화가 일단 시작된 이후 지구 전체에 생명 출현에 필요한 환경이 이루어지기까지 상당히 중요하고 충분한 물질단위로 확장되어야 했을 것이기 때문이다.

셋째, 거대 분자 안에 긴 역사의 흔적이 보이기 때문이다. 어떻게 그것들이 단순한 미립자들처럼 갑자기 단번에 그렇게 되었다고 상상할 수 있겠는가? 그 복잡함과 불안정함을 볼 때 긴 세대를 거치며 계속 성장한 과정이 있었다고 볼 수밖에 없다.

위의 세 가지 논점에서 볼 때 지구 표면에 단백질이 형성되는 데는 어떤 지속이 있었음을 미루어 짐작할 수 있다. 그 지속의 시간은 캄브리아기 이후 지질 시대보다 더 긴 시대일 것이다.

그렇게 해서 우리 뒤의 아득한 과거가 점차 깊어간다. 그냥 생각하기에는 잠깐 동안의 지속으로 생각되지만 과학에서 볼 때 한없이 길어 아득한 그런 기간이다.

그리고 이제 우리 연구를 위한 기반도 마련되었다.

긴 성장 기간 없이 어떤 깊은 변화도 일어나지 않는다. 그것이 자연의 역사다. 그러나 그러한 기간이 일단 지나면 '전혀 새로운 것'이 나타나기 마련이다. 거대 분자의 시기는 단순히 우리가 그린 지속의 도표에 한 부분을 장식하고 끝나는 것이 아니다. 한 시대를 마감하는 어떤 임계점과 같은 것이다. 또 그것은 세포의 출현으로 초기 진화질서에 단절이 있었다고 하는 우리의 주장을 뒷받침하는 것이기도 하다.

그러면 그 단절이란 어떤 것인가?

3) 세포 혁명

(1) 혁명의 밖

밖에서 볼 때——보통 생물학의 영역이다——세포의 새로운 점은 더 큰 물질 덩어리를 일관되게 취할 수 있는 방법을 발견한 데 있는 것 같다. 거대 분자도 그랬지만 이 역시 오랫동안 준비된 탐색 끝에 얻은 발견이다. 자연이 이룬 놀라운 성취가 갑자기 눈에 들어오는 혁명스런 발견이다.

세포의 조직 원리에 대해 명확하게 말할 단계는 아니다. 그러나 그 구조가 꽤 복잡하고, 그 기본 형태가 특별히 정해져 있다는 것을 알 수 있게 되었다.

먼저, '복잡함'을 보자. 화학 쪽의 연구 결과 세포 안에서 알부미노이드, 질소 유기체(아미노산) 그리고 거대한 분자량(1만 이상)을 밝혀냈다. 알부미노이드는 중성 물질, 수분, 인 그리고 다양한 무기염(칼륨, 나트륨, 마그네슘, 각종 무기 화합물)과 결합하여 '원형질'을 이룬다. 원형질은 수많은 입자들로 이루어진 해면과 같은 것으로 점착성, 삼투 현상, 촉매 작용을 일으킨다. 이는 수준 높은 분자 집단에서 볼 수 있는 특성이다. 그뿐만 아니라 원형질 속에서는 섬유와 간상적층(미토콘드리아)으로 구성된 '세포질' 안에, '크로모좀'을 품고 있는 핵이 따로 있다. 현미경의 성능이 커지고 착색제가 다양해질수록 원형질을 이루는 새로운 구성요소들이 더 많이 밝혀질 것인데 여하튼 그것은 여럿이 좁은 공간 속에서 하나로 뭉쳐 이룩해낸 것이다.

그 다음, '서로 닮음'을 보자. 아무리 다양한 조합이 가능하고 그 형태가 가지각색일 수 있다 하더라도 세포는 서로 닮았다. 이미 앞에서 말한 대로다. 세포끼리 비슷한 것을 보면서 우리는 의식이 있는 생물체들끼리 그리고 의식이 없는 물체들끼리를 비교해본다. 아무래도 세포끼리의 닮음꼴은 동물들끼리보다 분자들끼리 닮은 꼴에 더 가깝지 않을까? 우리는 세포를 생명체의 최초 형태로 생각하는데 당연히 그럴 만하다. 그러나 전자나 원자 또는 결정체나 이량체 같은 독특한 단계의 물질처럼 세포 역시 '한 단계 다른 물질'로 볼 수 있지 않을까? 다시 말하면 우주의 새 시대를 여는 새로운 형태의 물질로 볼 수 있지 않을까?

단일하면서도 복잡하다는 점에서 세포에는 우주의 바탕에 있던 특징이 다시 나타나는 셈이다. 그러나 세포에는 훨씬 큰 복잡함이 있으며 그러므로 (우리의 가설이 맞다면) '안' 곧 의식도 더 높아졌다.

(2) 혁명의 안

흔히 이 세상에 얼(정신) 생활이 등장하기 시작한 것은 유기체 곧 세포가 나타나면서부터라고 한다. 분명 세포의 등장은 진화 역사의 특별한 지점이다. 의식의 발전에서 중요한 진전이 이 시기에 있었다.

그러나 나는 의식의 문제를 그보다 훨씬 전 곧 물질의 안에서부터 잡았다. 그렇다면 밖으로('탄젠트') 세포가 출현할 때 속 에너지('방사')는 어떻게 대응하였는가를 설명해야 하리라. 만일 우리가 희미하나마 최초 자유의 뿌리를 원자나 분자나 거대 분자의 배열에서 찾는다면 세포혁명의 얼 측면 역시 한꺼번에 시작된 것이 아니라 '변화'를 거쳐 이룩된 것이 된다. 그러나 이른 생명의 이른 의식에서 생명체의 의식으로 가는 데는 분명 도약이 있는데 그 도약은 어떻게 설명할 것인가? 한 존재가 내면을 가지는 데는 몇 가지 방법이 있다고 해야 할 것인가?

고백하건대 분명하게 말하기 어려운 문제다. '사람의 임계점'을 얼 차원에서 찾는 것은 정말 어렵다. 왜냐하면 '생각'은 뭔가 중요한 것을 자체 안에 지니고 있고 그것을 읽어내기 위해서는 우리 자신 안으로 깊이 들어가야 하기 때문이다. 거꾸로 세포의 경우에는 그보다 앞선 존재들과 계속 비교하면서 관찰할 수밖에 없다. 아무리 우리 곁에 가까이 있는 것이라 해도 동물의 '영혼'에 대해 우리가 무엇을 아는가? 아주 희미한 것밖에는 알아낼 수 없다.

그처럼 접근이 매우 어려운 가운데서도 세 가지 추측은 가능하다고 할 수 있다. 그리고 인간현상을 준비하는 얼의 변화의 흐름 속에서 '세포의 각성'이 차지하는 위치를 일관되게 파악하는 데는 그 정도면 충분하다고 본다. 그 세 가지는 다음과 같다.

우리가 앞에서부터 주장한 관점 곧 어떤 원의식이 생명의 출현 이전부터 있었다고 하는 관점'에서도' 아니 '특히' 그런 관점에서 볼 때 그러한 각성 또는 비약은 ① '일어날 수' 있었다. ② 반드시 '일어났다.' 그리하여 ③ 역사적으로 지구상에 일어난 가장 큰 혁신 가운데 하나가 부분이나마 설명된다.

먼저 의식의 두 상태 또는 두 형태 사이에 비약이 가능하다는 것은 얼마든지 생각할 수 있는 주장이다. 앞에서 제기한 물음을 다시 보자면 한 존재가 속(안)을 지니는 데는 여러 가지 방법이 있다. 겉이 '닫힌' 후 '농축'될 수도 있다. 순환이 대칭질서를 증가시키면서 어떤 영역을 가질 수도 있다. 부분들의 배열을 통해서건 한 차원을 더 얻어서건 어떤 방법으로도 우주 원소의 안이 새로운 단계로 갑자기 비약할 수 있는 일이다.

그런데 그러한 얼의 변화에 세포조직이 발견되었다는 것, 그것은 바로 우리가 위에서 말한 법칙 곧 사물의 안과 밖이 상호관계에 있다는 법칙의 결과다. 물질의 종합 상태가 증가하면서 그와 함께 의식이 증가한다. 요소의 밀도 높은 배열에 따른 '임계' 변이라고 해야 하리라. 그리하여 우주의 의식상태에 '본질'의 변화가 생겼다.

이제 청년 지구 위에 생명다운 생명이 출현한 놀라운 광경을 그러한 법칙에서 다시 보자. 스스로 함의 진전, 이 화려한 창조물의 촉발, 이 힘찬 팽창, 이 믿어지지 않는 비약……. 우리가 이론을 따라 기다리고 있던 사건이 바로 이것 아닌가? 곧 물질의 유기 활성화에 비례한 속 에너지의 폭발이 아닌가?

바깥으로는 새로운 형태의 미립자 집합이 이루어져 다양한 크기의 무한한 물체가 더욱 유연하고 농축된 조직을 형성한다. 안으로는 새로운 형태의 활동 곧 의식의 움직임이 있다. '분자'에서 '세포'로 옮겨가는 것 곧 '생명의 발걸음'을 우리는 그러한 이중 변화로 설명할 수 있다.

이 발걸음이 진화의 역사에 어떠한 결과를 낳았는지 보기 전에 그것이 역사에서 어떻게 일어났는지 좀더 자세히 살펴보기로 하자. 먼저 공간 측면을 보고 그 다음 시간 측면을 보겠다.

2. 생명의 첫 출현

세포의 출현은 아주 작은 세계의 경계에서 일어난 사건이요 오래 전에 변한 침전물 속에 용해되어 있는 미세한 요소들 사이에 일어난 일이기 때문에 앞에서 말한 대로 그 사건의 흔적을 찾을 가능성은 전혀 없다. 그렇다면 우리는 처음부터 벽에 부딪힌다. 사물이 어떻게 시작되었는지 실제로 파악할 수 없다면 말이다. 그것은 우리가 뒤에서 '진화 꼭지의 자동 제거'라고 부를 현상으로서 지구 역사에서 항상 부딪치는 법칙이다.

그렇지만 다행히 그 사건을 가까이 들여다볼 수 있는 방법이 몇 가지 있다. 우리가 직접 볼 수 없는 것이라 해도 간접 방법으로 그것을 비슷하게 밝힐 수 있는 자료들이 있다. 그 방법에 따라서 우리는 새로이 탄생한 생명이 어떤 모습인지 접근해보고자 한다. 다음과 같은 단계를 따라 얘기를 풀어가보자.

1) 환경

지구 위에 현재의 모습을 이룬 고차원의 물질구조를 대부분 벗겨버리며 수십억 년을 거슬러 올라가 보자. 그 아득한 시대에 우리 지구가 어떤 모습이었을지 지질학자들의 견해가 분분하다. 우리 작업을 위해 대강 그려본다면 당시 지구는 큰 대양이 덮고 있었을 테고 여기저기서 화산이 터지며 대륙이 돌출하기 시작했을 것이다. 물은 오늘날보다 따뜻했을 테고 자유로운 화학반응도 많았을 것이다. 세월이 흐르면서 점점 고정되었지만 말이다. 세포가 처음으로 형성된 것은 그처럼 무겁고 활동이 넘치는 물 속이었을 것이다. 잘 들여다보자.

너무 먼 시대의 얘기라 당시의 세포 형태를 알아내기 어렵다. 어쨌든 원형질 알갱이가 있었을 테고 그 안에 독립된 핵이 있었는지 없었는지는 모르겠다. 그래도 현재 자연에 남아 있는 흔적을 가지고 미루어 생각하건대, 그 정도를 가지고 초기 세대의 특징을 상상해보는 수밖에 없다. 그러나 세포 형성의 윤곽을 하나하나 알 수 없다 하더라도 다른 쪽에 대해서는 꽤 쓸

만한 정보를 얻을 수 있다. 그것은 세포의 크기가 말할 수 없이 작고 그 수는 말할 수 없이 많다는 점이다.

2) 크기와 수

이 지점에서 우리는 내가 '들어가는 말'에서 지적한 "보려는 노력"에 힘쓸 필요가 있다. 우리는 별들의 거리와 그 규모에 관심 없이 밤하늘을 쳐다볼 수 있다. 마찬가지로 만일 우리 눈이 아주 작은 세계에 익숙해진다면 인간 세계와 물방울의 세계를 가르는 차이를 '실감하지' 못할 수 있다. 엄청나게 작은 것까지 정확하게 잴 수 있다고 말하곤 한다. 그러나 우리가 살고 있는 현실의 틀 속에서 그것들이 어디쯤 속하는지 생각해보았는가? 시야를 조정하는 노력이 필요하다. 적어도 막 탄생하는 생명, '지극히 작은 알갱이 생명'의 비밀 속으로 들어가려면 말이다.

최초의 세포가 지극히 작았으리라는 사실은 의심의 여지가 없다. 거대 분자에서 시작되었다는 사실을 봐도 그렇다. 그리고 오늘날 볼 수 있는 작은 생명체들을 관찰하면 그 점이 분명히 드러난다. 박테리아는 우리 시야에서 사라질 때 그 길이가 1만 분의 2밀리미터에 불과하다.

그런데 이 우주에는 크기와 숫자 사이에 무슨 관계가 있는 것 같다. 크기가 작을수록 그 수효는 많다. 그들 앞에 비교적 큰 공간이 펼쳐진 결과인지 아니면 행동 반경이 작은 것을 보상하기 위함인지는 모르겠다. 어쨌든 최초의 세포는 그 수효가 엄청났을 것이다. 따라서 우리가 생명이 막 탄생하는 곳에 가까이 가서 본다면 그것은 '엄청나게 작으면서' '엄청나게 많이' 보일 것이다.

그런 사실이 그 자체로 그리 놀랄 만한 일은 되지 않는다. 막 물질에서 나온 생명에 '분자 상태가 배어 넘치는' 것은 당연하지 않은가? 그러나 그 이상의 사실이 있다.

우리는 지금 유기 세계의 기능과 장래를 알아보려는 것이다. 그 진화의 초기에 우리는 숫자, 곧 엄청나게 많은 수효에 부딪혔다. 이 많은 수효의 진화 구조는 어떠하며 시간이 감에 따라 어떤 형태를 띨까?

3) 수효의 기원

생명은 생기자마자 차고 넘쳤다.

생명체의 진화 초기에 있었던 그 많은 수효를 설명하고 그 특성을 알아보기 위해서는 두 가지 길이 있다.

먼저, 최초 세포가 어떤 지점 또는 그저 몇몇 지점에서 나타난 후 즉각 온 천지로 번졌다고 생각할 수 있다. 마치 과포화 상태에서 결정 형성이 퍼져나가듯이 말이다. 초기 지구는 생물학 차원에서 그런 초긴장의 상태에 있지 않았을까?

반면에 불안정한 최초 상태를 고려하여 거대 분자에서 세포로의 이동이 수없이 많은 지점에서 거의 동시에 일어났다고 가정할 수도 있다. 어떤 굉장한 발전——사람의 출현을 포함해서——은 그런 식으로 이루어지지 않을까?

'하나의 계통'이냐 '여러 계통'이냐? 처음엔 아주 좁고 간단했다가 엄청난 속도로 퍼져나간 것일까 아니면 처음부터 넓고 복잡한 것이 그저 그런 속도로 번식했을까? 최초의 시기에 생명체 다발을 생각할 수 있을까?

지구상에 있는 유기체 역사에서 동물학으로 어떤 집단의 조상을 따질 때 늘 부딪치는 문제다. 조상이 하나인가 아니면 같은 계통이 다발로 나왔느냐? 최초 순간은 우리 눈으로 볼 수 없는 것이기 때문에, 그럴듯한 이 두 가지 가설 사이에서 하나를 선택하기가 상당히 어렵다.

참 어렵고 까다로운 문제다.

그러나 정말 둘 중에서 하나를 선택해야 하는가? 생명의 첫 꼭지는 아무리 좁고 작다 해도 분자 세계의 거대함을 물려받은 성질을 꽤 많이 가지고 있었을 것이다. 거꾸로 아무리 그 범위가 넓다 해도 막 새로운 형태로 터져나가기에 알맞은 그런 물리 조건을 지니고 있었을 것이다. 결국 두 가설은 처음의 복잡함과 '팽창' 중 어디에 더 비중을 두느냐에 따라 얘기만 달라진 것이다. 한편 두 얘기의 공통점은 초기 생명체들이 청년 지구 한가운데에 '매우 밀접한 관계 구역'을 이루었다는 점이다. 우리 연구를 위해서는 그 점이 중요하기 때문에 다른 점은 배제하고 그 점에 집중해보자. 결국 이런 얘기다.

"몇 가지 면에서 볼 때, 막 태어나는 세포들 세계는 이미 매우 복잡하다. 최초의 출현 지점이 여러 곳이라 그렇든지, 아니면 한 군데에서 출현한 후 급작스럽게 여러 곳으로 퍼졌기 때문이든지, 또는 지구의 기후와 화학 상태가 지역에 따라 달라서든지, 원세포 단계의 생명은 여러 형태의 섬유들이 거대한 다발을 이룬 것이라고 할 수 있다. 결국 생명 현상은 그 옛날부터 여러 단위들이 어떻게 유기체로 조직되었는가 하는 문제다."

단위와 집단의 조직 문제다. 단순히 수효의 문제가 아니다. 이 두 문제 사이에 어떤 차이가 있는가?

4) 연결과 모습

여기서 생물학과 물리학 사이에 놓인 문턱이 다시 등장한다. 물질을 관찰하기 위해 분자들이나 원자들의 연관을 따질 때는, 숫자로 계산하는 확률이면 되었다. 그러나 스스로 하는 능력이 높은 세포의 경우에는 단위가 개체로 되는 경향이 있으므로 연결과 배열이 훨씬 복잡하다. 여기서 우리는 아주 낮은 단계의 생명이라도 우연히 그리고 아무렇게나 쏟아져나온 것으로 볼 수 없다. 두 가지 까닭이 있다.

첫째, 최초의 세포 집합은 처음부터 서로 의존하는 형태로 연결되어 있었을 것이다. 단순히 기계 같은 결합이 아니라 '공생' 또는 한집안 살림이 시작되었을 것이다. 다시 말하면 지구상의 최조 유기체는 미미하나마 서로 영향을 주고 받는 연결 체계 없이 생기지는 않았을 것이다. 즉 생물학 차원으로 연결된 어떤 조화체로서 등장했을 것이다. 처음부터 세포들은 그 많은 수효에도 불구하고 겉에서 볼 때 하나의 큰 유기체를 형성하고 있었다는 얘기다. '거품'이라기보다는 '막'과 같은 것이라고 해야 하리라. 우리는 여기서 그 이전의 질서가 좀더 세련된 형태로 다시 등장하는 것을 본다. 그리고 좀더 진화된 관계, 곧 나중에 고등생물에서 볼 수 있는 높은 연대성의 전주곡을 본다. 그리고 생물계 속에서 고등동물을 하나의 덩어리로 묶어주는 그 깊은 연대성이 어떠한 본질을 갖고 있는 것인지 여기서 미리 볼 수 있다.

둘째, (이게 더욱 놀라운 것인데) 처음에 생명의 막을 형성한 그 많은 요소들이 아무렇게나 우연히 모여든 것이 아니다. 그것들이 이 최초의 집합체로 들어온 데는 신비한 선택이 있었고 이미 어떤 이분법이 있었던 것 같다. 생물학자들이 그 점을 알려주었다. 말하자면 이런 것이다. 생명체 안으로 합체된 분자들은 그들이 속한 화학집단 별로 똑같은 방식을 따라 불균형을 이룬다. 빛줄기가 그것들을 통과하면 그 빛줄기를 '같은 방향으로' 돌린다. 모두 우선형(右旋型)이든지 모두 좌선형이든지 그런 식이다. 더욱 특이한 것이 있다. 박테리아에서 사람에 이르기까지 모든 생물체는 똑같은 형태의 비타민과 효소를 지니고 있다. 포유동물이 그렇고 네 발 달린 척추동물이 그렇다. 꼭 그럴 필요가 없을 것 같은데 생명체들이 같은 배열을 지니고 있는 것은 처음에 어떤 선택이나 분류가 있었음을 암시하지 않을까? 원형질들이 화학적으로 똑같은 모습을 하고 있는 데서 사람들은 현재의 모든 유기체가 똑같은 조상 집단(과포화 상태에서 생기는 결정체처럼)에서 생겼을 것이라는 증거를 찾고자 했다. 너무 멀리 가지 않고 그저 생명의 문턱에 다다른 거대한 탄화물질 집단 사이에 처음부터 어떤 구분——예를 들어 우선형과 좌선형 같은——이 있었다고 말할 수도 있으리라. 뭐라고 하든 상관없다. 두 가설에 공통된 점이 있는데 참 재미있다. 그것은 지상의 생명 세계가 작은 부분부터 시작하여 변형된 전체의 모습을 똑같이 띠고 있다는 것이다. 최초의 비약이 얼마나 복잡한 것이었는지 몰라도 '원래 있었던 것의 일부'만을 취했다. 전체로 볼 때 생물계는 '이른 생명' 가운데 한 개의 '가지'만을 대표하고 있다. 발전과 행운이 덜 따르는 것들은 다른 길을 갔다. 이것은 무엇을 뜻하는가? 결국 최초 세포의 출현에는 우리가 계통 또는 '문'(門)이라고 부르는 이후의 선조 문제와 똑같은 문제가 제기된다는 얘기다. 우주는 '벌써 가지를 치기 시작했다.' 계통수보다 훨씬 '밑에서부터' 끝없는 가지치기가 시작되었다.

아주 미세한 요소들의 많은 수효, 지구를 덮을 정도로 꽤 많은 수효, 그리고 구조나 생리로 볼 때 불가분의 전체를 이룰 정도로 선택된 다수. 멀리서 볼 때 우리에게 보이는 기본 생명의 모습은 그렇다.

되풀이하건대 그러한 결정은 전적으로 어떤 일반 특성, 전체의 특징에 바탕을 두고 있다. 우리는 그리로 물러나서 거기서 똑같은 것을 기대해봄 직하다. 어떤 면에서든 우주를 보는 법칙이 있으면 그것을 가지고 과거의 깊이와 우주공간의 배후를 다른 면으로도 희미하나마 알아낼 수 있기 때문이다. 너무 멀고 너무 작은 것은 희미할 수밖에 없다. 그런 것들이 출현하는 현상의 비밀 속으로 좀더 들어가려면 우리 눈에 지구 어디선가 솟아나는 생명이 계속 눈에 띄어야 하리라.[원주3]

그런데 그렇지 못하다. 이 얘기로 이번 장을 끝내도록 하자.

3. 생명의 계절

수십억 년 전에 극소 미립자의 경계 구역에서 거대 분자가 세포로 변하는 신비한 변화가 시작되었다. 그런데 그러한 변화가 우리도 모르게 우리 주변에서 지금도 계속되고 있다고 얼마든지 생각할 수 있는 일이다. 잠들지 않은 어떤 힘이 자연 속에 언제나 들어 있을 것 같지 않은가? 실제로 분석해보면 그것들이 활동중임이 드러난다. 지구 껍질은 우리 발 아래서 끊임없이 일어났다 가라앉았다 한다. 산맥은 지금도 융기하고 있다. 화강암은 점점 커져 대륙의 밑받침을 확장한다. 그와 같이 새로운 유기체의 싹이 계속 생겨날 수도 있다. 유기체의 탄생 운동이 너무 오랜 세월 동안 일어난 일이라서 마치 아무런 운동이 없는 것 같듯이, 너무 작아서 지금 우리가 모를 뿐일 수도 있다. 미세한 집단으로 지금도 수많은 생명체가 우리 눈 아래에서 생기고 있다는 사실을 부인할 까닭이 전혀 없을지 모른다.

그러나 확실하지는 않다. 오히려 그런 식으로 생각할 수 없도록 하는 요소가 많은 것 같다.

[원주3] 화학자들이 그런 현상을 실험실에서 재현(누가 알겠는가?)하는 날이 오기까지 말이다.

'자연 발생'을 두고 벌어진 유명한 논쟁을 모르는 사람은 없을 것이다. 당시 사람들은 그 싸움의 결론에서 너무 많은 것을 끄집어내리려고 했던 것 같다. 마치 푸세(Pouchet)[역주1]의 패배로, 생명의 기원을 진화론으로 설명할 가능성이 과학에서는 완전히 막힌 것처럼 되었다. 그러나 생명의 씨앗 없이 실험실에서 생명이 생길 수 없다는 사실로부터, 앞으로 어떤 새로운 조건에서도 그런 일이 발생할 수 있음──그런 증거가 많다──을 부인하는 결론을 내릴 수는 없다. 오늘날 그 점에 대해 누구나 동의하고 있다. 파스퇴르의 실험에서 지난날 지구상에 세포의 출현을 반대할 만한 증거를 찾을 수는 없다. 다만 파스퇴르의 성공──오늘날 살균법을 통해 보편화된──으로 분명하게 밝혀진 것이 하나 있다. 곧 지구상의 무기물로부터 '원형질이 직접 형성되는 일'은 오늘날에는 더이상 없다는 점이다.[원주2]

여기서 그동안 과학자들이 '현재에서 원인'을 찾으려는 설명방식을 위해 세워놓은 생각들을 수정할 필요가 생길 수 있다.

내가 바로 전에 말한 문제다. 수많은 변화가 오래 전부터 멈추지 않고 지금까지 계속되고 있다면, 우리는 미래는 물론이고 과거에도 완전히 새로운 것은 없다는 생각을 하게 된다. 그리고 더 있다. 지금까지 우리는 우리의 인식을 오직 현재 일어나는 사건에만 국한시켜 완전히 안다고 생각했는데, 위의 얘기에서 보면 모든 것은 현재 밖에서 일어나며 거기에 대한 '추측'만 있지 않은가?

이처럼 과학의 영역과 권한을 축소하는 생각에 대해 어떻게든 대답을 해야 한다.

그렇다. 우리가 한철 너머의 세계를 모르는 곤충처럼 사라져버리지 않는

[역주1] 자연 발생설은 무생물인 물질로부터 생물이 발생한다는 주장이다. 자연발생설의 문제는 학자들을 두 파로 갈라놓았는데, 당시 푸셰는 파스퇴르에 반대해서 자연발생설을 주장했던 학자이다.

[원주2] 그러나 파스퇴르의 실험에 대해 어떤 부분은 반대할 수도 있다. 곧 소독을 너무 세게 하면 원래 제거하려고 한 생명체뿐 아니라 생명의 근원이 되는 '원생명체'까지 파괴한다는 것이다. 사실 지구에 생명이 단 한번 출현했다는 사실을 뒷받침하는 가장 좋은 증거는 계통수 구조의 단일성이다.

한, 현재 지구상에 보이는 조건——그것은 물리학과 생물학의 대우주가 아니다——은 우주를 설명하는 데 충분하지 않다. 이 우주에는 사람에게 증거를 남기지 않고 사라진 것, 현재를 들여다봐서는 전혀 상상할 수도 없는 것들이 엄청나게 많을 것이다. 지구상에 생각이 출현하기 훨씬 전에 우주 에너지가 나타났을 것이지만 지금은 전혀 흔적이 없다. 그러므로 과학에는 즉각 등록할 수 있는 현상 집단 이외에 별개의 사실층이 있는데, 직접 관찰이나 실험의 대상이 아니므로 물리학이 곁가지로 이루어내는——그러나 물리학의 본분이기도 하다——'과거의 발견'에서 밝혀진다. 그렇게 드러나는 사실들은 아주 희귀하면서도 의미가 많기 때문에 매우 중요하다. 그리고 최초 생명체의 출현이야말로 우리 주변에서 비슷한 것을 발견할 수도 없고 재현할 수도 없는 것이요, 과거의 사건 중에서도 가장 신기한 것 중의 하나다.

이 정도에서 좀더 나가보자. 시간으로 볼 때 어떤 사물을 우리가 볼 수 없는 데에는 두 가지 까닭이 있을 수 있다. 먼저 어떤 것의 출현이 너무 오랜 기간을 두고 벌어지기 때문에 그 사이에 잠시 왔다가는 우리가 전혀 눈치 채지 못할 경우가 있다. 그 다음, 한번 등장했다가 다시는 나타나지 않기 때문에 우리가 알 수 없는 것도 있다. 주기를 길게 두는 현상(천문학에서 볼 수 있는)이냐, 단 한번 일어났다 사라진 현상(소크라테스나 아우구스투스의 인생처럼)이냐? 파스퇴르 이후 이제 우리는 물질에서 최초의 세포가 형성되는 사건 곧 생명의 탄생을 위의 두 범주 중 어디에 해당하는 것으로 보아야 할까?

지구상에 유기체가 '주기에 따라' 출현했다는 생각을 뒷받침할 만한 사실들이 있다. 뒤에서 '계통수' 얘기를 할 때 말하겠지만, 지구의 생명 세계에는 여러 생명체들(원형동물, 식물, 폴립, 곤충, 척추동물……)이 공존했는데 서로 접촉이 보잘것없었던 점은 그들의 뿌리가 각기 다르다는 점을 암시한다. 똑같은 마그마가 시대를 달리하며 계속 뿜어져나왔고, 그 마그마의 맥이 서로 얽혀 복잡한 지질층이 생겼으나 결국 같은 산 안에 있는 그런 것이다. 그처럼 생명의 돌출이 각기 독립해서 이루어졌다는 가설에서 처음 선조가 여러 형태였다는 사실이 쉽게 풀린다. 그리고 연대의 문제에서도 어려움이 없다. 연이은 두 개의 계통 사이의 시간 거리가 인간이 살았던 기간 전체보다 길다. 그러니 우리가 더이상 아무것도 일어나지 않는다고 착각한 것도 무리가 아니다. 물질은 죽어 보인다. 그렇지만 새로운 돌출이 우리 주변에서 천천히 준비되고 있는 것은 아닐까?

그럴듯한 얘기이지만 다른 얘기도 있다. 이 지구상에 서로 간격을 두고 다른 시대에 생명이 출현했다는 가설에 반대해서 유기체들이 그 근본에서 서로 똑같다는 주장이 있다.

그 점에 대해 우리는 이 장 앞에서 이미 말한 적이 있다. 모든 생명체의 분자들은 한결같이 '똑같은 방식으로' 불균형을 이루고 있으며 똑같은 비타민을 지니고 있다는 얘기다. 유기 조직이 복잡할수록 그들이 서로 같은 뿌리를 가졌음이 더욱 명백해진다. 세포 유형이 완벽하게 하나다. 그것은 특히 동물에서 뚜렷한데 그들이 감각이나 영양공급이나 재생산 따위를 똑같은 방식으로 해결하는 데서 드러난다. 어디서나 혈관조직과 신경조직을 볼 수 있다. 혈액이 있다. 생식선이 있고 눈이 있다……. 개체가 서로 뭉치고 사회가 되는 방식도 비슷하다. 또 생명체 발전의 일반법칙('개체발생'과 '계통발생')을 봐도 단 한번의 분출을 뒷받침한다.

물론 똑같은 '이른 생명 마그마'가 똑같은 지상환경에서 여러 번 분출했다고 봐도 그런 현상을 설명할 수 있을지 모르지만 힘든 얘기다. 그런 식의 설명으로는 닮은꼴을 제대로 설명하기 어렵다. 물리학과 생리학은 언제나 답을 하나만 찾지만 위에서 말한 식의 일괄처리로는 많은 문제들이 풀리지 않는다. '똑같은 것이 두 번' 생겨났다고 볼 수 없는 것들이 많다. 아주 사소한 경우이지만 알고 보면 아주 먼 집단끼리라도 생명체가 서로 닮은 것을 발견하게 되는데, 바로 그런 경우다. 동물학에서 볼 때 계통(문)의 차이가 별로 중요하지 않게 되고, 자연과학자들이 생명의 출현을 '단 한번' 일어나 다시는 되풀이되지 않는 사건으로 확신을 더하는 까닭도 바로 그런 경우 때문이다. 이는 지구의 역사 밑에 숨겨진 것에 대해 조금만 생각해보면 보기보다는 그럴듯한 가설이다.

오늘날 지질학이나 지구 물리학은 주기 현상으로 기울어지고 있다. 바다는 앞으로 갔다 뒤로 밀린다. 대륙은 오르락내리락한다. 산은 솟았다 꺼졌다 한다. 빙하가 앞으로 갔다 뒤로 물러섰다 한다. 방사능 열은 깊이 뭉쳤다가 겉으로 흘러나온다. 지구의 영고성쇠는 바로 이 거대한 '가고 옴'의 문제다.

그런데 그처럼 사건을 운율 있게 생각하는 것은 현재에서 원인을 찾으려는 것과 괘를 같이한다. 모두 다 합리성을 충족시키기 위한 것이다. 반복되는 것은 관찰할 수 있다. 거기서 어떤 법칙을 찾아낼 수 있다. 시간을 측정할 기준점을 발견할 수 있다. 나는 그러한 관점이 과학 차원에서 상당한 이점이 있음을 처음으로 인정한 사람이다. 그러나 진동을 순전히 지각(地殼) 변동이나 생명의 운동으로 설명하는 것은 지질학의 핵심과제를 내팽개치는 것이라는 생각 역시 지울 수 없다.

끝으로 지구를 마치 숨쉬는 거대한 몸으로만 여겨서는 안된다는 점을 고려해야 한다. 물론 그것은 위아래로 들먹거리기도 한다. 그러나 그것보다 중요한 것은 지구에는 시작이 있다는 점이다. 지구는 일련의 평형운동을 거쳐 마지막을 향해 가고 있다. 그것은 탄생이 있고 성장이 있으며 죽음을 앞에 두고 있다. 그러므로 우리 주위에 지질 시대보다 더 큰 박동과 과정이 있을 것이며 그것은 주기를 따라 발생하는 것이 아니고 지구 '전체의' 진화를 말해준다. 그것은 '냉각'보다 화학적으로 더 복잡하고 더 물질에 가까울 것이다. 그러나 절대로 돌이킬 수 없는, 계속되는 과정이다. 다시는 내려오지 않는 곡선이며 변이점은 반복되지 않는다. 시대를 따라 계속되는 밀물만 있을 뿐이다. 생명 현상은 바로 그 기본 곡선 위에서 그 상승과 관련해서 벌어진다.

만일 생명이 어느 날 원시 대양 속에 홀연히 출현할 수 있었다면 그것은 두말할 나위 없이 지구가 당시에(바로 그래서 청년기라고 말하는데) 그 원소들의 복잡함과 분배로 말미암아 원형질을 형성할 만한 특별한 상태에 있었기 때문이다.

그리고 오늘날 생명이 더이상 암석권이나 수권(水圈)에 들어 있는 요소들로부터 직접 형성되지 않는다면 그것은 생명권의 출현으로 더이상 그런 현상이 되풀이될 수 없을 정도로 지구의 원시 화학상태가 흐트러지고 빈약하게 되었기 때문이리라.

그런 관점 ─내가 볼 때 좋은 관점이다─에서 보면 '세포 혁명'은 진화 곡선 위에서 하나의 임계점이요 '발아점'으로서 둘도 없는 순간이다. 우주에 단 한번 핵과 전자들이 출현했듯이 지구에 단 한번 원형질이 출현했다.

그런 가설에 따르면 박테리아에서 사람에 이르는 모든 생명체 사이의 유기적 유사성이 설명된다. 동시에 최소한의 생명체도 세대를 거쳐서만 형성되는 까닭도 설명된다. 골치 아픈 문제가 해결되는 셈이다.

뿐만 아니라 그 가설은 과학에 두 개의 주목할 결과를 낳는다.

첫째, 생명 현상을 지상에서 주기를 따라 일어나는 사건들과 별개로 놓고 지구 진화의 지표로 봄으로써 우리의 가치 감각이 달라지며 세계관이 새로워진다.

둘째, 유기체의 기원을 지구의 역사중에 벌어진 전례 없는 화학 변화와 연관된 것으로 봄으로써 지구의 생명층 안에 들어 있는 에너지가 일종의 폐쇄된 '양자' 안에서 그로부터 나온 것이 된다.

생명은 탄생한 후 고독한 박동으로 퍼져나간다.

이제 바로 이 파동으로부터 사람에 이르기까지, 아니 가능하다면 그 너머에까지 생명의 번식을 추적해보자.

제2장
생명의 팽창

물리학자가 파동의 전개를 관찰할 때는 먼저 하나의 입자의 박동을 계산한다. 그리고 나서 진동하는 주변환경을 탄성으로 바꾼 후 거기에 비추어 단위 입자에서 발견된 결과를 일반화한다. 그렇게 해서 자기가 구하려고 하는 전체 운동치를 가능한 한 가까이 얻어낸다.

생명의 상승을 기술하기 위해 생물학자 역시 비슷한 방법을 쓴다. 거대하고 복잡한 생명 현상의 질서를 파악하기 위해서는 먼저 요소 하나하나의 과정을 분석한 후 생명 전체의 과정을 미루어 짐작할 수밖에 없다. 그리고 다양한 개체들의 일반 행태를 구하려면 분석결과에서 가장 인상 깊고 뚜렷한 것을 고르는 수밖에 없다.

결국 우리가 그릴 수 있는 생명의 진화 그림은 단순하게 만든 것이요, 그렇지만 체계가 있는 것이다. 그 그림의 신뢰도는 일관성에 있다. 거기에는 토론이나 자세한 설명은 붙지 않는다. 그리고 보는 관점이 늘 있다. 이상이 내가 이제부터 전개하려는 것의 특징이다.

내가 말하려는 것을 세 가지로 추리면 다음과 같다.

첫째, 생명의 기본운동.

둘째, 생명 집단이 스스로 하는 가지치기.

셋째, 계통수.

먼저 이것들을 밖에서 그리고 곁에서 들여다보려 한다. 그리고 다음 장에 가서야 사물의 안을 꿰뚫어볼 것이다.

1. 생명의 기본운동

1) 생식

생물권이 지상을 덮는 과정의 밑에는 생식이라고 하는 생명활동의 전형이 있다. 세포는 한번 생겼다 하면 나누어져 (분열 번식이든 유사분열이든) 비슷하게 생긴 새로운 세포를 낳는다. 이제 하나였던 중심이 둘이 된다. 이후의 생명운동은 모두 강력한 이 기본 현상에서 비롯된다.

그 자체로 보면 세포분열은 단순한 필요에 의해 일어나는 것같이 보인다. 살아 있는 입자가 약한 분자상태를 벗어나고, 지속하는 성장이 어려운 상태를 벗어날 필요말이다. 다시 젊어지고 짐을 내린다. 원자나 미세 분자는 거의 무한대의 수(壽)를 누린다. 그러나 세포는 계속 존재하려면 둘로 나누어져 계속 닮은꼴을 만들어내야 한다. 그러므로 생식은 불안정한 거대 분자체의 영구존속을 위해 자연이 만들어낸 방법처럼 보인다. 일단 그렇게 볼 수 있다.

그러나 세상이 항상 그렇듯이 처음에는 우연한 행운이었거나 생존방법이었던 것이 즉각 발전과 정복의 도구로 바뀌게 된다. 처음에 생명은 자기 방어를 위해 생식을 시도했을 것이다. 그러나 거기에는 이미 침략의 전주곡이 울리고 있었다.

2) 번식

왜냐하면 우주의 바탕에 생명체 복제의 원리가 한번 새겨진 후에는 이제 그 복제활동에 공급되는 물질의 양 이외에 어떤 한계도 주어지지 않기 때문이다. 어떤 사람이 계산을 해보았는데, 섬모충류(纖毛蟲類) 하나가 분열하기 시작해서 몇 세대 지나지 않아 지구를 덮을 수 있다고 한다. 아무리 덩치가 커져도 기하급수적인 번식을 계속한다. 이것은 단순히 얼을 확대적용하는

게 아니다. 복제가 된다는 사실 그리고 아무도 그것을 막을 수 없다는 사실
만으로도 생명은 팽창하여 증발하는 물체 못지 않은 엄청난 팽창력을 가지
고 있다. 그러나 무기력한 물질의 경우 어떤 크기로 성장하면 평형점에 도
달하지만 생명체의 경우에는 그런 이완이 없다. 세포분열은 일어날수록 더
강해진다. 분열번식이 한번 일어나면 저절로 타오르는 불길을 막을 수 있
는 것이 그 안에는 없다. 또 밖으로 아무리 덩치가 커져도 만족하여 분열을
멈추는 일이 없다.

3) 혁신

그런데 그것은 생명활동의 첫 결과에 불과하며, 양의 측면에서 본 것이
다. 생식으로 어미 세포는 둘로 나누어진다. 그리고 그것은 화학 분해에 반
대되는 과정으로 '분산되지 않고 번식한다.' 그러나 동시에 원래 늘리려고
만 했던 것을 변화시킨다. 자기 폐쇄를 통해 생명 원소는 다소 빠른 속도로
부동상태에 이른다. 진화 도중에 움직이지 않고 응고된다. 생식을 통해 그
것은 안으로 정돈되고 모양을 다시 갖춰 새로운 방향을 찾는다. 숫자가 많
아질 뿐 아니라 형태도 다양해진다. 개체에서 나온 기본적인 생명의 파동
은 비슷한 다른 개체의 것과 같지 않다. 파동이 회절(回折)하여 엄청나게
다양한 색조로 빛난다. 생명체는 명백한 번식의 중심이면서 또한 다양함을
일으키는 실체다.

4) 접합

그리고 바로 그때 생명은 무기체라는 단단한 벽 안에 생긴 돌파구를 더
크게 늘리려고 접합이라는 기막힌 과정을 발견했던 것 같다. 세포에서 사
람에 이르는 진화의 과정중에 암컷과 수컷이 어떻게 생겨났는지를 설명하
려면 책 한 권을 다시 써야 하리라. 처음에 그 현상은 암수가 없는 생식을
통해 얻은 번식과 다양화의 효과를 극대화하기 위한 수단으로 생겼을 것이
다. 사실 암수 없는 생식활동은 낮은 단계의 유기체나 우리 몸을 이루는 세
포들 가운데서 아직도 일어나고 있다. 두 요소가 처음 접합했을 때(암수의

차이가 크지 않았겠지만) 이제 하나의 개체가 무수한 생명 씨앗이 될 가능성의 문이 열렸다. 동시에 끝없는 놀이가 시작되었다. '기질'이 이리저리 섞이고 배합되기 시작한 것이다. 그 문제는 현대 유전학에서 탐구하고 있지만 말이다. 어쨌든 이제 생명은 개체의 분열을 통해 퍼져나가는 것 대신 접합을 시작했으며 그리하여 개체의 소질이 교환되고 다양해져갔다. 불이나 빵이나 글 같은 발명에 별로 놀라지 않듯 우리는 이 대단한 발명 앞에서도 놀라지 않는다. 그러나 이 중요한 발견이 있기까지 얼마나 많은 노력과 방해 ─ 시간은 말할 것도 없고 ─ 가 있었을까! 그리고 그것을 보완하고 완성하기 위해 새로운 혁신인 '무리짓기'를 발견하기까지는 또 얼마나 더 많은 시간이 필요했을까!

5) 무리짓기

더 깊은 데까지 미리 판단하지 않은 채 첫 분석으로 보자면, 생명체가 복잡한 유기체로 뭉치는 것은 번식에 따른 피할 수 없는 결과다. 세포들은 떼로 몰리는 경향이 있다. 서로 압력이 가해지며 다발로 탄생하기도 하기 때문이다. 그것은 순전히 역학에 따른 필연이요 또는 기회라고도 볼 수 있는데 거기서 생물학적으로 완벽해지는 방법이 생겨났다.

자연에서는 모든 단계가 '아직 끝나지 않은 채' 살아남아 생식에서 생긴 것들의 통합과 종합(합성)을 향해 나아가고 있는 것 같다. 가장 밑에는 단순한 '집성체'가 있다. 박테리아나 버섯에서 볼 수 있다. 그보다 높은 단계에는 좀더 전문화되었으나 아직 집중되지는 않은 그러나 밑 단계보다 좀더 단단히 결합된 것이 있다. 고등식물이나 이끼벌레류 또는 폴립의 군생체에서 볼 수 있다. 그보다 높은 단계에는 후생동물이 있는데 거기에는 놀라운 변화를 통해 생명 입자 집단 위에 자율 장치가 생긴다. 그리고 더 나가면 우리가 경험한 최고의 단계에 '사회'가 있다. 자유로운 후생동물들이 연합한 이 신비한 사회 한가운데에는 어떤 놀라운 행운을 따라 고도로 복잡한 통합체가 '고도의 종합'에 의해 형성된다.

이 책 끝 부분에서는 물질의 조직이 절정에 이르러 이루어진, 사회라고 하는 마지막 집단 형태에 대해 연구할 것이다. 여기서는 무리짓기가 어떤 단계의 것이든 생명체에게 일어날 수도 있고 안 일어날 수도 있는 그런 우연한 것이 아니라는 점을 밝히는 데 만족하기로 하자. 오히려 무리짓기는 생명이 자기 팽창을 위하여 이용하는 것으로 언제 어디서나 볼 수 있고 끊이지 않으며 그래서 매우 뜻깊은 것이다. 무리를 지어 얻을 수 있는 이득 중 두 가지는 금세 알아볼 수 있다. 첫째, 무리짓기를 통해 덩치가 커짐으로써 생명체는 미세한 존재에서 더 나가지 못하도록 하는 밖의 위협(모세관 현상, 삼투압, 화학 환경의 변화)을 피할 수 있다. 생물학에서는 항해처럼 어느 정도 물리적인 크기가 되어야 운동이 가능하다. 둘째, 무리짓기를 통해 (또한 그 결과 커지는 덩치를 이용해) 유기체는 자기 안에 새롭게 '더해져' 생기는 여러 장치를 둘 자리를 마련한다.

6) 어떤 쪽으로 쌓아올리기

생식, 접합, 무리짓기……. 이러한 세포의 여러 가지 운동을 통해 일어나는 것은 결국 지상에 유기체가 퍼져나가는 것이다. 그 원천으로 가보면 생명은 항상 똑같은 평면 위에서 퍼지고 흩어진다. 마치 '이륙'하지 못한 채 땅 위를 달리는 비행기와 같다. 생명은 날지 못한다.

수직 구성의 역할을 수행하는 '쌓아올리기' 현상이 끼어드는 곳은 바로 여기다.

생물이 진화하는 중에는 물론 단순히 기질의 교차를 통해 수평선상에서 일어나는 변이도 있다. 이른바 '멘델'의 돌연변이라는 것이다. 그러나 생식을 통해 매번 새롭게 되는 것은 단순히 대체되는 것이 아님에 주목해야 한다. 그것이 돌연변이보다 더 일반 현상이요 기본 현상이다. 단순한 대체가 아니라 쌓기다. 서로 '쌓아가며' 그 총계는 '일정한 방향으로' 커진다. 기질이 강화되거나 기관이 정돈되거나 포개진다. 족보상으로 같은 계열에 속한 항목의 다양화와 전문화가 이쪽 저쪽에서 깊어간다. 다른 말로 하면 이른바 '혈통'의 출현이다. 이처럼 일정한 방향으로 더해져 나가는 법칙을 생물학에서는 '정향진화'(正向進化)[원주1]라고 부른다. 알고 보면 미세 분자에서 그리고 거대 분자에서 처음 세포들이 나온 과정도 정향진화 속에서 무르익는다.

정향진화는 생기 넘치고 완벽한 대물림 형식이다. 이 낱말에는 어떤 현실과 어떤 우주의 폭이 담겨 있을까? 조금씩 알아보려 한다. 이미 우리의 물음 속에 첫번째 답이 뚜렷이 드러난다. 쌓는 힘 때문에 생명체 안에는 (물리학자가 보는 물질과 달리) 복잡함과 불안정함이 '가득 채워져' 있다. 그것은 예상하지 못한 형태를 향해 몸을 일으킨다.

정향진화 없이는 오직 나열만 있을 뿐이다. 정향진화와 함께 생명의 상승이 뚜렷해지는 것이다.

• 덧붙이는 글—생명의 방식

여기서 잠깐 멈추자. 우리는 위에서 개별 생명체의 움직임을 통제하는 여러 가지 법칙을 찾았는데, 그런 법칙이 생명 전체에 끼치는 영향이 무언지 연구하기 전에 운동중에 있는 생명의 행태는 일반적으로 어떤 특징을 지니는지 먼저 알아보도록 하자.

행태 또는 행동방식은 세 가지로 요약될 수 있다. 넘침, 재치 그리고 무관심이다.

(1) '넘침', 이것은 끝없는 번식에서 빚어지는 결과다

생명은 엄청난 숫자와 집단으로 앞을 향해 밀고 나간다. 새끼도 많아지고 어미도 많아져 서로 밀고 밀리며 서로 잡아먹기도 한다. 더 많은 자리와 더 좋은 자리를 차지하려고 한다. 한눈에 보기에도 낭비요 부자연스럽다.

[원주1] '정향진화'라는 낱말은 여러 가지 논란의 여지가 있는 것으로 잘 쓰지 않는 말이었다. 형이상학의 냄새가 난다고 하여 이 말을 전혀 쓰지 않는 생물학자들도 있다. 그러나 이 낱말은 살아 있는 물질이 지닌 뚜렷한 속성을 밝히는 데 다시 없이 쓸모있는 낱말이라는 것이 나의 확신이다. 다시 말하면 더 커지는 집중과 복잡함을 따라 각 항목이 '이어지도록' 하는 체계를 만드는 능력을 나타내는 데 그만한 낱말이 없다는 애기다.

기이한 일이요 문젯거리다. 그러나 '생명을 위한 투쟁'이요 생물학 차원의 효율성으로 볼 수도 있다. 돌이킬 수 없는 팽창의 대열에서 생명체가 서로 배타적인 무리를 형성해나가는 가혹한 상황이 전개되며 그 속에서 개체는 가능성과 노력의 한계에까지 몰리게 된다. 가장 적합한 자의 출현 곧 자연 선택이 이루어진다. 이 자연선택이라는 낱말은 의미가 있다. 그것을 가장 좋은 것으로 생각한다든지 모든 걸 다 설명할 수 있는 개념으로 생각하지 않는 한 그렇다.

그러나 자연선택에서 중요한 것은 개체가 아닌 것 같다. 생명을 위한 투쟁에서 개체들 싸움보다 더 심각한 것은 기회의 충돌이다. 생각 없이 생식활동을 하면서도 생명은 밖의 타격에 대해 방어를 한다. 생존의 기회를 넓힌다. 동시에 전진의 기회 역시 넓힌다.

여기에 '더듬기'(암중모색)라고 하는 기본 기술이 다시 나타나고 계속 실행되는 것이다. 이 기술은 팽창중에 있는 무리에게 뺄 수 없는 무기이다. 눈 먼 공상과 어떤 목적을 향한 진군이 야릇하게 결합된 것, 그것이 더듬기다. 더듬기는 '우연'이 아니다. 오히려 '방향 있는 우연'이다. 모든 걸 해보기 위해 모든 걸 채운다. 모든 걸 찾기 위해 모든 걸 해본다. 팽창할수록 더욱 커지고 더욱 귀해지는 이 행동방식이야말로 자연이 넘침을 통해 찾는 것 아닐까?

(2) '재치', 이것은 쌓아올리기의 조건으로서 쌓아올리기의 건설 측면이다

안정되고 일관된 모습으로 비슷비슷하게 기질을 축적하기 위하여 생명은 굉장한 능력을 펼치게 된다. 생명으로서는 최소한의 공간에 어떤 장치를 설치할 구상을 하여야 한다. 기술자처럼, 연약하고 단순한 기계장치를 들어올려야 한다. 그때 유기체(더 높은 유기체가 된다) 구조에 중요한 특성이 생긴다. 이후 결코 잊어서는 안되는 그 특성은 다음과 같다.

'올라가는 것은 분해된다.'

생물학 초기 단계에 학자들이 놀란 점이 있다. 그것은 자율성이 큰 생명체라도 막혀 있는 활동구조의 고리를 벗어나지 못하고 항상 분해된다는 점이다. 그래서 학자들은 거대한 유물론으로 결론을 내릴 수 있다고 믿었다. 그러나 그것은 전체와 그 부분조각 사이에 근본적인 차이가 있음을 잊은 것이다.

어떤 유기체든 항상 조각으로 분해될 수 있다는 것은 사실이다. 그러나 조각의 총합이 전체는 아니며 조각을 다 모아놓는다고 당연히 새로운 가치가 나오는 것도 아니다. '자유로운 존재'──사람에 이르기까지──가 어떤 요소들로 완전히 분해된다고 해서 우주의 바탕이 자유와 거리가 먼 것으로 볼 수는 없다. 그것은 생명편에서 보자면 재치의 결과요 재치의 승리다.

(3) 개체 사이의 '무관심'

예술과 시와 철학마저도 자연을 '뭉개진 존재를 짓밟는 눈가린 여인'으로 그리는 경우가 많다. 그런 가혹함의 흔적을 처음 알아볼 수 있는 것이 넘침이다. 톨스토이의 메뚜기 떼처럼 생명은 시체더미를 넘어간다. 그건 번식에서 직접 빚어진 결과다. 정향진화와 무리짓기도 '도리에 어긋나는' 면이 있다.

무리짓는 현상을 통해 생명 입자는 자신에서 멀어진다. 자신보다 더 큰 덩어리에 속함으로써 생명 입자는 부분으로나마 그 덩어리의 노예가 된다. 더이상 자기 자신에 속하지 않는다.

그리고 공간으로는 조직과 사회 협력으로 생명체가 확장되듯이 시간으로는 혈통을 통해 확장된다. 정향진화의 힘에 밀려 개체는 선반 위에 놓이게 되었다. 전에는 중심이었으나 이제 매개체에 지나지 않게 되었다. 계속 연결된 고리들 중 하나에 불과하다. 개체는 더이상 존재하지 않는다. 말하자면 '낱 생명'보다 '전체 생명'이 참 생명이다…….

숫자에 밀리고 덩치에 눌린다. 그리고 미래로 끌려간다. 진화의 여정에는 다수에서 생긴 개체와 개체에서 생겨나는 다수 사이에 끊이지 않는 대립이 있다.

그래서 주기에 따라 공격사태가 벌어지지만, 생명의 일반운동이 법칙을 따라 일어나는 한 결국 그러한 갈등은 해소되는 방향으로 간다. 그러나 끝까지 대립의 긴장은 남아 있다. 오직 '참 얼'에 이르면 반대 법칙이 생긴다. 그리하여 개체에 대한 세상의 무관심이 거대한 걱정거리로 바뀐다. 바로 사람의 세계에 다다른 것이다.

그러나 아직 그 단계를 말할 때가 아니다.

더듬는 넘침, 건설하는 재치, 미래나 전체가 아닌 것에 대한 무관심. 이 세 가지 기본 행태로 생명은 몸을 일으킨다. 그리고 그 세 가지를 모두 포괄하는 네번째 기본 행태가 있다. '거대한 통일성'(큰 하나)이다.

이 네번째 것은 우리가 이미 최초 물질에서 보았다. 그리고 청년 지구에서도 보았다. 최초 세포의 탄생에서도 보았다. 이제 여기서 다시 한번 뚜렷하게 드러난다. 생명 물질이 아무리 크고 많이 늘어난다 하더라도 '연대성'을 잃는 경우가 없다. 밖으로는 적응활동을 하고 안으로는 평형 감각을 발휘한다. 크게 놓고 볼 때, 지상에 퍼져 있는 생명체는 진화 첫 순간부터 단 하나의 거대한 유기체의 윤곽을 그려나가는 셈이다.

이 글의 매단계 끝마다 나는 방금 얘기를 되풀이할 것이다. 이 얘기를 잊어버리면 얘기 전체를 알아듣지 못하기 때문이다.

개체 존재는 그 수가 많아 끊임없는 경쟁관계에 있지만 생물권 전체를 하나로 보는 눈을 잃지 않아야 생명을 알 수 있다. 다시 한번 말하지만 통일성은 처음부터 설정되었다. 기원과 범주와 도약이 하나다. 단순한 집합이 아니라 통일체다. 그리고 이후, 생명이 상승하는 한 그 통일성은 자리를 잡고 정도를 더하며 마침내 우리 눈에 띄게 집중된다.

2. 생명 집단의 가지치기

이제 지구 전체를 살아 있는 것으로 보고 말해보자. 지금까지 위에서 살펴본 세포 운동 또는 세포 집단의 운동을 살아 있는 지구 전체의 각도에서 연구해보자. 그러한 차원으로 가면 수많은 개체가 뒤엉키고 끝없는 혼란을 낳는 것을 예상할 수 있다. 거꾸로 서로 잘 조화를 이루어 죽 이어지는 파동과 같은 것이 생기길 기대해볼 수도 있다. 마치 잔잔한 물 위에 돌이 떨어졌을 때 생기는 파동과 같은 것 말이다. 그러나 두 가지 모두 사실과 다르다. 관찰해보면 상승하는 생명 전선은 뒤섞이지도 않고 이어지지도 않는다. 오히려 수많은 파편이 퍼져 있으면서 동시에 층을 이루고 있는 것으로 보아야 한다. 강(綱), 목(目), 과(科), 속(屬), 종(種) 식으로 말이다. 현대 생물학은 각 집단의 다양함과 크기와 연관성을 체계화하기 위해 노력한다.

전체로 보자면 생명은 앞으로 나가면서 분화한다. 팽창하면서 스스로 여러 계층으로 나뉜다. '가지치기'를 한다. 세포의 '유사분열'(有絲分裂)처럼 거대한 생명집단은 반드시 가지치기 현상을 일으킨다.

생명이 가지치기를 구상하고 빨리 진행하는 데 여러 가지 요소가 각기 자기 분야에서 작용한다. 다음 세 가지를 들 수 있다.

첫째, 성장이 모여 '문'(門)을 낳는다.

둘째, 성숙이 꽃피면서 주기적으로 '윤생'(輪生)이 생긴다.

셋째, 한참 지나면 '꽃꼭지'는 보이지 않는다.

1) 성장의 집중

생식과 번식을 하는 생명 개체로 돌아가보자. 각기 중심이 되는 이 개체 주변에 정향진화의 결과로 나름대로의 형질을 지닌 혈통이 생겨나는 것을 우리는 이미 보았다. 이 혈통들은 여러 갈래로 나뉘고 갈라진다. 그러나 어떤 혈통이 이웃하고 있는 개체에서 나온 다른 혈통들과 섞여 촘촘한 망을 형성하지 말라는 법은 없다.

내가 말하는 '성장의 집중'이란, 기회가 주어졌는데 복잡하게 얽히는 것이 가장 두려운 바로 거기서 '단순한 유형'이 번져나간다는 새롭고 예기치 못한 사실을 가리킨다. 땅에 떨어진 물방울은 곧 골을 이루어 작은 내가 되었다가 큰 강이 된다. 마찬가지로 이런저런 까닭으로 해서 (정향진화가 기본적으로 비슷하게 진행되거나 혈통끼리 서로 끌어당기거나 환경의 선택으로) 생명체 집단의 섬유들은 여러 갈래로 갈라지는 과정에 어떤 방향들을 따라 서로 가까워지고 모이고 뭉친다. 그처럼 몇 가지 축으로 집중되는 것이 처음에는 눈에 잘 띄지 않는다. 여러 혈통이 그저 교차하는 것처럼 보인다. 그런데 차츰 움직임이 뚜렷해진다. 잎맥의 윤곽이 제대로 드러난다. 이때에 섬유들은 아직 전체 그물망에 빨려들어가지 않으려는 면이 있다. 잎맥 안에서 섬유들은 늘 만나고 교차할 뿐이다. 동물학자들의 말대로 뿌리가 아직 사라지지 않은 상태다. 최종적인 집중과 분리가 동시에 일어나는 것도 그때다. 상호관계가 어느 정도에 달하면 독립된 씨가 나오고 이제 다시는 주변의 씨와 교통하지 않는다. 그때부터 집중은 순전히 자기 안에서 일어난다. 종이 개별화된다. 문(門)이 생긴다.

'문', 생명 다발이다. 혈통의 혈통이다. 진화에서 이 생명 다발을 보기를 거부하는 사람들이 많다. 잘못된 판단이다.

먼저 문은 집단체다. 그러므로 그것을 보려면 높이 그리고 멀리서 봐야 한다. 너무 가까이서 보면 잘 안 보인다. 나무만 보고 숲을 보지 못하는 셈이다.

그리고 문은 다형이고 유연하다. 그 점에서 크기와 질이 다양한 분자와 같다. 하나의 종이 문이 될 수도 있고 줄기 전체가 문일 수도 있다. 단순한 문이 있는가 하면 문의 문도 있다. 문의 단위는 양보다는 구조에 있다. 그러므로 어떤 차원에서든 문을 알아볼 줄 알아야 한다.

끝으로 문은 상당히 활발하다. 그러므로 지속의 깊이 곧 운동 속에서만 드러난다. 시간에 고정되면 그 본래의 생김새를 잃는다. 몸짓이 순식간에 사라진다.

이런 점들을 고려하지 않으면, 문은 분류의 필요에 따라 멋대로 설정한 것처럼 보인다. 그러나 제대로 들여다보면 뚜렷한 구조를 지닌 실체임을 알 수 있다.

무엇이 문을 결정하는가? 첫째, '퍼지는 각도'다. 특별한 방향으로 뭉치고 진화되어 이웃과 다른 형태로 갈라진다.

둘째, '첫마디'다. 여기에 대해서는(이미 첫 세포들에 대해서 말했고 사람의 경우에 상당히 중요한데) 아직 풀어야 할 문제가 많다. 그러나 한 가지는 이미 분명하다. 물방울은 어떤 크기를 넘어야 물리 변화가 있고, 화학 변화도 양이 어떤 일정한 수준에 이르러야 일어나듯이 생물학의 '문'도 처음부터 다양하고 충분한 양의 능력을 품지 않고는 형성되지 않는다. 처음에 일관됨과 넉넉함이 없이는 새로운 가지가 생겨나지 않는다. 뚜렷한 법칙이다. 그러나 법칙이 현실에서 어떻게 작용하고 표현되는가? 집단 속에 새로운 집단이 분리되는가? 아주 작은 변화가 전염되는 것인가? 종은 어떤 형태로 탄생하는가? 아직 모른다. 아마 가지각색의 답이 있을 것이다. 그러나 그 모든 과정에 어떤 힘이 작용하는가 하는 문제는 벌써 풀린 것 아닐까?

끝으로 문을 결정하는 요소일 뿐 아니라 문을 주저없이 '자연의 한 단위'로 꼽을 수 있도록 하는 점이 있다. 그것은 '스스로 발전하는 능력 또는 자율법칙'이다. 그것은 나름의 방식을 따라 한 생명체처럼 움직인다. 그리하여 자라고 커진다.

2) 성숙이 꽃핌

자연 속에는 관계의 유비가 있어 문의 생성은 신기하게도 인간까지 이어지는 다음 단계들과 나란히 간다. 이 단계들은 지난 한 세기 동안 우리 주변에 일어난 일을 통해서도 잘 알 수 있다. 먼저 생각이 어떤 이론으로 구체화된다. 그리고 고치는 시기가 온다. 이론의 밑그림을 계속 다듬고 정돈하여 세밀한 부분까지 손을 본다. 마감할 상황에 이르면 새로운 창조가 팽창과 평형 국면에 들어간다. 이제 질로는 조그만 변화밖에 없다. '최대한에 달한다.' 그러나 양으로는 퍼져서 완벽한 일관성을 얻는다. 현대 발명의 역사가 그렇다. 자전거에서 비행기에 이르기까지, 사진에서 영화 그리고 라디오에 이르기까지 그렇다.

자연과학자들이 볼 때 생명체 가지들의 성장 곡선도 비슷하다. 처음에 문은 더듬기에 의해 새로운 유기 형체를 '발견'한 것과 같다. 그러나 그 형태는 가장 경제적이거나 가장 적합한 것이 아니다. 그리하여 문은 꽤 오랜 기간 동안 자기 자신을 더듬는다. 계속 노력하지만 잘 통하지는 않는다. 이윽고 완성이 가까웠다. 이때부터 변화의 리듬이 느려진다. 그리고 마침내 새로운 창조가 자리를 차지한다. 그처럼 새롭게 탄생한 집단은 자리를 잡자마자 완성도가 떨어지는 이웃들을 밀치고 퍼져나간다. 이제 번식은 하지만 더 갈라지지는 않는다. 커질 대로 커졌으면서 동시에 안정된 상태로 들어간 것이다.

'단순한 확장'으로 또는 첫마디가 두꺼워져 문이 만개한다. 이것은 가장 기본적인 경우이지만 그대로 실현되지는 않는다. 진화하는 힘이 한계에 달한 가지를 제외하고는 말이다. 위에서 말한 이론이 문제 해결을 위해 상당히 중요하고 설득력 있지만 거기에는 여러 가지 변수도 같이 들어 있다. 그 변수들은 나름대로 일리가 있기 때문에 그냥 흘려보내면 안된다. 커가는 한, 문은 기본형태와 조화를 이루는 제2의 문들로 나누어진다. 확장의 전선에서 문은 모종의 방식으로 끊어지는 셈이다. 그것은 양으로는 퍼지면서 동시에 질로는 나누어진다. 분화가 다시 시작되는 것이다. 이 새로운 분화는 겉으로 보이는 변화에 불과하다고 할 수도 있다. 우연이라는 얘기다. 그러나 그것이 특별한 필요에 부합하는 일반적인 현상일 수도 있다. 뒤에서 보겠지만 척추동물에서 뚜렷하게 보이는 '방산'(放散)의 경우가 그렇다. 당연히 방산된 선 하나하나에 역학관계가 재개된다. 그리고 이번에는 방산선이 제각기 즉시 부채꼴 모양으로 재분화된다. 이론상으로는 그러한 과정이 끝없이 계속된다. 그러나 그렇게 되지는 않는다는 것이 우리 경험이다. 부채꼴 형성이 꽤 빨리 끝난다. 그리고 갈라진 가지에 더이상 나눔 없이 마지막 확장이 이루어진다.

활짝 꽃핀 문에서 보이는 가장 일반적인 모습은 결국 '강화된 형태의 윤생'이다.

그리고 그때 마지막으로 윤생의 한가운데에 '사회화'의 경향이 나타난다. 사회화에 대해서는 군집 또는 집합에 대해 했던 말을 다시 해야겠다. 자연 속에는 개인이나 무리가 유기적으로 잘 뭉친 경우가 비교적 드물기 때문에 (흰개미, 벌, 사람……), 사회화를 진화의 특이한 한 가지 경우라고 볼 수도 있다. 그러나 좀더 자세히 관찰해보면 그런 첫인상과는 달리 사회화가 가장 기본적인 유기물 법칙 가운데 하나를 위반하고 있음을 쉽게 알 수 있다. 그것은 파괴되지 않고 정복력을 높이기 위해 생물 집단이 취한 마지막 방법인가? 자원을 공동관리함으로써 내적인 풍요를 더하기 위해 생각해 낸 유용한 수단인가?…… 까닭은 모르지만 어쨌든 사회화는 뚜렷한 현실이다. 부챗살 하나하나의 끄트머리에서 완성된 형체를 갖춘 문의 구성요소들은 서로 가까워지는 경향이 있다. 마치 단단한 물체의 원자들이 결정(結晶)화되듯이 말이다.

부채꼴 끝이 강화되고 개인화되는 중에 이러한 마지막 발전(사회화)마저 이루어지면 문의 성숙이 무르익었다고 할 수 있다. 이 순간부터 안으로 약해지거나 밖으로 경쟁을 통해 문은 드문드문해지고 마침내 제거된다. 몇몇 혈통은 살아남지만 고정되어 더이상 변화가 없으며 문의 역사는 닫힌다. 자기 수정을 통해 새로운 싹을 틔우지 않는 한 말이다.

이 소생(蘇生)의 구조를 이해하려면 '더듬기' 개념으로 되돌아가야 한다. 부채꼴은 다양한 필요와 가능성을 해결하기 위해 문이 다변화될 필요에서 생긴 것으로 우선 볼 수 있다. 앞에서 말한 대로다. 그러나 방산선 수가 많아지고 그것들이 제각기 퍼져나감으로써 개체수가 엄청나게 많아지면서 '노력'과 '경험'도 가지각색으로 많아진다. 문에서 볼 때 부채꼴은 탐지하는 안테나 숲이다. 안테나 중 하나가 우연히 틈을 찾고 새로운 생명의 방을 찾아내면, 가지는 그 지점에서 새로운 운동을 시작한다. 획일적인 다변화의 절정까지 가지 않음으로 고정되지 않는 것이다. '변화 속으로 들어간다.' 길은 열리고 생명의 약동이 다시 시작되며, 집중과 분화가 결합된 힘의 영향으로 다시 부채꼴로 나누어진다. 새로운 문이 생겨나 자란다. 그것은 원래의 가지에 집착하지 않고 그 가지를 넘어 활짝 핀다. 그리고 어쩌면 자신으로부터 제3, 제4의 가지를 기대할지 모른다. 방향이 괜찮고 생물권의 일반 평형이 허락한다면 말이다.

3) 세월의 효과

그러므로 생명의 혈통은 자기 발전의 리듬을 따라 오그라들기도 하고 널리 퍼지기도 한다. 일련의 '마디'와 '불룩한 부분', 좁은 꽃꼭지[역주1]들과 퍼진 잎들, 그런 모습이다.

그러나 그러한 도식은 이론일 뿐이다. 제대로 보려면 생명의 전기간을 지켜본 증인이 있어야 한다. 그러나 그것은 있을 수 없는 일이다. 생명의 상승중에서 우리의 눈에 잡히는 기간은 아주 짧다. 그러므로 우리 경험에 주어진 것, 이른바 '현상'은 진화운동 그 자체가 아니다. '먼 세월의 효과'에 의해 변조되고 수정된 것이다. 그러면 어떻게 변조하는가? 문의 방산에서 생긴 부채꼴의 구조를 강조한다. 거기에도 두 가지 방식이 있다. 하나는 문의 분산을 과장하는 것이고, 다른 하나는 그들의 꽃꼭지를 없애는 것이다.

'문의 확산을 과장함.' 이 관점은 세월의 효과로 생명 가지가 늙거나 '죽는' 것과 관련이 있다. 현재의 자연에는 생명 줄기에서 계속 밀려올라온 유기체들만 우리 눈에 보인다. 고생물학의 성과가 아무리 커도 지상에서 사라진 형체들은 우리가 알아낼 도리가 없다. 그같은 파괴 때문에 동물이나 식물 도본에는 항상 공백이 있다. 생명의 기원을 향해 내려갈수록 그 공백은 더 크다. 가지는 말라붙고 잎은 떨어진다. 매개체도 사라진다. 그리하여 남아 있는 혈통의 마디는 앙상한 모습을 하고 있다. 똑같은 '시간의 지속'이 한 손으로는 자신의 피조물을 앞으로 번식시키고 다른 한 손은 뒤로 감소시킨다. 그리하여 점점 그것들을 분리하고 떼어놓는다. 남아 있는 것들은 시간의 심연 속에 뿌리 없이 떠 있는 것처럼 보인다.

'꽃꼭지 상실.' 라마르크와 다윈 같은 영웅이 등장했지만 진화론에 반대하는 사람들이 그들을 공격할 때 늘 하는 말이 있다. 종의 '탄생'의 '물적인 흔적'을 입증하라는 것이었다. 이렇게 말한다. "물론 당신들은 과거에 다양한 형태가 이어졌음을 제시하고 어떤 점에 다다르면 그 형태가 변화했음을 보여줍니다. 우리도 그 점을 부인하지는 않습니다. 그러나 당신들이 제시한 원시 포유동물은 아무리 조잡해도 이미 포유동물입니다. 당신들이 제시한 말과에 속하는 초기 동물들은 이미 말입니다. 나머지도 마찬가지입니

[역주1] 그림 1이나 그림 3에서 보듯이 생명의 혈통이 부채꼴 또는 꽃모양으로 퍼지는데, 처음 뾰족한 부분을 가리켜 샤르댕은 '꽃꼭지'라고 부른다.

다. 그러므로 유형 내부에서 진화가 있었다고는 말할 수 있을지 모릅니다. 그러나 진화로 새로운 유형이 나타났다고 할 수는 없습니다." 반대자들의 주장은 그렇다.

고생물학 쪽에서 새로운 증거가 계속 쏟아져나오고 있지만 그것말고도 위의 반대에 대한 더 근본적인 답이 있다. 반대하는 사람들이 전제하고 있는 것을 부정하는 방법이다. 진화론에 반대하는 사람들이 주장하는 것은 문의 '꽃꼭지'를 보이라는 것이다. 그런데 그러한 요구는 불필요할 뿐만 아니라 타당하지도 않다. 그 요구를 만족시키려면 우주의 질서를 바꾸어야 하고 우리의 인식능력을 바꾸어야 하기 때문이다.

첫 시작만큼 야릇하고 덧없는 것이 없다. 동물 집단이 젊기는 하지만 그 특징은 아직 불분명하다. 그 구조가 연하고 범위가 약하다. 집단을 이루는 개체는 그 수가 지극히 적으며 게다가 빨리 변한다. 시간으로뿐만 아니라 공간으로 보아도 생명 가지의 꽃꼭지(또는 결국 꽃꼭지가 되는 싹)는 변화와 확장이 거의 눈에 안 띌 정도로 작다. 그처럼 취약한 영역에서 시간은 어떤 행동을 취할까?

파괴되고 폐허밖에는 없다.

매우 감질나지만 기원의 문제는 항상 그렇다. 역사를 탐구하는 사람들은 항상 그 문제에 부딪힌다.

'어떤 영역에서든' 정말 새로운 것이 주변에 나타나기 시작할 때 우리는 그것을 알아채지 못한다. 장차 활짝 꽃피었을 때에야 그것을 알아보고 처음을 생각한다. 그리고 종자와 첫마디를 찾으러 나서도 첫 단계란 항상 감추어져 있고 파괴되어 있고 잊혀져 있다. 아주 가까운 예를 들자면 희랍어나 라틴어 초기 글자들은 어디 있나? 맨 처음에 나온 북이나 달구지나 집은 어디에 있나? 또 자동차나 비행기나 영화마저도 맨 처음 것은 이미 사라져버리지 않았나?…… 생물학뿐만 아니라 문화와 언어 등 어디서나 마찬가지다. 예술가의 손에 쥐어진 고무처럼 시간은 생명을 그리면서 약한 혈통은 지워버린다. 싹이나 꽃꼭지나 성장의 첫모습은 우리 눈에서 사라진다. 꼭 그렇게 되라는 법은 없으니 우연 같지만 우리 인식의 근본 한계라고 보아야 하리라. 잘 완성된 것만 남아 있고, 그밖에 오래된 것은 하나도 남지 않는다. '증인'은 물론 흔적도 없다. 결국 부채꼴 끝의 넓어진 부분만 현재까지 이어질 뿐이다. 아직 생존한 존재나 화석을 통해서 말이다.

그러므로 뭐든지 우리에게 보일 때는 '모든 게 다 완성된 상태'다.[원주2] 오랜 세월 동안 선택의 과정을 거친 결과 우리 눈에 운동은 안 보이고 안정 상태가 불연속적으로 이어지는 것처럼 보인다.[원주3]

과학의 눈에 옛것은 안 보이고 거기서 성장한 것만 보이며 그것들이 계통수의 가지를 이룬다. 이제, 그 점을 구체적으로 들여다보고 가늠해보자.

3. 계통수

1) 큰 혈통들
(1) 하나의 진화집단 단위를 이루는 포유류군

지금까지의 관찰에서 우리는 다음과 같은 결론을 얻었다. 계통수를 파악하기 위해서는 나뭇가지의 어느 부분에서 시간의 활동이 약화되는지 그 부분을 눈여겨보아야 한다는 것이다. 나뭇가지를 충분히 보기 위해서는 너무 가까이 가 잎사귀에 가리는 일도 없어야 하고 그렇다고 너무 멀리서 보아도 안된다.

현재의 자연에서는 그러한 특별한 영역을 어디서 찾아볼 수 있을까? 포유동물에서 뚜렷하게 볼 수 있다.

[원주2] 만일 오늘날 우리들이 쓰는 기구들(자동차, 비행기 등)이 대재앙으로 땅에 묻혀 화석화된다면 미래의 지질학자들이 그걸 발견하고 느끼는 감정은 우리가 익수룡(翼手龍)을 보고 느끼는 감정과 같을 것이다. 우리의 발명품이 완성된 상태에서 발굴된다면 미래의 학자들이 생각할 때 그것들이 더듬는 진화의 과정 없이 단번에 만들어진 것으로 느껴지리라.

[원주3] '인류동조론'에 대해 언급하며 말했듯이(제3부 제1장 [원주3]) 우리가 아주 먼 과거를 인식하는 데는 한계가 있으며 그 한계를 넘기가 불가능하다. 모든 방향으로 (매우 오래고 매우 작은 것뿐 아니라 매우 크고 매우 느린 것 역시) 우리의 시각은 흐려진다. 그리고 일정한 방사선 넘어는 더이상 아무것도 알 수 없다.

지질학을 통해서도 알아낼 수 있다. 그 내부 구조를 한번 들여다보기만
해도 쉽게 알 수 있다. 만일 사람 역시 아직 '덜 된' 집단이라면 포유동물은
그 전체가 성숙한 집단이면서 동시에 '얼마 안된' 집단이다. 신생대 제3기
에 활짝 피었지만 전체로 볼 때 아직 미세한 부분이 덜 파악되었다. 진화론
이 처음에 포유류를 두고 나왔고 지금도 그런 까닭이 거기에 있다.

여기서 우리의 관찰 영역을 태반 있는 포유동물[원주4]에 국한하자. 여러
혈통(그림 1) 중에서 가장 젊고 가장 발전된 부분을 보자는 얘기다.

진화의 관점에서('생리학'이라고도 할 수 있다) 태반 있는 포유동물은 따
로 하나의 '바이오테'(Biote)를 이룬다. 내가 여기서 말하는 바이오테란 윤
생 집단[역주2]을 말하는데 그 집단의 구성원들은 탄생뿐 아니라 생존과 번식
에서도 서로 돕고 보완한다.

이것은 대단히 중요한 점으로 미국 고생물학계가 확인한 것인데, 그것을
잘 알아보기 위해서는 우리에게 가장 가까운 동물 형태의 배열을 관찰하는
것만으로도 충분하다. 채소 가지에서 직접 먹이를 구하는 초식동물과 설치
류(齧齒類)가 있는가 하면 '절지동물' 가지에서 먹이를 구하는 식충류(食蟲
類)가 있다. 또 육식동물이 있는가 하면 모든 것을 먹는 잡식동물이 있다.
네 개의 중요한 '방산선'이 그러하며 그것은 문(門)의 일반적인 분화와 일
치한다.

이제 이 네 개의 방산선을 하나하나 따로 보도록 하자. 그것들은 다시
나누어지고 쪼개져 또 새로운 무리가 생긴다. 그 중 지금 볼 때 가장 많
은 것, 곧 초식동물의 경우를 보자. 지체(肢體)를 달리는 발로 변화시키
기 위해 어떤 선택을 했느냐(두 개의 발가락이 커지거나 아니면 가운뎃
발가락 하나만 커지느냐)에 따라 우리는 소 종류와 말 종류의 출현을 본
다. 이 둘은 서로 다른 큰 혈통을 이룬다. 여기서 기제류에는 타피리데스

[원주4] 태반 없는 동물(또는 有袋類)과 달리, 태아가 태반에 의해 보호되고 양육되며 완전히 클
    때까지 어미 뱃속에 있는 포유류를 그렇게 부른다.
[역주2] 여기서는 같은 꽃꼭지에서 갈라져나온 동물집단을 가리킨다. 샤르댕 자신이 그것을 가리
    켜 바이오테라고 이름붙인 것이다.

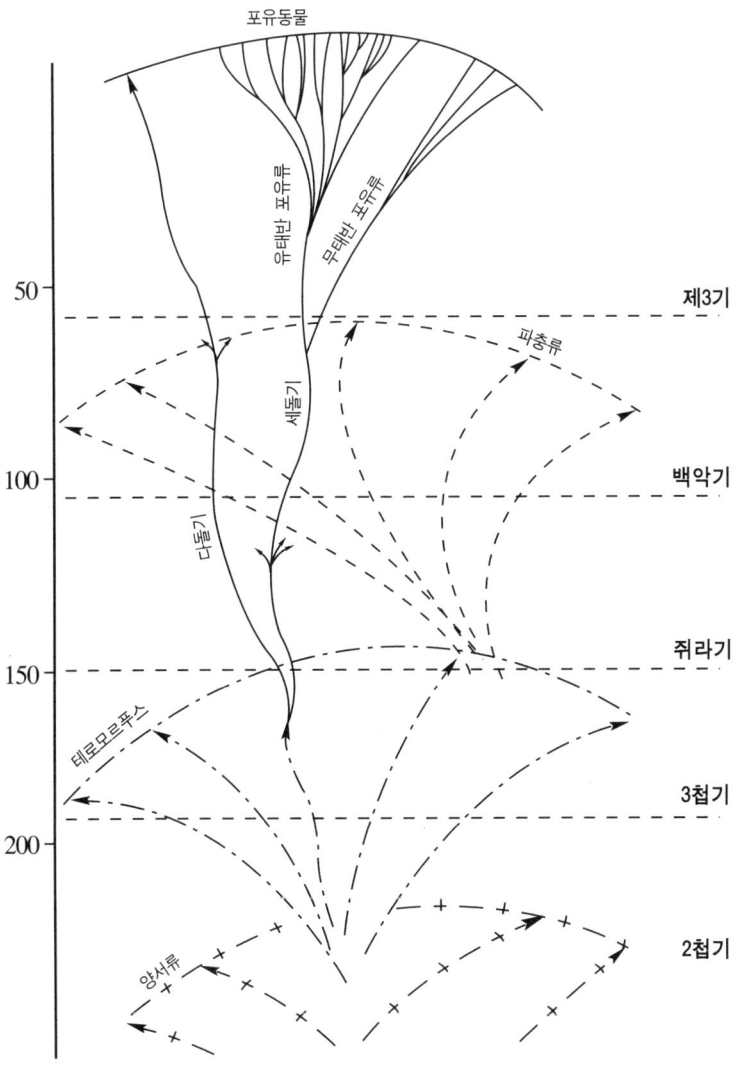

● 네발동물의 발전 과정을 그린 것으로 왼쪽의 숫자 단위는 백만 년이다.

──짧지만 놀라운 티타노테레스의 가지──와 사람이 그 옛날에 봤을지도
모를 칼리코테레스──무기력한 리노케로티데스 종족──그리고 끝으로 발
굽이 하나인 단제류인 말과(科)가 있다. 그런가 하면 우제류에는 멧돼지과
가 있고 낙타과가 있고 사슴과가 있고 영양과가 있다. 그밖에도 고생물학
에서 흥미를 가질 만한 것이 많이 있다. 그리고 긴 코를 가진 장비류(長鼻
類)도 있다. '꽃꼭지 상실'의 법칙에 따라 이 무리들의 뿌리는 각각 과거의
안개 속에 묻혀 있다. 그러나 한번 보이기만 하면 그 무리들을 추적해갈 수
있다. 그 무리들의 지리학적인 팽창의 기본 형태 속에서, 하위 상생으로 계
속 분화되는 과성에서 그리고 정향진화를 따라 뼈나 이나 누개골이 지나치
게 커가는 데서──그 결과 신체적으로 괴상하거나 약하게 되는데──계속
추적이 가능하다.

그게 모두인가? 아직 아니다. 네 개의 기본 방산선에서 나온 수많은 과
(科)와 종(種)과 더불어 지상 생활을 포기하고 공중이나 물이나 심지어 땅
속을 차지한 무리를 볼 수 있다. 달리기에 알맞은 형태가 있는가 하면 나무
에 사는 것도 있고 심지어 날기까지 하는 것도 있다. 또 헤엄치거나 땅을
파는 것도 있다. 어떤 것들(고래과나 해우류)은 육식동물이나 초식동물에
서 재빨리 갈라져나온 것도 있다. 또 어떤 것들(翼手類, 박쥐)은 태반 출생
동물의 요소를 지니고 있다. 식충류와 설치류는 제2기 말기까지도 내려갈
것이다.

잘 균형잡힌 전체를 들여다보면 그것들이 그 자체로 유기적이고 자연적
인 집단을 이루고 있다는 확신이 든다. 그것이 무슨 예외적인 경우가 아니
라 그와 비슷한 무리들이 생명의 역사 도중에 주기적으로 나타난다는 점을
알고 나면 그러한 확신이 더 커진다. 두 가지 예를 포유동물 가운데서 들어
보자.

지질학자에 따르면 제3기에 충분히 진화한 태반동물 바이오테의 일부가
바다에 가로막혀 미 대륙 남반부에 갇혀 있었다고 한다. 그때 그 잘려나간
가지는 어떻게 반응했는가? 꼭 식물처럼, 원래 붙어 있던 줄기의 윤곽을
다시 그려나갔다. 원래 것과 비슷하게 생긴 장비류, 설치류, 말, 원숭이가

거기서 다시 뻗어나왔다……. 바이오테 안에 또 하나의 축소된 바이오테(부속 바이오테)가 나온 것이다!

유대류(有袋類)에서 두번째 예를 볼 수 있다.

비교적 원시적인 생식 형태로 보거나 현재 지리학적으로 단절된 분포로 볼 때 유대류(또는 태반 없는 동물)는 포유동물의 하부 단계인 것 같다. 그것은 태반동물보다 더 빨리 활짝 피었을 것이고 태반동물보다 먼저 자기 나름의 바이오테를 형성했을 것이다. 특별히 이상한 바이오테(최근에 파타고니에서 화석이 발견된 마카이로도스[원주5]를 제외하고는 이 유대류 바이오테는 흔적을 남기지 않고 사라졌다. 그러나 제3기 이전부터 오스트레일리아에 고립되어 우연하게 보존되고 발전된 부속 바이오테는 그 완벽한 윤곽으로 학자들을 놀라게 하였다. 유럽 사람들이 처음 발견했을 때 오스트레일리아는 유대류밖에 없었다.[원주6] 유대류는 키나 모양이 가지각색이었다. 초식 유대류, 육식 유대류, 식충 유대류, 들쥐 유대류, 두더쥐 유대류 등 다양했다. 문에는 일종의 닫힌 유기체 곧 생리학적으로 완벽한 유기체로 분화되는 능력이 처음부터 들어 있음을 뒷받침하는 예로 이보다 더 좋은 것은 없다.

이것을 잘 들여다보면 더 큰 체계가 눈에 들어온다. 태반 있는 동물의 바이오테와 태반 없는 동물의 바이오테가 합쳐져 거대한 닫힌 체계를 보게 된다. 동물학자들은 재빨리 이 두 집단을 이루는 모든 형태에서 어금니는 턱이 위에서 밑으로 맞물리면서 기본적으로 세 개의 돌기로 이루어졌음을 알아냈다. 그 자체로는 별것 아닌 것 같지만 어디서나 똑같이 나타나는 현상은 심상찮다. 우연한 특징을 어떻게 보편적으로 설명할 수 있는가? 수수께끼를 풀 수 있는 열쇠가 영국의 쥐라기[역주3] 층에서 발견되었다. 쥐라기 중간쯤에서 우리는 최초의 포유동물을 뚜렷이 보았다. 들쥐나 뾰족뒤쥐보

[원주5] '칼 같은 이빨을 가진 호랑이'라는 뜻이다. 고양이과에 속하는 이 큰 동물은 제3기 말~제4기 초에 번창했는데 남아메리카의 육식 유대류와 이상하리만치 닮았다.

[원주6] 설치류 무리와 사람 그리고 그들이 데리고 온 개 외에는 유대류밖에 없었다.

[역주3] 중생대의 중간에 속하는 지질 시대.

다 크지 않은 동물이었다. 그런데 이 작은 동물들은 이빨 형태가 오늘날처럼 갖추어지지 않았다. 그들 중에는 세 개의 돌기 형태가 이미 나타난 것도 있지만, 어금니 돌기의 배합은 가지각색으로 달랐다. 그런데 가지각색의 배합이 오래 전에 사라졌다! 여기서 한 가지 결론이 나온다. 오리너구리와 바늘두더지(난생인데 사람들은 거기서 '다돌기'의 연장을 찾았다고 생각했다)를 제외하고 살아 있는 포유동물은 모두 단 하나의 다발에서 나왔다는 것이다. 전체적으로 볼 때 현재 살아 있는 포유동물은 '세돌기'[원주7]로서 이는 쥐라기 윤생이 이리저리 갈라진 '여러 개의 방산 중 하나'를 대표한다.

이쯤에서 우리는 과거가 보여줄 수 있는 것의 한계에 서의 다다랐다. 더 내려가 트라이아스기[역주4]까지 가면 다돌기 생물이 이루는 윤생군이 있을지 모르나 포유동물의 역사는 어둠 속으로 사라진다.

위로 가면, 꽃꼭지에서 멀어짐에 따라 자연스럽게 따로따로 동떨어진 집단을 이루는데 하나의 '진화 집단' 단위로 볼 수 있을 만큼 개성이 뚜렷하다.

우리는 그 단위를 '군'(群, Nappe)이라고 부르자.

(2) 군의 군 : 네발짐승

천문학자들은 아주 먼 거리를 재기 위해 광년을 사용한다. 우리도 포유동물에서 시작하여 계통수를 더 밑까지 보려면 군으로 계산해야 한다.

먼저 2기의 파충류들을 보도록 하자.

쥐라기 밑으로 가면 보이지 않지만 포유동물 가지가 텅 빈 공간 속으로 사라지는 것은 아니다. 전혀 다른 모습을 한 두꺼운 나뭇잎이 그것을 덮고 있다. 공룡, 익수룡, 어룡, 악어류 등 초보자들에게 낯설고 괴물 같은 것들이다. 여기서는 형태들 사이의 동물학적인 거리가 포유동물에서보다 더 크

[원주7] '일곱 척추'라고 불러도 된다. 예기치 않은 중요한 일치가 그들 사이에 있는데, 그것은 목 길이의 차이에도 불구하고 그들의 목 척추가 일곱 개라는 점이다.
[역주4] 중생대의 최초 시기.

다. 그러나 세 가지 특징이 눈에 뛴다. 먼저, 가지치기가 이루어진 체계와 관련된 것이다. 그 다음, 이 체계에서는 가지들이 이미 상당히 활짝 핀 단계에 있다는 점이다. 끝으로 전체로 볼 때 이 집단은 거대한 하나의 바이오테를 드러낸다는 점이다. 초식동물이 있으며 때로 거대하다. 그런가 하면 그들을 따라다니며 잡아먹는 육중한 육식동물이 있다. 또 박쥐의 갈퀴와 새의 깃털을 가진 날개 달린 짐승이 있는가 하면 돌고래처럼 날씬하게 헤엄을 치는 것도 있었다.

거리로 보면 포유동물보다 파충류 세계가 더 짧게 보인다. 그러나 그 확장도나 복잡도로 볼 때 포유류 못지 않게 오랜 세월에 걸쳐 있다. 그러나 어쨌든 그것은 다른 것들과 같은 방법으로 사라졌다. 트라이아스기 중간쯤에도 공룡이 보인다. 그러나 파충류의 첫 출현은 다른 군에서 보이는데, 즉 페름기[역주5] 파충류로서 그 시기의 특징은 테로모르푸스에 있다.

두껍고 보기 흉하며 박물관에서도 찾아보기 어려운 테로모르푸스는 디플로도쿠스나 이구아노돈보다 덜 알려져 있다. 그러나 동물학적으로는 굉장히 중요하다. 남아프리카에서만 발견되는 특이한 동물이지만 육상 척추동물의 한 단계를 대표하는 것으로 평가되고 있다. 공룡이나 포유동물보다 앞선 어떤 시간에 그들이 뭍을 점령하고 있었으며, 이미 어금니 형태의 이빨을 갖추고 있었으며, 땅 위에 처음으로 의젓하게 선 것도 그들이었다고 본다. 그런데 우리가 그 존재를 확인할 수 있을 때는 이미 변형된 형태—뿔이 돋거나, 볏이 있거나, 방어 무기를 갖춘—다. 이는 언제나 그렇듯이 진화의 끝에 다다랐음을 말한다. 그래서 괴상한 외모를 한, 이 단순한 집단은 그 바이오테의 윤곽을 아직 뚜렷하게 알 수는 없다. 그러나 그 윤생의 힘과 폭으로 볼 때 대단한 집단인 것만은 분명하다. 한편에는 꿈쩍도 하지 않는 거북류가 있다. 다른 편 끝에는 두개골 형성이나 민첩성에서 상당히 발전된 유형들이 있으며, 그것은 포유동물의 싹이 거기서 나왔다고 생각할 만한 것들이다.

[역주5] 고생대의 최후 시기로, 중생대의 트라이아스기 직전의 시대.

그리고 이제 새로운 '터널'이 있다. 너무 먼 과거의 힘에 눌려 시간의 절편들은 빨리 축약된다. 페름기 처음 또는 그 밑에서 지상을 훑어보면 진흙에서 기어다니는 양서류가 보일 뿐이다. 몸체는 뚱뚱하거나 뱀처럼 긴데, 새끼와 어미를 구분하기 힘든 것들도 있다. 살갗은 벌거벗었거나 갑옷을 입고 있다. 척추는 관 모양이거나 잔뼈가 모자이크되어 있다……. 여기서도 우리는 일반 법칙을 따라 이미 상당히 변화하고 거의 끝나가는 세계를 볼 수 있을 뿐이다. 그 두께와 역사를 잘 알 수 없는 침전물을 헤치고 본다 해도 이 우글거리는 생명체 속에서 얼마나 많은 군이 우리 눈을 피해 있을지 모를 일이다. 분명한 것이 한 가지 있다. 이 동물집단이 자기들의 고향인 물에서 올라오고 있다는 점이다.

그런데 생명이 처음으로 공기에 노출될 때 척추동물은 놀라운 특징을 나타내고 있다. 우리는 그 점에 대해 생각해보아야 한다. 그것은, 뼈대의 형식이(두개골의 유사성은 차치하고라도) 예외없이 보행동물과 똑같다는 점이다. 어떻게 그럴까?

양서류와 파충류 그리고 포유류가 네 발을 가졌다는 것은 간편한 이동양식으로의 수렴으로 볼 수 있다(곤충은 발이 여섯이다). 그러나 이 네 개의 기관이 똑같은 구조를 가진 것에 대해서는 어떻게 설명할 수 있을까? 하나의 상완골(上腕骨)이 있고 팔뚝은 두 개의 뼈로 되어 있으며 다섯 개의 손가락으로 되어 있는 것이 똑같다. 이것은 '오직 한번' 발견되고 실현된 우연한 배합 가운데 하나가 아닐까? 포유동물의 세 개의 돌기 얘기를 할 때 내린 결론이 다시 등장한다. 결국 지상에 사는 유폐류(有肺類)는 굉장히 다양함에도 불구하고 생명이 이룬 특별한 하나의 해결책 안에서 변화를 이룬 것이다.

그러므로 단 하나의 방산선 안에 걸는 척추동물의 부채꼴이 다시 거대하고 복잡하게 펼쳐진 것이다.

군의 군을 이루는 것은 단 하나의 꽃꼭지다. 그것은 '네발짐승의 세계'다.

(3) 척추동물 가지

포유동물의 경우에는 '세돌기' 방산이 이루어진 윤생집단을 파악할 수 있었다. 파충류에 대해서는 아직 그렇게 많이 알아내지 못했다. 그렇지만 네발짐승이 형성될 수 있었으리라고 보이는 생명 영역을 알아낼 수는 있다. 네발짐승은 나뭇잎 같은 지느러미가 달린 물고기에서 생겨났을 것이다. 그 물고기군은 오늘날 폐어(肺魚)나 최근에 오스트레일리아 근해에서 마지막으로 잡힌 총기류 같은 살아 있는 화석으로만 볼 수 있다.

겉으로 볼 때 물고기들은 다 능숙하게 헤엄친다는 점에서 '비슷할 것' 같으나 알고 보면 굉장히 복잡하다. 물고기(물고기 모양이라고 해야 더 정확하지만)라는 이름 속에 얼마나 많은 군이 쌓여 있을까?…… 네발짐승이 대륙에서 퍼져나갈 그때에 대양에서 발전한 비교적 오래되지 않은 군들이 있었으리라. 그러나 오래된 군들도 있었을 텐데 그것들은 더 밑 곧 실루리아기[역주6]에 기초 윤생을 이루었고 거기서 두 개의 선이 방산되었으리라고 보인다. 하나는 턱뼈가 없고 콧구멍이 하나인 물고기로서 오늘날 남아 있는 것은 칠성장어밖에 없다. 그리고 또 하나는 턱뼈가 있고 콧구멍이 둘인 물고기로서 '나머지 물고기는 모두 여기서 나왔을 것이다.'

앞에서 나는 지상 동물의 형태가 서로 연관이 있다고 했다. 지금 말하려는 세계도 거기서 배제되지는 않는다. 오히려 우리가 여기서 처음 만나는 색다른 세계에 주의를 환기시키고 싶다. 우리가 알고 있는 한 가장 오래된 물고기들은 대개 갑옷을 입고 있다.[원주8] 그러나 겉을 단단히 하는 이 첫 시도 밑에는 연골성의 뼈대가 숨겨져 있다. 밑으로 내려갈수록 척추동물의 내부 뼈대는 점점 약화된다. 오랫동안 파괴되지 않고 보존된 퇴적층 속에서도 그것들의 흔적을 발견하지 못하는 까닭이 거기에 있다. 그런데 이 경우에도 우리는 아주 중요한 일반적인 현상을 만나게 된다. 우리가 어떤 생명 집단을 연구하든지 간에 깊이 들어가면 '무기력해진다'는 점이다. 꼿꼿

[역주6] 고생대 중 오르도비스기의 다음, 데본기의 앞 시대.
[원주8] 뼈가 된 피부 외에는 거기에 대해 아는 것이 더 없다.

지는 사라지고 만다.

그리하여 데본기[역주7] 밑으로 가면 물고기 형태는 초보상태로 들어가고 화석으로 남을 여지가 없다. 그러므로 우연히 살아남은 창고기가 없었다면 척추동물 유형이 생겼을 여러 시기들에 대해 전혀 알 수 없었을 것이다. 적어도 그 유형이 바다를 가득 채우고 땅을 공략할 준비를 하는 시기 이전은 몰랐으리라.

그처럼 '척추동물 가지' 곧 네발짐승과 물고기의 거대한 세계는 그 밑에 엄청난 공백이 있다.

(4) 나머지 생명

우리가 '가지'라고 할 때 생물권의 체계 안에서 가장 큰 집단 유형을 가리킨다. 생명의 주된 가지로는 척추동물 쪽 외에 두 개의 가지가 더 있다. 절지동물 문 가지와 식물 가지다. 한쪽은 키틴질과 석회질로 무장하고 다른 쪽은 섬유질로 몸을 단단히 했는데 둘 다 물에서 나와 대기 속에서 뻗어가는 데 성공했다. 그래서 아직도 식물과 곤충은 세상을 더 차지하기 위해 척추동물과 서로 다투고 있다.

이 두 가지에 대해서는 척추동물에 대한 앞의 분석을 여기서 되풀이할 수도 있겠지만 생략하겠다. 위에는 젊고 풍요로우나 윤생력은 약한 집단이 있다. 밑으로 갈수록 듬성듬성 난 잔가지의 군이 있다. 더 밑으로 가면 화학적으로 일관성이 없는 세계로 들어간다. 일반적인 발전 양태다. 이 경우에는 가지들이 특히 더 오래되었기 때문에 알기가 더 복잡하다. 그리고 곤충의 경우에는 극단적인 사회화 형태가 존재한다.

이 여러 가지 혈통이 시간의 심연 속에서 공동의 축으로 수렴된다는 것은 의심할 나위 없다. 그러나 척추동물과 환형동물과 식물이 만나기 훨씬 전에(척추동물과 환충류는 후생동물에 속한다. 후생동물과 식물은 단세포 생물에서 만난다), 그들의 줄기가 각각 해면류나 극피(棘皮)동물, 폴

[역주7] 고생대 중 실루리아기 다음. 석탄기 앞 시대.

립 군생체 같은 이상한 형태 속으로 사라진다. 생명의 문제에 대한 해답이 윤곽을 드러낸다. 유산(流産)한 가지 다발이 있는 것이다.

그것들은 다시 엄청나게 오래된 세계(왜 그토록 깊은 단절이 있는지 알수 없지만) 곧 섬모충류나 여러 가지 원생동물, 박테리아 따위에서 나왔다. 그것들은 자유 세포나 민세포 또는 딱딱한 세포로 이루어져 있는데, 거기쯤 가면 생명의 지배를 잘 파악하기 어려워 체계적인 분석이 불가능하다. 동물이냐 식물이냐 하는 말이 의미가 없어진다. 군과 가지가 쌓였을까, 아니면 버섯처럼 섬유가 얽힌 '균사체'(菌絲體)인가? 더이상 알 수 없다. 이것들이 어디서 생겨났는지는 더더욱 알 수 없다. 선캄브리아기부터는 석회질이나 규산으로 된 단세포 생물이 더이상 보이지 않는다. 그리하여 계통수의 뿌리는 조직의 희미함과 토양의 변화 속으로 깊이 사라진다.

2) 폭

이렇게 해서, 아리스토텔레스와 린네 이후 자연과학자들이 끈질기게 만들어보려고 한 생명의 여러 형태에 대한 체계적인 도식화 작업이 끝났다. 이 작업을 하면서 우리는 생명 세계가 얼마나 복잡한가를 알리려고 했다. 그렇지만 아직 한 가지 일이 남아 있다. 그것은 생명 전체의 폭이 또한 얼마나 굉장한지 좀더 분명하게 짚고 넘어가는 일이다. 우리 머리는 원래 분명히 알고 싶어할 뿐 아니라 간략하게 정리하고 싶어한다. 거리가 너무 멀기나 숫자가 너무 많으면 힘들어한다. 그래서 우리도 노식화했다. 이제 생명의 팽창에 대해 도식으로 윤곽을 잡았으니 도식 속에 집어넣은 요소들을 다시 밝힐 필요가 있다. 그 숫자와 크기와 시간에 대해서 말이다.

그렇게 해보자.

먼저 '숫자'다. 단순화하기 위해 우리는 '과' '목' '바이오테' '군' '가지' 같은 큰 집합 단위를 사용해 생명 세계의 윤곽을 잡았다. 그런데 이런 단위를 사용하면서 우리가 조사한 생물체의 숫자를 짐작이나 할 수 있었는가? 만일 누가 진화에 대해 알아보고 써보기 위해, 세계에 네댓 개 있는 큰 박물관 중 한 군데에 간다고 하자. 사람들이 모여들어 관람하고 생명의 전체 모습을 개관해보는 곳이 흔히 박물관이니 말이다. 먼저 거기에 들어가면 이름 하나하나는 모르더라도 주위에 진열되어 있는 것들에 압도되어 끌려다닌다. 한쪽에는 곤충의 세계가 있는데 종류가 만 가지를 넘는다. 그런가 하면 수천 종의 연체동물이 있는데 무늬와 장식이 한없이 다양하다. 또한 뜻하지 않게 변화무상하고 알록달록한 물고기가 있는가 하면 나비들도 있다. 그리고 갖은 모양과 색깔과 부리를 한 새들도 있다. 또 각종 털과 자태와 관을 쓴 영양들이 있다. 각종 동물에 대해 보통 기껏해야 십여 가지 정도 상상하기 마련인데, 실제로는 얼마나 많고 다양한가! 게다가 우리가 보는 것은 아직 생존하는 것에 불과하다. 사라진 것까지 볼 수 있다면 어떨까? 지구의 모든 시대, 진화의 모든 단계를 통틀어본다면 엄청나게 많은 박물관이 필요할 것이다. 우리가 체계를 세워 작성한 목록에 들어 있는 수십만 개의 이름은 계통수 위에 있는 나뭇잎 가운데 백만 분의 일밖에 안된다.

　이제 '크기'를 보자. 여러 동물과 식물들을 양으로 비교하면 어떤가? 유기체 전체에서 그들이 차지하는 비율은 얼마나 될까?

　이 비율을 대략 알기 위해 자연과학자 쿠에노(Cuénot)[역주8]가 그린 그림을 옮겨놓았다(그림 2). 그는 최근의 연구 결과를 바탕으로 동물 집단의 그림을 그렸다. 주로 집단의 위치를 그린 그림이지만 우리의 물음에 대해 훌륭한 답이 된다.

　이 그림을 보자. 첫눈에 큰 충격을 받는다. 태양이 하나의 별에 지나지 않으며, 그 많은 별들이 하나의 은하이며 우리 은하는 다른 수많은 은하 중 하나에 지나지 않는다는 사실을 알 때 느끼는 충격과 같은 것이다…… '짐승'이라고 하면 우리는 보통 포유동물을 생각하지 않는가? 그러나 포유류는 생명의 줄기 끝에 뒤늦게 붙은 작은 잎에 지나지 않는다. 그 주변을 보라. 그 옆과 그 밑을 보라. 얼마나 많은 유형의 동물이 있으며 그 수는 또

[역주8] 1866년 파리에서 태어나 1951년 낭시에서 사망. 생물학자로서 그는 멘델의 법칙을 동물에게서도 증명했으며, 고생물학계의 거장으로서 처음으로 그럴듯한 계통수 그림을 내놓았다. 크게 볼 때 Y자형으로 그려진 계통수는 많은 가지와 잎을 뻗어 혈통관계의 가까움과 거리를 나타낸다.

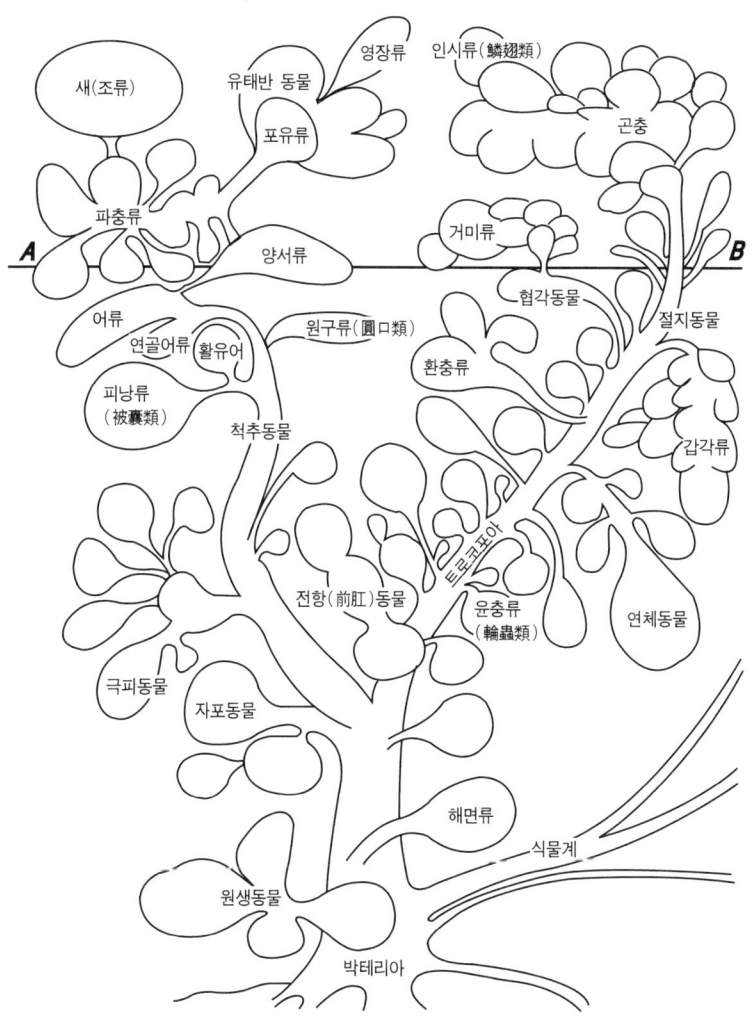

새(조류)

영장류

인시류(鱗翅類)

유태반 동물

곤충

포유류

파충류

거미류

A 양서류 B

협각동물

절지동물

어류 원구류(圓口類)

연골어류 활유어

환충류

피낭류
(被囊類)

척추동물

갑각류

트로코포아

전항(前肛)동물 윤충류
(輪蟲類)

연체동물

극피동물

자포동물

해면류 식물계

원생동물

박테리아

● 쿠에노가 그린 '계통수'. 이 그림에 있는 잎 또는 다발 하나하나가 포유류 전체 다발에 맞먹는 중요한 '군'이다. AB선 밑은 수생동물이고 그 위는 대지 위에서 공기를 마시며 사는 동물이다.

얼마나 많은가! 마른 잎 위에 뛰어다니거나 물가에 기어다니는 이름 모를 벌레들, 우리는 그들이 무얼 의미하는지 또 어디서 나왔는지 관심없이 쳐다본다. 너무 작거나 그 수가 너무 적어 관심을 끌지 못하는 것들도 있다. 그것들이 이제 눈 안에 들어온다. 그 다양한 유형, 그들이 생겨나기까지 걸렸을 시간을 생각할 때, 그들의 세계는 우리 세계만큼이나 중요하다. '양으로 볼 때' 우리는 그 많은 세계 가운데 하나에 불과하며 그것도 맨 나중에 생긴 것이다.

끝으로 '시간'을 보자. 늘 그렇듯이 이 문제는 생각하기 어려운 문제다. 과거의 시간들은 서로 '부딪쳐' 실제보다 훨씬 축약되기 마련이다. 그 점에서 시간 문제는 공간 문제보다 심하다. 그러면 그 시간들을 어떻게 떼어놓을 것인가?

생명의 깊이를 제대로 알려면 먼저 앞에서 포유류군이라고 불렀던 것으로 되돌아가는 게 도움이 되리라. 왜냐하면 이 군이 비교적 젊기 때문에 진화에 걸린 시간을 알기 쉬울 것이다. 백악기[역주9] 끝에서 파충류 너머로 출현하는 시간부터 측정할 때 말이다. 제3기 전체에다가 조금 더 더한 시간이다. 약 8천만 년으로 본다. 여기서 우리가 인정해야 할 점이 있다. 동물학적으로 같은 가지 위에도 여러 군들이 주기적으로 형성된다는 점이다. 침엽수 줄기를 따라 돋아난 나뭇가지처럼 말이다. 그 돋아난 나뭇가지 하나마다 꽃이 활짝 피기 위해 걸리는 시간이 척추동물의 경우에는 8천만 년이다. 이제, 동물학적인 시간 간격을 알려면 8천만 년에다가 그 기간 안에 있는 군의 수를 곱하면 된다. 네발짐승 첫 단계와 포유동물까지에는 군이 셋이다. 곱하면 엄청난 수가 나온다. 그런데 그것은 지질 시대가 트라이아스기, 페름기, 그리고 석탄기로 이어지는 광범한 시기에 이루어지는 사실과 일치한다.

좀 다른 방법으로 시간 계산을 할 수도 있다. 같은 군 안에도(포유동물의 예를 들자) 여러 가지 형태가 갈라지는 것을 볼 수 있다. 다시 말하지만

[역주9] 지질 시대에 있어 중생대의 말기.

그러한 분화가 일어나는 데 8천만 년이 걸린다. 그 다음, 포유동물과 곤충과 고등식물을 비교해보자. 세 개의 큰 가지 끝에 이 세 집단이 번식하고 있는데, 만일 그 세 개의 큰 가지들이 정확히 한 근원에서 갈라져나온 것이 아니라 '균사체'에서 따로따로 돋아난 것이라면 하나의 유형이 새로 생기기까지 얼마나 긴 세월이 흘렀을까! 여기서 동물학에서 말하는 연대와 지질학에서 말하는 연대가 맞지 않는다. 물리학자들은 선캄브리아기의 라듐광물 속에 들어 있는 납의 양을 측정한 결과 퇴적층에 석탄의 흔적이 보인 것이 15억 년 전이라고 결론지었다. 그러나 최초로 유기체가 나타나는 것은 그 최초의 흔적보다 이전 아닌가? 이 두 개의 연대측정 방법이 서로 측정할 때는 어떻게 지구의 나이를 계산하는가? 라듐의 붕괴 속도로 계산해야 하나 아니면 생명체의 결성 속도로 계산해야 하나?

'세쿼이아'(캘리포니아의 거대한 삼목 나무) 하나가 완전히 자라는 데 5천 년이 걸린다면(아직 아무도 그 나무가 죽는 걸 보지 못했다) 생명나무 전체는 얼마나 큰 세월일까⋯⋯.

3) 확실성

이제 생명나무가 우리 앞에 있다. 물론 이상한 나무다. 음(陰)의 나무라고 할 수 있다. 거대한 우리 숲과 달리 가지와 줄기가 모두 텅 비게 보이고 그 지름은 점점 더 커가니 말이다. 또 얼어붙은 나무처럼 보이기도 한다. 싹이 나오는 데 너무 오랜 시간이 걸리기 때문이다. 그러나 나뭇잎이 층층이 쌓여 터부룩한 모습으로 뚜렷이 모습을 드러낸다. 한편 큰 혈통이나, 폭으로 볼 때 땅을 덮고 있는 것처럼 보인다. 그 나무의 일생에 담긴 비밀을 캐들어가기 전에 먼저 자세히 들여다보자. 왜냐하면 그 겉모습만 봐도 어떤 교훈과 힘을 얻기 때문이다. '확실하다는 느낌'이 그것이다.

진화를 믿지 않고 부인하는 사람들이 세상에 아직 많다. 책을 통해서 자연과 자연과학자들을 접하는 그들은 변이설의 주장을 늘 다윈 때와 똑같은 것으로 생각한다. 그리고 종이 형성된 메커니즘을 놓고 생물학에서 의견이 분분하니까, 마치 진화의 사실과 현실을 생물학이 주저하고 있으며 앞으로도 그러리라고 미루어 짐작하는 사람들이 있다.

그러나 결코 그렇지 않다.

이번 장 내내 유기체 세계의 연관에 대해 살펴보았는데, 내가 여러 가지 논쟁을 전혀 입에 올리지 않아 독자들은 놀랐을지도 모른다. '체세포'와 '생식세포'의 구별, '유전자'의 존재와 기능, 획득형질의 유전 여부 따위를 둘러싸고 격렬한 논쟁이 있지만 이 책에서는 전혀 비치지 않았다. 그것은 그런 문제들이 지금 우리의 작업과 큰 관련이 없기 때문이다. 진화의 객관성을 확보하기 위해 사람의 탄생에 이르는 다리를 마련하는 데 단 한 가지면 충분하다. 그것은 생명의 일반적인 계통발생이 우리에게도 개체발생만큼이나 뚜렷하게 일어난다는 사실이다.

유기체 세계의 맥을 하나씩 짚어가기 위해 새로운 시도를 할 때마다 우리는 구체적인 윤곽을 얻게 되고 그리하여 거대한 생물권의 성장이 눈에 뚜렷이 들어오게 된다.

미립자가 계속 응축되어 수정이 되고 석순이 되는 것을 의심하는 사람은 없으리라. 줄기 주변으로 목질(木質)의 다발이 합생하고 있음을 의심하는 사람도 없으리라. 어떤 기하학적인 형체가 있다면, 우리 눈에는 멈춰 있는 것처럼 보일지 모르나 틀림없이 무슨 운동이 있었다고 보면 된다. 그렇다면 지구의 생명체가 진화했다는 것을 어떻게 부인할 수 있겠는가?

분석을 거듭한 결과 생명의 신비가 벗겨진다. 생명은 어떤 체계인데 그 체계는 무한히 많은 부채꼴들이 해부학적으로 그리고 생리학적으로 일관되게 엮어진 것이다.[원주9] 아종(亞種)들로 이루어진 작은 부채꼴들이 있다. 그런가 하면 그보다 큰 종과 속의 부채꼴들이 있다. 그리고 그보다 더 큰

[원주9] 이 부채꼴 운동에 관해서는 좀 다른 방법으로 그 접속점을 추적할 수도 있으리라. 특별히 병행과 수렴 현상에 더 주의를 기울이는 방법이 있다. 예를 들어 네발짐승을 볼 때, 서로 다른 윤생집단에서 나온 몇 개의 방산선이 똑같이 네 발 형태에 도달했다고 볼 수도 있다. 그러나 내 생각에는 이처럼 문을 여러 개 설정하는 방식은 사실을 충분히 관찰하지 않은 데서 비롯된 것 같다. 그러나 이 주장을 받아들이더라도 나의 근본 주장이 바뀌지는 않는다. 생명은 유기적으로 이루어진 총체물이요 성장 현상이 뚜렷이 드러난다는 주장이다.

바이오테와 군과 가지의 부채꼴이 있다. 끝으로 동물과 식물 집단이 있는데 그 둘은 각각 하나의 거대한 바이오테를 이루며, 아마도 거대 분자세계에 닿아 있는 어떤 윤생에 뿌리를 내리고 있으리라. 생명은 다른 것 위에 나는 가지다……

위에서 밑으로, 더 큰 부채꼴에서 작은 것으로 내려오면서 봐도 똑같은 구조를 볼 수 있다. 매번 새로운 요소들이 거의 자발적으로 그러한 구조를 뚜렷하게 확립하고 유지하는 것을 볼 수 있다. 새로이 나타난 형태는 자연스럽게 자기 자리를 찾는다. 결국 어떤 것도 정말 새로운 것은 없다. 큰 틀 안에 있다. 자, 이래도 그 모든 것들이 '생겨났음'을 의심할 것인가? 생명체들이 '돋아났음'을 의심할 수 있는가?

물론 이 거대한 유기체가 등장한 방식에 대해 아직 몇 년이고 토론할 거리가 많다. 그 톱니바퀴가 얼마나 복잡한지 알면 알수록 질려버린다. 분자의 고정성, 염색체의 눈먼 움직임, 개체가 획득한 것을 대물림하지 못하는 현상, 이런 것들과 성장이 어떻게 양립하는가?

다시 말하면 외적이고 '목적론적인' 진화 곧 현상으로 나타나는 진화와 내적이고 역학구조적인 진화 곧 유전자의 움직임으로 보이는 진화를 어떻게 연결할 것인가? 기계가 어떻게 앞으로 나가는지 우리는 자세히 분석할 능력이 없다. 앞으로도 그럴지 모른다. 그러나 그러는 동안에도 기계는 우리 앞에 있으며 계속 움직인다. 화강암이 어떻게 형성되었는지 화학 쪽에서 머뭇거리고 있다고 해서 대륙이 화강암질로 되어가는 현상을 부인할 수 있을까?

시간이 '4차원'이 되는 우주 속에서 다른 모든 깃들이 그렇듯이 생명은 자연이 진화하는 차원의 크기를 보여준다. 물리적으로 그리고 역사적으로 볼 때 생명은 어떤 기능과 같이 간다. 그것은 생명체 하나하나가 공간과 지속과 형태 속에서 어떤 위치를 차지하는지 결정하는 기능이다. 이건 가장 근본적인 사실이다. 물론 설명이 필요하지만 그 '확실성'은 입증 가능성보다 위에 있다. 또 나중에 경험으로 취소할 만한 그런 사실이 아니다.

이쯤되면 '진화론의 문제'는 더이상 존재하지 않는다. 완전히 해결되었다. 생물발생설을 현실로 보는 우리의 확신을 깨뜨리려면 세상의 구조 전체를 파들어가 계통수를 뽑아낼 수 있어야 한다.[원주10]

[원주10] 사실, 시간과 공간의 연속선을 벗어나서는 어떤 존재(생명체이든 비생명체이든)도 경험할 수 없음을 말하는 한 진화론은 이미 오래 전에 하나의 가설로 그치지 않게 되었다. 오히려 물리학에서나 생물학에서나 모든 가설들이 거쳐가야 하는 조건이 되었다. 그런데 오늘날 생명 변이의 유형이나 특히 그 역학구조를 둘러싸고 생물학자들과 고고학자들 사이에 논쟁이 있다. 새로운 형질의 출현이 우연이냐(신다윈주의), 획득한 것이냐(신라마르크주의) 하는 논쟁이다. 그러나 학자들의 생각이 일치하는 게 있다. 개체 생명뿐 아니라 생명 전체(큰 생명)도 유기적으로 진화한다는 사실이다. 그것은 근본적이고 일반화된 사실이므로 그 점을 부인하면 과학한다고 할 수 없다……. 안타까운 것은 (놀랄 만한 일은 아니지만) 여러 생명체들의 '은하'가 더 큰 복잡성과 더 큰 의식을 향해 거대한 '정향진화'를 하고 있다는 점에 의견일치가 이루어지지 않고 있다는 사실이다(이 책의 결론을 보라).

제3장
땅—어머니

땅—어머니! 열매? 무슨 열매?…… 계통수 위에 무슨 열매가 생기려 하나?

앞 장에서 우리는 생명의 거동을 표현하기 위해 줄곧 성장에 대해 말했다. 그리고 생명이 돋아나는 법칙이라고 할 만한 것까지 알아낼 수 있었다. 그것은 어떤 '방향을 따라 불어나는' 현상이었다. 형질이 계속 축적되어 '눈송이'처럼 된다. 생명은 원형질 위에 계속 형질을 더해간다. 점점 더 복잡해지며 나아간다. 그러나 전체로 볼 때 이 확장 운동은 어떤 모습인가? 동력기처럼 한 방향으로 뻗어가는 폭발인가 아니면 특별한 질서없이 사방으로 퍼져나가는 파열인가?

진화가 있다는 데는 학자들 사이에 이견이 없다. 그러나 진화에 '방향이 있느냐' 하는 문제에 대해서는 좀 다르다. 생명의 변화에 어떤 흐름이 있는지 생물학자에게 물어보라. 열에 아홉은 '아니!'라고 힘주어 말할 것이다. 그리고 당신에게 이렇게 말하리라. "유기물이 계속 변하고, 또 그 변화로 시간이 갈수록 점점 예기치 않은 형태를 띠게 된다고 합시다. 그러나 그 변화는 우리 눈으로 볼 수 없습니다. 그런 상태에서, 이 연약한 건축물의 최종 가치 아니 단순히 상대적인 가치라도 알기 위해 어떤 사다리를 찾을 수 있을까요? 무슨 권리로, 포유동물——사람이든 아니든——이 꿀벌이나 장미보다 더 완전하고 진보한 것이라고 할 수 있습니까?…… 최초 세포부터 시작해서 시간의 거리에 따라 점점 더 커가는 원 위에 생물들을 배치할 수는 있습니다. 그러나 어떤 정도의 차이를 가지고 자연의 다양한 노작(勞作)들 사이에 과학으로 어떤 우열을 매길 수는 없습니다. 자연은 여러 가지 해결책을 찾았고 그 해결책들은 모두 동등합니다. 중심 둘레의 방산은 어떤 방향이든 모두 똑같이 좋은 것입니다. 그 어떤 것도 헛된 것이 없기 때문입니다."

이 순간 과학은 제자리를 맴돈다. 진화에 어떤 '방향'과 '축'이 있다는 것을 인정하길 꺼리기 때문이다. 이처럼 근본 의심 때문에 연구가 분산되고 의지도 약해진다.

여기서 나는 왜 내가 생명의 진보에 어떤 방향과 선이 있다고 믿는지 — 인간중심주의나 신인동형론은 별개의 문제다 — 설명하려고 한다. 그 방향과 선이 매우 뚜렷해서 장차 과학에서도 누구나 인정하리라고 믿는다.

1. 실마리

이 문제는 물질의 유기적인 복잡도에 관한 것이므로 먼저 복합성 속의 질서를 찾아보도록 하자.

생명체 전체는 미로와 같아서 안내자 없이 들어갔다가는 빠져나올 수 없을 정도로 복잡함을 인정해야 한다. 부채꼴들이 계속 이어져 무슨 일이 일어났는가?…… 물론 오랜 세월 동안 생명체는 자기 기관의 수를 늘리고 기능을 다양화했다. 그러나 전문화하여 수를 줄이기도 했다. 그렇다면 '복잡성'이란 낱말은 무엇을 뜻할까?…… 동물이 덜 단순해지는 데는 여러 가지 방법이 있지 않은가. 수가 많아지는 것일까? 외피가 다양해지는 것일까? 세포조직이나 감각기관이 다양하게 되는 것일까? 어떤 관점을 취하느냐에 따라 가지각색의 답이 나올 수 있다. 그러나 그 가운데서 특별히 더 옳은 답이 있을까? 즉 어느 생명체에나 들어맞으면서 큰 생명이 처해 있는 세계에도 들어맞는 그런 답이 있을까?

이 물음에 답하기 위해 다시 뒤로 돌아가서, 사물의 '안'과 '밖' 사이의 상호관계를 살피기 위해 고려했던 사항들을 다시 돌이켜보는 것이 좋을 것 같다. 우주가 그 '내면'에 품고 있는 것, 그것이 가장 본질적인 현실이라고 앞에서 나는 말했다. 그런 관점에서 볼 때, 진화란 알고 보면 '얼' 에너지 또는 '방사' 에너지의 끊임없는 증가 바로 그것이다. 우리 눈에 보이는 기계 에너지 또는 '탄젠트' 에너지는 늘 일정한데, 그 일정한 기계 에너지 뒤에서 얼 에너지가 끊임없이 증가하며 그것이 바로 진화다. 그리고 탄젠트 에너지와 방사 에너지, 이 두 에너지를 잇는 것은 무엇이라고 했는가? '정돈'이라고 했다. 정돈의 발전은 안으로 의식이 커지면서 깊어지는 두 가지 모습으로 나타난다.

이제 이 명제를 다시 돌려놓고 보자. 유기물질이 들끓어 만들어놓은 갖가지 복잡성 속에서 단지 겉모습의 변화에 불구한 것과 정말 우주 바탕의 혁신인 것을 구별하기가 쉽지 않다. 그래서 우리는 생명이 이룩한 여러 가지 복합물 중에, 그것을 담고 있는 존재의 얼의 진보와 별개인 것이 있음을 인정하는 선에 만족하자. 내 가설이 맞다면 진부한 변화들 속에서 정말 복잡하며 본질적인 변화를 보이는 것, 그것을 잡아내야 한다. 그것은 우리를 어디론가 안내할 것이다.

그렇다면 문제는 곧 풀린다. 의식의 활동을 위해서는 유기체 속에 어떤 선택 기구가 있어야 한다. 그것을 알아내려면 우리 속을 들여다보면 된다. 그것은 바로 신경조직이다. 세상에서 우리가 잡을 수 있는 안(내면)은 단하나다. 우리 안이다. 그리고 언어 덕택에 다른 사람들의 안도 잡을 수 있다. 그러나 신경이 있는 것을 보면 동물에도 내면이 있다고 봐야 한다. 그러므로 생명체를 '뇌의 완성도'에 따라 분류하도록 하자. 그러면 우리가 바랐던 어떤 질서가 잡힌다.

다시 계통수로 돌아가 '척추동물' 가지를 보자. 아직도 특별히 생기가 넘치고, 우리가 속해 있기 때문에 가장 잘 알 수 있는 부분이다. 이 가지에는 오래 전부터 고고학에서 밝힌 특징 하나가 먼저 드러난다. 그것은, '군에서 군으로' 가면서 신경조직이 계속 발전되고 농축된다는 사실이다. 거대한 공룡의 뇌가 너무 작아 나뭇잎 크기 정도밖에 안되고 그 지름은 허리 골수의 지름보다 작다는 것을 모르는 사람이 있을까? 그래도 그 밑의 양서류나 어류보다는 크다. 그러나 그 윗 단계 곧 포유류로 가면 엄청나게 큰 변화가 생긴다.

'같은 군 안에서도' 포유류의 뇌는 대개 다른 척추동물보다 훨씬 크고 주름이 많다. 그리고 자세히 들여다보면 그 안에서도 등급이 많고 그 차이에 어떤 질서가 있다. 먼저 바이오테의 위치를 따라 등급을 매겨보자. 현재의 자연에서 뇌로 볼 때, 태반 있는 동물이 유대류(有袋類) 동물보다 낫다. 그리고 같은 바이오테 안에서도 시대에 따라 등급이 생긴다. 제3기에 나타난 태반 있는 동물(몇몇 영장류를 제외하고)의 뇌는 신(新) 제3기에 나타난 동물에 비하면 비교적 작고 덜 복잡하다. 그 점은 뿔 달린 괴물 디노체라티데스처럼 지금은 사라지고 없는 계통에 속한 동물을 볼 때 분명하게 드러난다. 디노체라티데스의 뇌는 그 크기나 뇌엽으로 볼 때 후기 파충류의 단계를 크게 넘지 못한다. 콘디라르트레스도 마찬가지다. 그런데 '같은 혈통 안에서도' 그런 현상이 있다. 예를 들어 제3기 에오세[역주1]의 육식동물을 보면 그 뇌가 아직 유대류 단계에 머물러 반들반들하고 소뇌와 떨어져 있다. 그런 예를 들자면 얼마든지 있다. 일반적으로 윤생에서 어떤 방산선이든지 아주 오랜 시간이 흐르면 점점 '뇌' 모양을 갖추는 것을 볼 수 있다.

절지동물과 곤충 가지로 건너가보자. 같은 현상을 볼 수 있다. 여기서는 의식의 형태가 다르므로 가치평가가 쉽지 않다. 그러나 우리가 따라온 길은 여전히 유용하다. 집단에서 집단으로 시대에서 시대로 흘러가면서 우리처럼 점차 뇌가 이루어지는 모양이 보인다. 신경절(節)이 모인다. 그리고 머리 안에서 커진다. 그리고 동시에 본능이 복잡해진다. 그러면서 사회화라는 특이한 현상이 보인다.

이런 분석을 계속할 수도 있다. 그러나 실마리가 어떻게 풀리는지 간단히 밝히는 데는 이 정도로 충분하다고 본다. 편의상 자연과학자들은 유기

[역주1] 지질 시대의 신생대 제3기를 다섯으로 구분했을 때, 두번째로 오랜 시대.

체를 분류할 때 어떤 장식물의 변화나 뼈의 기능 변화를 따졌다. 날개의 빛
깔이나, 지체의 배열, 이빨의 모양 따위에 영향을 주는 정향진화에 따라 분
류하여 과학자들은 생명세계의 조각들을 찾아내며 때로는 생명세계가 이루
는 구조의 큰 뼈대를 찾아내기도 한다. 그러나 그런 식으로는 진화의 언저
리를 건드릴 뿐 체계 전체의 모습이 드러나지 않는다. 그런데 신경조직의
형성에서 진화 현상을 추적하면 여러 속과 종이 질서있게 드러날 뿐 아니
라 그들의 윤생이나 군 또는 가지들의 전체망이 다발로 밝혀진다. 또 뇌의
정도를 따라 동물형태를 분류할 때 전체 체계의 윤곽이 드러날 뿐 아니라
계통수에 입체감이 더해지며 모양이 뚜렷이 드러난다. 그래서 그 진실성을
인정하지 않을 수 없게 된다. 그처럼 일관된 결론——아주 편안하고, 큰
신뢰가 가며, 되새기는 능력이 있는——이 나오는 것은 우연의 일치가 아
니다.

생명이 복잡하게 되어가는 방식은 여러 가지 있지만 신경조직의 변화야
말로 주목할 만한 것이다. '거기에는 어떤 방향이 있다——신경조직의 변화
에 방향이 있다는 사실은 진화에 어떤 방향이 있음을 입증한다.'

이것이 나의 첫번째 결론이다.

그런데 거기에는 필연의 귀결이 따른다. 생명체에는 신경이 의식의 지표
다. 그것이 우리의 출발점이었다. 거기에다 조금 전에 우리는 신경이 시간
이 감에 따라 계속 완전해져간다는 점을 덧붙였다. 신경의 완성도가 시간
의 흐름과 밀접히 연관되어 있다는 얘기다.

거기서 마지막 결론이 나온다. 우리 생각의 근거를 분명히 해주고 앞으
로 우리 얘기가 어떻게 전개될지 가늠하게 하는 결론이다. 생명체의 역사
를 '밖에서' 보면 전체로 보거나 갈라져 나간 가지로 보거나 거대한 신경조
직의 역사를 드러내는데, 그것은 '안으로' 어떤 얼 상태가 이룩되는 것과 일
치한다. 겉으로는 신경섬유와 신경절이 보인다. 그 속에는 의식이 있다. 우
리가 찾는 것은 이리저리 얽힌 겉모습을 정돈할 법칙이었다. 그리고 이제
그것을 찾았다. 진화에 들어 있는 정신 차원을 알고자 했던 우리의 당초 바
람도 만족할 만치 되었다. 과거에 있었던 현상의 흐름을 추적하고 미래에

올 현상을 예상할 수도 있을지 모르는 그런 법칙을 찾았다.

그러면 문제가 해결되었나?

그렇다, 거의 해결되었다. 그러나 한 가지 조건이 있다. 과학의 편견을 지닌 사람들은 용납하기 어려운 조건일지도 모른다. 그것은, 차원을 바꿔서, 이제 밖을 떠나 사물의 안으로 들어가야 한다는 것이다.

2. 의식의 상승

이제 다시 생명의 '팽창' 운동을 보되, 위에서 밝힌 큰 흐름 속에서 들여다보자. 그런데 이번에는 세상의 '탄젠트' 에너지와 연관된 사실들의 미로에 빠지기보다는 세상 내면의 '방사' 에너지의 움직임을 따라가보도록 하자.

모든 게 뚜렷하다. 가치와 기능과 희망, 그 모든 것이 뚜렷이 드러난다.

첫째, 새로운 시각을 가지고 우리가 처음 들여다볼 것은 '생명의 전개가 지구 전체의 역사에서 차지하는 자리'다.

앞에서 우리는 최초 세포의 기원에 대해 논의한 후 내린 결론이 있었다. 저절로 일어난 이 일이 시간의 흐름 속에서 단 한번 일어났다면 최초 원형질의 형성은 지구의 일반적인 화학상태와 연결되어 있으리라는 점이다. 또 지구는 총체적인 진화의 본거지로 보아야 한다는 얘기도 했다. 그리고 과학에서 볼 때 진화는 지구상의 어떤 움직임보다도 훨씬 중요하게 생각해야 할 것이라고 했다. 그리고 유기물질의 등장은 진화의 곡선 위에 임계점을 이룬다고도 했다.

이후 수많은 가지들에 둘러싸여 우리는 그러한 사실을 잊어버렸다. 이제 여기서 다시 그 문제를 들추자. 늘 더 큰 의식을 향해 생명의 물결을 밀고 가는 조류(신경조직이라고 볼 수 있다) 속에서 우리는 그 큰 운동이 다시 나타나는 것을 본다.

습곡(褶曲)의 숫자만 세는 지질학자처럼 동물형태들을 시간에 따라 배열하는 고생물학자들은 과거 속에서 단조로운 고동 소리밖에 듣지 못하고,

그 고동들이 모두 비슷비슷해 보인다. 그리하여 포유류가 파충류를 잇고 파충류는 양서류의 뒤를 잇는 것을 마치 알프스가 킴메리아 산맥을 잇고 킴메리아 산맥은 고생대의 산들을 잇는 것처럼 생각한다. 그러나 그처럼 깊이 없는 관점을 가지고는 우리의 노력이 실패하고 만다. 반듯하게 기어가는 정현(正弦) 곡선이 아니라 소용돌이치는 나선형 곡선이다. 군에서 군으로 '무언가가 같은 방향으로 움직이며 끊임없이 꿈틀꿈틀 계속 자라난다.' 그리고 그것은 우리를 감싸고 있는 이 천체에서 가장 기본적인 물리현상이다. 단순한 물체가 방사선을 따라 진화──대륙의 화강암 분리──하고, 지구의 내부가 따로 형성되고, 그밖에 수많은 변이가 있다. 생명 운동은 그러한 지구운동 리듬의 연속선상에 있다고도 볼 수 있다. 그러나 물질 속에서 생명이 따로 떨어져나가면서 그러한 지구운동들은 중요성을 많이 잃었다. 알부미노이드가 처음 생기면서 지구 현상의 핵심이 이동하였다. 생물권이라고 하는 얇은 막이 지구 현상의 초점으로 떠올랐다. 지구발생의 문제는 생물발생 문제로 이어진다. 그리고 생물발생 문제는 지체없이 얼의 발생 문제로 이어진다.

그렇게 해서 과학의 과제는 다양해진다. 맨 위에 생명이 있으며 그 생명에 딸린 물리학이 있다. 그리고 생명 한가운데에 의식 상승의 원동력이 있으며 그것으로 생명은 발전한다.

둘째, '생명의 원동력'……. 진화에 의견이 모아지면서 자연과학자들은 생명의 원동력이 무엇이냐를 놓고 큰 논란을 벌였다. 분석하고 결정짓는 방법에 따라서 생물학에서는 겉으로 드러나는 현상을 통계내어 생명 전개의 원리를 찾고자 했다. 예를 들면 생존 투쟁, 자연 선택 따위다. 이런 관점에서 보면 얼의 세계는 살아남고자 하는 노력의 축적에 의해서 성장하는 수밖에 없다(정말 성장한다면 말이다).

다시 말하지만 나는 이런 싸움에서 물질 부분──그것은 중요하다──을 거부하는 태도와는 거리가 멀다. 살아 있는 한 그 부분을 무시할 수 없음을 우리 속에서 너무 잘 느끼지 않는가? 개인에게서 자연스런 무기력과 물려받은 인습을 없애려면──또 그를 가두는 집단적인 틀을 한 번씩 부

쉬 없애려면——바깥의 충격과 위급함이 불가피하다. 만일 적이 없다면 무엇 하나 제대로 할까?…… 유기체 안에 생긴 눈 먼 분자 운동을 부드럽게 치료하는 것을 보면 생명이 아직도 물질과 얼 사이에서 우연히 생겨나는 거대한 반작용들을 이용해 창조적인 활동을 하고 있는 것 같다. 생명은 원자와 잘 어울리듯 집단과도 잘 어울리는 것 같다. 그러나 그처럼 능숙한 솜씨와 활동력이, 근본적으로 무기력한 것 앞에서는 무얼 할 수 있을까? 그리고 앞서 말했듯이 기계 에너지라는 것은 자신을 먹여 살리는 '안'이 없으면 뭐가 되고 말까?…… '탄젠트' 에너지와 '방사' 에너지에서 말이다. 의식의 신전으로 생기는 세상 움직임의 원동력을 알려면 그 운동 안에 있는 원칙을 알아야 하고, 계속 더 높은 얼을 향해 나아가는 행보도 그때 설명할 수 있다.

'겉'——결정주의에서 강조하는——으로 움직이면서 생명은 어떻게 해서 '안'으로 자유롭게 움직일까? 이 문제에 대해 더 잘 이해할 날이 있을 것이다.

아쉬운 대로 먼저, 큰 비약을 인정하고 들어간다면 생명 현상은 대체로 자연스럽고 가능해진다. 뿐만 아니라 생명 현상의 소구조도 뚜렷이 드러난다. 왜냐하면 그렇게 되면 생물진화의 일반적인 흐름을 더 많이 알게 되고 그래서 여러 가지 계통발생이 각각 어떻게 진행되어 가는지 설명할 방법을 새로이 얻는 셈이기 때문이다.[원주1]

[원주1] 앞으로 전개될 얘기가 여러 면에서 너무 라마르크에 가깝다(몸의 유기적 형성에 '내면'의 영향을 너무 과장한 것)고 느낄 수 있다. 그러나 내가 말하는 본능의 '형태 발생' 행위에서 아주 기본되는 부분은 (다윈적인) 외부 압력과 우연에 맡겨져 있음을 잊지 말기 바란다. 생명의 발전은 정말로 큰 운이다. 그러나 인식되고 손에 잡힌 운이다. 다시 말하면 선택된 운이요 거기에는 정신이 들어간다. 신라마르크주의에서 말하는 '반(反) 우연'은 우연을 완전히 배제하는 것이 아니라 우연을 이용하는 것이다. 이 두 요소간에는 기능적인 보완관계가 있으며 말하자면 '공생'이라고 할 수 있다. 만일 미생물학과 거시생물학의 기본 차이(아직 분명하지 않지만)를 들 수 있다면, 유기 세계를 크게 둘로 나누어 서로 다르게 취급할 수 있으리라. 1) '반 우연'이 뚜렷하게 드러나는 거대 유기체(사람 같은) 영역(라마르크 영역), 2) '반 우연'은 우연 속에 가려 보기 어렵고 오직 추측할 수밖에 없는 작은 유기체 영역(다윈 영역)이다.

같은 혈통 안에서 지체가 발굽이 되거나 송곳니가 되었음을 확인하는 일과 그러한 일이 어떻게 일어났는지를 알아내는 것은 다른 문제다. 방산선의 부착점에 변화가 발생했다. 좋다. 그래서?…… 계통을 따라 일어나는 후천적 변화는 매우 느리고 그 영향을 받아 생기는 기관(예를 들어, 이빨)도 때로는 배아 시절부터 매우 느리다. 우리는 그것들에 대해 적자 생존 또는 환경에 대한 적응이라고 간단히 말할 수 없다. 그러면 뭔가?

나는 이 문제에 부딪히면 부딪힐수록, 우리가 어떤 외부적인 힘의 문제가 아니라 심리학의 문제 앞에 서 있다는 생각이 더 강해졌다. 오늘날 말하는 방식대로 하자면 어떤 동물이 육식본능을 가지게 된 것은 어금니가 날카로워지고 발에 발톱이 생겼기 '때문'이다. 그런데 그러한 공식을 뒤집어야 하지 않을까? 다시 말해서, 호랑이가 송곳니를 갈고 발톱을 날카로이 한 것은 '육식을 하려는 마음'이 혈통을 따라 계속 이어져내려오며 커졌기 때문이 아닐까? 주금류(走禽類)나 헤엄치는 동물, 땅 파는 동물, 나는 동물도 모두 그렇다. 형질의 진화. 그렇다. 다만 여기서 형질을 '기질'로 이해한다면 말이다. 언뜻 보기에 이런 설명은 스콜라 철학에서 말하는 '성품'을 생각나게 한다. 사실 깊이 들어갈수록 비슷한 점이 더 많아진다. 개체에게서 성품은 나이를 먹으며 형성된다. 그렇다면 또한 계통으로 이어가며 더 두터워지지 않을까? 그리고 그것이 유기체에 작용하여 거기에 따른 모양을 만들어내지 않을까? 개미와 흰개미들에게서 병정 개미와 일 개미도 다 그린 식으로 그들 본능에 맞는 외모를 갖추게 된 것이다.

셋째, 우리 얘기가 맞다면, 생각하지 못했던 지평이 생물학 앞에 열린다. 우리는 생명체의 연결고리를 추적한다는 현실적인 목표 때문에 화석에 나타난 부분의 변화에 주목했다. 그러나 그처럼 분명한 사실이 전체를 구성하기에는 불완전하고 겉만 핥는다는 것이 많이 드러났다. 뼈의 숫자, 이빨의 형태, 외피의 장식 같은 '드러난 형질'은 그 속에 있는 중심을 감싸고 있는 옷에 지나지 않는다. 기본적으로 단 하나의 사건이 일어나고 있을 뿐이다. 그것은, 살아 있는 모든 것들이 안에서 스스로 하는 능력을 키워나가는 거대한 정향진화다. 그리고 부산물로, 이 비약이 가끔씩 분산될 때 작은 정향진화들이 이루는 윤생이 있다. 여기서는 기본 흐름이 나누어져 '방산' 하나하나의 내면의 축을 이룩한다. 이 모든 과정을 거친 후, 마치 무슨 물건의 케이스처럼, 세포조직의 겉모습과 지체의 배치가 결정된다. 상황이 그렇다.

그러므로 내면을 통해서도 자연을 추적하여 그 역사를 그려볼 수 있다. 여기서는 계속 새로운 형태의 구조들이 뒤를 잇는 식이 아니라, 강화된 본능의 숲 속에서 꽃피는 내면의 활기가 상승하는 식이다. 그 속을 깊이 들여다보면 생명 세계는 살과 뼈를 입은 의식으로 이루어져 있다. 생물권에서 종에 이르기까지 모든 것은 얼의 거대한 가지치기, 바로 그것이다. 얼이 가지를 치며 여러 형태의 겉모습을 거치는 것이다. 자, 문제의 실마리를 풀어 우리는 여기까지 도달했다.

물론 현재 우리의 지식을 가지고는, 진화의 역학구조를 방사 에너지로 이루어진 안의 형식으로 표현할 수는 없다. 그러나 한 가지는 분명하다. 만일 진화론이 우리가 말한 대로 그런 뜻을 지닌다면 생명은 '어떤 방향으로' 나아가는 중이요, 계속 그렇게 나아가려면 언젠가 때가 되었을 때 심각한 재조정을 거쳐야 한다는 점이다.

법칙은 명백하다. 세상의 어떤 것도 (우리는 이 문제를 앞에서 생명의 탄생을 얘기할 때 짚고 넘어갔다) 성장을 하려면 임계점 곧 상태 변화에 도달하게 된다. 속도와 온도에 넘을 수 없는 한계가 있다. 어떤 물체의 속도를 계속 더하여 빛의 속도에 가깝게 해보자. 그 물체는 질량 과잉으로 한없이 무력하게 될 것이다. 이번에는 어떤 물체를 가열한다고 하자. 녹아서 결국은 증발될 것이다. 우리가 볼 때 진화는 단지 복잡하게 되어가는 과정으로만 보였기 때문에 그 모습 그대로 계속 발전할 것처럼 생각할 수 있었다. 어떤 한계도 없이 계속 뻗어나갈 것처럼 보일 수도 있었다. 그러나 형태와 기관이 계속 더 복잡해져가면서 양의 차원에서뿐 아니라 질의 차원에서도 신경세포(그리고 의식)가 계속 커지는 것을 안 지금, 우리는 전혀 새로운 사건 또는 어떤 '변화'가 있어 장차 그 긴 종합(합성)의 시기를 마감하게 될 것이라는 생각을 하게 된다.

그 점을 지적하면서 사람에 이르는 거대한 현상의 징후를 암시하도록 하자.

3. 때가 다가옴

생명의 파동으로 되돌아가 포유동물의 팽창운동을 보자. 아니면 제3기 끝 무렵을 상상해보자. 그러면 시간의 흐름을 좀더 구체적으로 느낄 것이다.

이때 지구 표면은 적막함으로 가득차 있다. 남아프리카에서 남아메리카까지, 유럽과 아시아가 모두 무성한 초원과 빽빽한 숲으로 덮여 있다. 그 끝없는 초록빛 세상 속에 수많은 영양과 얼룩말이 생겨났고 여러 종류의 긴코동물과 뿔달린 사슴들, 호랑이, 늑대, 여우, 오소리 등 오늘날에도 많이 볼 수 있는 동물들이 나왔다. 오늘날 잠비아나 콩고 또는 애리조나의 국립공원에서 보존하려고 하는 동물들과 비슷하게 생긴 것들이다. 몇몇 오래된 부분을 빼면 자연의 모습이 오늘날과 너무 비슷해서 어딘가에 사람 사는 마을도 있을 것만 같다. 참으로 조용한 시기다. 포유동물군은 잔잔하다. 그러나 진화는 멈추지 않는다. 틀림없이 무엇인가가 축적되어 앞을 향해 새로운 도약을 할 준비가 되어 있을 것이다. 그것이 무엇인가? 그리고 어디서인가?

당시에 세상의 어머니 한가운데서 무르익어가는 것을 알아보기 위해 우리가 앞에서 언은 목록을 이용하도록 하자. 생명은 의식의 상승이라고 했다. 생명이 발전하는 것은 활짝 핀 지구의 외투 밑에서 은밀하게 내적 에너지가 자라고 있기 때문이다. 여기저기 신경조직 깊은 곳에서 얼의 긴장이 생겨난다. 의사가 환자의 몸에 미세한 도구를 갖다대듯, 살짝 잠든 이 자연에 의식의 '온도계'를 갖다대보자. 제3기 상층 어디서부터 눈금이 올라가기 시작하는가?

물론 맨 위쪽을 찾아보자.

공기와 빛 속으로 나와 스스로 하는 능력을 갖춘 것은 식물 빼고 두 개의 가지뿐이다. 절지동물에서는 곤충이며, 등뼈동물에서는 포유동물이다. 미래는 어느 편일까?

1) 곤충

고등 곤충은 신경구가 머리에 집중되어 행동이 아주 다양하고 섬세하다. 우리 주위에 그토록 정돈된 세계가 그 옛날부터 존재했음을 보면 생각에 잠기지 않을 수 없다. 그들은 경쟁자들인가? 장래의 승리자들일까? 또는 뜻하지 않게 생명의 세계에 뛰어들어 곤경 속에서 비장하게 싸우는 무리들로 봐야 하는가?

곤충이 진화의 출구——또는 출구 중 하나——라는 가설을 버릴 수 있는 것은, 더 오래된 고등 척추동물보다 훨씬 발전 가능성이 없어 보인다는 점에 있다. 곤충 세계가 중국 한자처럼 복잡하긴 해도 지질 시대 이후 어떤 큰 변화가 있었던 것 같지는 않다. 도약이나 뿌리 깊은 변화는 더이상 일어나지 않을 것처럼 보인다. 생각해보면 이런 답보상태에 빠진 까닭이 몇 가지 있는 것 같다.

먼저 그들은 너무 작다. 기관이 좀 크게 발전하기 위해서는 키틴질의 골격은 좋은 해결책이 아니다. 털갈이를 계속해도 등딱지는 딱딱하게 버티고 있다. 내부는 자꾸 커지는데 껍질의 크기는 거기에 따르지 못한다. 곤충은 몇 센티미터 이상 자라려면 껍질이 아주 취약해질 수밖에 없다. 우리가 '크기의 문제'를 종종 대수롭지 않게 보더라도 질은 어떤 양에서부터 생기지 않을 수 없다. '질은 물질의 종합과 연관되어 있다는 사실만으로도 그렇다.' 높은 얼이 있으려면 몸뚱이로 볼 때 큰 신경이 필요하다.

두번째 까닭도 그 크기 문제와 무관하지 않다. 곤충의 뛰어남이 발견되는 바로 그 지점에서 그 얼의 부족함이 두드러진다. 때로 곤충의 행동과 구성의 정밀함에 우리는 깜짝 놀란다. 그러나 자세히 들여다보면 그러한 완벽함은 그들의 얼 상태가 너무나도 빨리 움직였다 멈추는 데서 생긴다. 잘 알려진 대로 곤충의 활동은 결정과 미결정의 한계가 뚜렷하지 않다. 무슨 일이 있으면 곧 습관이 발동하고, 이어서 기계처럼 반사작용이 나올 뿐이다. 말하자면 어떤 조치를 취하기 위해 그의 의식이 자동으로 계속해서 추출된다고나 할까? 그때그때 즉시 발생하는 계속되는 수정작업, 늘 정확성이 요구되는 그 수정작업이 그렇다. 길게 보면 기능에 눌려 개체의 특수성이 사라지는 형태가 그렇다. 바로 거기서 파브르는 곤충의 기관과 몸짓이 상황에 따라 기가 막히게 적절히 움직이는 데 놀랐다. 벌이나 개미들이 벌통이나 흰개미집에서 떼지어 하나의 살아 있는 기계를 이루는 것도 바로 그 얘기다.

어떻게 보면 그런 것이 의식의 절정이라고도 할 수 있을지 모른다. 그러나 곤충의 경우에 어떤 행위가 나오려면 의식이 안에서 바깥으로 녹아나간다. 집중 또는 농축과는 정반대이지 않는가!

2) 포유동물

그러므로 곤충에서 손을 떼고 다시 포유동물로 돌아가보자.

여기서 우리는 곧 친근함을 느낀다. 너무 친근해서 이미 '인간 중심'에 빠져 있는 것이 아닌가 하는 인상을 받게 된다. 우리가 벌이나 개미와 달리 대기 중에서 숨을 쉬며 산다는 얘기는 단지 우리가 '우리집'에 산다는 얘기에 불과한 것인가? 아, 늘 우리 생각을 위협하는 상대성이여!

허나 그렇지 않다. 우리는 우리를 오해하지 않는다. 적어도 이 경우에 문제되는 것은 인상이 아니라 우리의 지성이다. 인간 중심의 인상이 풍긴다고 우리가 인간 중심에 선 것은 아니다. 다만 우리의 지성이 절대가치를 평가할 수 있는 힘을 가졌다고 믿고 판단할 때 인간 중심에 빠졌다고 할 수 있으리라. 우리 얘기를 계속해보자. 만일 네 발 달린 짐승이 개미보다 더 생기 있고 더 많은 얼이 들어 있는 것처럼 보인다면 그것은 단순히 우리가 그 동물과 동물학 차원에서 같은 과에 속했기 때문이 아니다. 고양이나 개나 돌고래의 행동은 얼마나 유연한가! 또 얼마나 신기한 것이 많은가! 또 생기 넘치고 호기심 넘치는 짓을 얼마나 많이 하는가! 좁게 묶여 있어 단 하나의 기능을 완수하는 본능 곧 거미나 꿀벌의 본능을 거기서는 볼 수 없다. 개인으로나 사회로나 그들은 유연하다. 관심을 갖고, 변덕을 부리며, 놀 줄 안다. 전혀 다른 형태의 본능이요 거기에는 '세부사항이 미리 정해져 있어 도구처럼 쓰이는 그런 한계'가 없다. 곤충과 달리 이미 포유동물은 자신의 출처에 묶여 있는 노예가 아니다. 그들 주위에 자유의 분위기가 보이고 인격의 섬광이 떠돌기 시작한다. 그리고 바로 이 점에서 가능성이 엿보인다. 앞으로 계속 나갈 가능성 말이다.

그러나 이 약속된 지평을 향해 결국 누가 뛰어오를 것인가?

제3기 상층부의 동물들을 다시 한번 자세히 보자. 단순함과 완벽함이 절정에 다다른 지체들을 보자. 사슴 머리에 달린 무성한 뿔들을 보자. 영양 이마에 달린 나사형 칠현금을 보자. 긴코동물(장비류)의 코 끝으로 솟아나온 무거운 엄니를 보자. 육식동물 아가리 속에 있는 송곳니와 절단장치를 보자……. 그 완성도가 뛰어난데, 그것은 이 훌륭한 동물들의 미래가 끝났음을 뜻하지 않는가? 그것은 그들이 변화의 끝에 있어 곧 사라지고 말 것을 뜻하지 않는가? 그들 얼의 활동이 활발해도 말이다. 결국 이 모든 것이 시작보다는 끝을 말하고 있지 않은가?

틀림없이 그렇다. 그러나 그 수많은 동물 가운데 '영장류가 있다!'

3) 영장류

영장류라는 이름에 대해서 나는 이 책에서 지금까지 그저 한두 번 슬쩍 입에 올렸을 뿐이다. 계통수를 말할 때도 우리와 비슷한 이 생명형태가 어디에 자리잡아야 하는지 정하지 않았다. 그런 까닭이 있다. 그때에는 영장류의 중요성을 말할 단계가 아니었다. 말해도 이해하기가 어려웠다. 그러나 이제 동물의 진화를 이끄는 힘을 안 지금, 영장류는 제3기 끝 무렵 운명의 시간에 등장할 수 있고 등장해야 한다. 그들의 때가 왔다.

형태학으로 보면 영장류는 대체로 일련의 부채꼴 또는 윤생을 이루고 있다(그림 3). 위에는 흔히 말하는 원숭이가 있는데 지리 위치에 따라 두 집단으로 나뉜다. 구대륙에 카타리니안이 있는데 이빨이 32개로 진짜 원숭이다. 한편 남아메리카의 플라티니안은 납작한 얼굴을 하고 있으며 이빨이

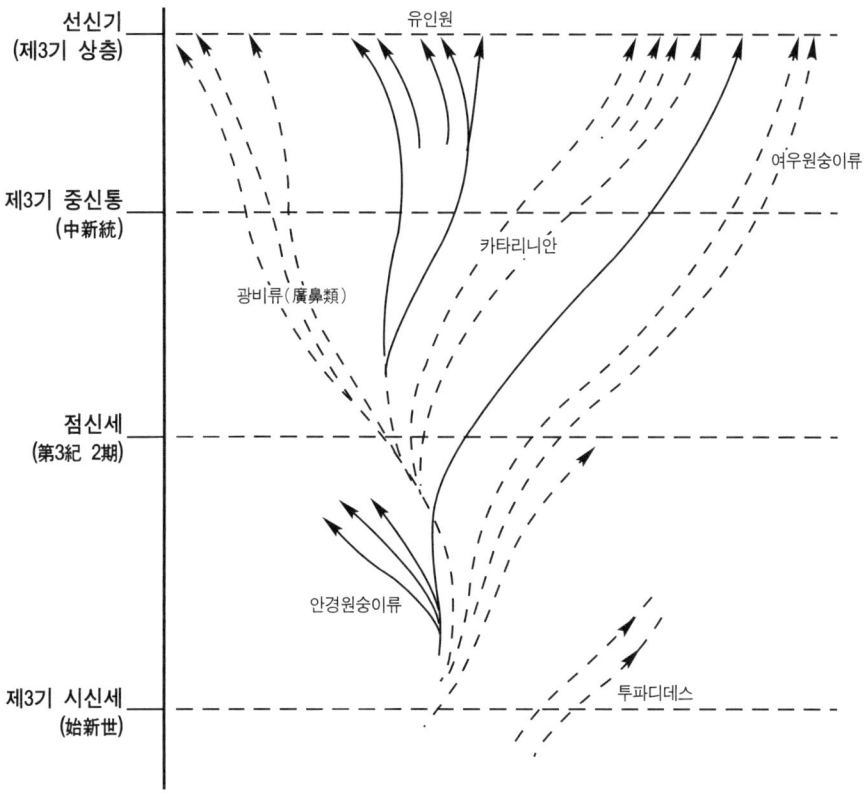

선신기
(제3기 상층)

유인원

제3기 중신통
(中新統)

여우원숭이류

카타리니안

광비류(廣鼻類)

점신세
(第3紀 2期)

안경원숭이류

제3기 시신세
(始新世)

투파디데스

● 영장류의 발전을 그린 그림.

36개다. 그 밑에는 여우원숭이류가 있는데 대체로 얼굴이 길고 가끔 비스듬한 앞니가 있다. 그리고 맨 밑에는 이 두 개의 윤생 집단이 제3기 초기에 '식충류' 투파이데스 부채꼴과 떨어져 있는 모습이 보인다. 그뿐 아니다. 이 두 윤생 집단의 한가운데에 특별히 머리가 발달한 형태를 보게 된다. 여우원숭이 쪽에는 타르시데스가 있는데 아주 작은 동물로서 둥글게 부푼 두개골과 큰 눈이 있다. 오늘날 남아 있는 것은 말레이시아의 안경원숭이뿐인데 이 동물을 보고 있으면 이상하게 키 작은 사람 같다. 한편 카타리니안 쪽에는 유인원(고릴라, 침팬지, 오랑우탄, 긴팔원숭이)이 있다. 꼬리가 없으며 우리가 알고 있는 것 중에서는 가장 크고 가장 뛰어난 원숭이들이다.

여우원숭이와 안경원숭이는 제3기 에오세에 처음 등장한다. 유인원은 아프리카에서 올리고세[역주2]에 보이기 시작한다. 그러나 오늘날처럼 커지고 다양화된 것은 플라이오세[역주3]에 이르러서일 것이다. 언제나 아프리카나 인도처럼 열대나 아열대에서 번식했다. 당시의 시간과 분포를 다시 취해보자. 거기에 정보가 많다.

밖에서 영장류를 보면 그렇다. 그들의 겉모습과 시간으로 보면 그렇다. 이제 사물의 안으로 뚫고 들어가서 이 동물들이 어떤 점에서 다른 것들과 다른지 살펴보기로 하자.

해부학자가 원숭이(특히 고등 원숭이)를 해부할 때 첫눈에 들어오는 것은 그들의 골격이 다른 것들과 별 차이가 없다는 점이다. 물론 두개골의 용량은 다른 포유동물과 비교할 때 더 크다. 그러나 나머지는 어떤가? 예를 들어 이빨은 어떤가? 드리오피테쿠스나 침팬지에서 나온 어금니를 보면 제3기 에오세에 나온 콘디라르트레스 같은 잡식동물과 다를 게 없다. 다른 지체들은 어떤가? 고생대에 나타난 첫 네발짐승의 지체들과 똑같은 배치와 비율을 보이고 있다. 제3기 중에는 발굽 있는 동물(유제류)이 나타나면서 발이 크게 변했다. 그리고 육식동물은 이빨을 줄이고 날카롭게 했다. 그런

가 하면 고래는 다시 물고기처럼 유선형으로 되었다. 그리고 긴코동물은 앞니와 어금니를 복잡하게 만들었다……. 이 기간 동안 영장류는 척골과 비골(종아리뼈)을 그대로 유지했다. 다섯 발가락도 조심스레 지켰다. 그리고 여전히 세돌기로 남아 있었다. 그러면 그들은 포유동물 중에서도 가장 보수주의자들인가? 아니다. 그들은 매우 사려깊은 동물이었다.

대개는 기관이 얼마나 다른가 하는 것이 뛰어남을 나타낸다. 그러나 한번 바뀌면 다시 돌아가지는 못하므로, 어떤 면에서 변화는 동물을 좁은 길에 가두어놓는 역할을 한다. 정향진화를 따라 계속 앞으로 나가야 한다. 그러다 보면 괴상하고 취약한 존재로 끝날 수도 있게 된다. 전문화는 사방의 길을 막고, 초전문화는 죽인다. 고생물학을 하다보면 그런 재앙을 수없이 본다. 플라이오세에 이르기까지 영장류는 최초 포유동물의 기관들을 그대로 가지고 있었기 때문에 가장 '자유롭게' 남을 수 있었다. 그러면 그 자유를 가지고 무얼 했나? 그들은 성장하는 데 그 자유를 이용했다. 계속 비약해서 지성의 영역을 넘볼 때까지 가는 데 그 자유를 이용했다.

이렇게 되면 영장류가 무언지 뚜렷해졌고 아울러 우리로 하여금 영장류를 들여다보도록 이끈 물음에 대한 답도 얻게 되었다. 그 물음은 "제3기가 끝날 무렵에, 포유동물 다음에는 생명이 어디로 이어질 것인가" 하는 것이었다.

먼저 영장류의 생물학적 가치를 보면, 영장류는 '정말 그리고 직접 뇌가 발달하는 계통을 대표한다'는 점이나. 물론 다른 포유동물도 신경조직과 본능이 차츰 자란다. 그러나 그 속의 작업은 희미하고 제약이 있으며, 다른 변화 때문에 마침내 멈춰버렸다. 말이나 사슴이나 호랑이는 그들의 얼이 상승하면서 동시에 다른 부분은 곤충처럼 달리기와 사냥의 도구로 묶여버렸다. '지체들이 모두 그런 도구가 되었다.' 그런데 영장류는 다른 쪽은 그냥 유연하게 놔두면서 진화가 직접 뇌 쪽으로 이루어졌다. 더 큰 의식을 향한 줄달음에서 영장류가 맨 위에 속한 까닭이 거기에 있다. '이것은 상당히 특이한 경우이며, 이때 한 계통의 정향진화가 생명 그 자체의 정향진화와 정확히 일치한다.'

여기서 첫번째 결론이 나온다. 만일 계통수에서 포유동물이 가장 으뜸가는 가지를 이룬다면 영장류는 그 가지의 윗부분을 이루고 유인원은 그 윗부분에서도 끝에 돋은 순이라고 해야 하리라.

그렇다면 장차 일어날 일을 보기 위해 생물권 어디를 눈여겨봐야 할지 어렵지 않게 된다. 물론 활발한 계통의 혈통 끝에는 어디나 의식으로 달구어지고 있다는 것을 우리는 이미 알고 있다. 그러나 포유동물 한가운데 어떤 특정 지점에 지금껏 자연계에서 볼 수 없었던 가장 강력한 뇌가 이루어졌고 거기서 의식은 벌겋게 달아올랐다. 그 지점에 이미 백열등이 불을 밝힌 채 우리를 기다리고 있다.

새벽의 여명이 붉게 비치는 그 부분을 놓치지 말자.

오랜 세월이 흐른 후 어떤 특별한 곳에서 해가 수평선 위로 떠오르고 불꽃이 일게 된다.

아, 생각이 등장한 것이다!

제❸부
생각

제1장
생각의 등장

• 들어가기 전에―사람이라는 존재의 역설

순전히 실증 차원에서 본다면 사람은 과학이 만나본 것 중 가장 신기하고 이상한 존재다. 사실 이 우주 속에서 사람이 차지해야 할 자리를 과학은 아직 찾지 못했다고 해야 하리라. 물리학은 일단 원자의 세계를 그리는 데까지 갔다. 생물학은 생명을 구성해보기 위해 어떤 질서를 찾는 데까지 이르렀다. 물리학과 생물학의 도움을 받아 인간학에서도 사람의 몸과 얼의 구조를 조금이나마 설명하고 있다. 그러나 이런저런 설명 조각들을 모아 전체 그림을 그려보면 실제와 전혀 맞지 않는다. 오늘날 과학에서 사람을 재구성하는 데 성공했다고 하지만 과학이 구성한 사람은 여러 동물들 가운데 하나에 불과하다. 해부학에서 볼 때 유인원과 크게 다를 게 없어서, 현대 동물학에서는 린네의 분류에 따라 사람을 유인원과 함께 사람과(科)에 넣는다. 그러나 그의 출현으로 생물학에 생긴 결과를 보더라도 사람은 전혀 다른 존재가 아닐까?

형태학으로 보면 아주 작은 비약이다. 그러나 생명의 영역에 이루 말할 수 없는 동요를 일으켰다. 사람이라는 존재의 역설이여……. 그리고 분명한 것이 하나 있는데 그것은 과학이 우주의 기본 요소, 아니 더 적합하게 말하면 우주의 전체를 잊었다는 점이다.

이 책의 처음부터 우리는 현재의 지구를 일관되고 뚜렷하게 해석하기 위해 어떤 가설을 연구의 길잡이로 삼았다. '생각'을 다루는 이 부분에서도 나는 그 가설에 충실하고자 한다. 즉 이 세상 속에서 사람이 차지할 '당연한' 자리를 찾기 위해 사물의 바깥뿐 아니라 반드시 사물의 '안'도 생각해야 한다는 것이다. 이 방법으로 우리는 이미 생명운동의 크기와 방향을 가늠할 수 있었다. 우리가 보기에 생명과 물질의 조화로운 질서 속에서 인간현상의 굉장한 의미와 무의미를 조화시킬 것도 그 방법이다.

사람이 아직 없었던 플라이오세의 마지막 지층들과 그 다음 단계, 곧 깎인 수정들이 처음 발견되어 지질학지들이 크게 놀란 그곳 사이에 어떤 일이 일어났는가? 그 비약은 실제로 얼마나 대단한 것이었을까?

한 단계 한 단계 나아가 중요한 통행문에 닿기 전까지 먼저 짚고 넘어가야 할 문제들이다. 그 이후에 우리는 차근차근 나아가 마침내 오늘날까지 걸쳐 있는 '걷는 사람'이라는 통행문에 다다를 것이다.

1. 반성의 발걸음

1) 요소의 행보 : 개체의 사람됨
(1) 본질

진화의 방향 또는 진화의 축을 놓고 생물학자들끼리 서로 생각이 다르듯이, 사람의 얼이 그 이전에 나타난 존재들의 얼과 특별히 (그 본질이) 다른가 하는 문제를 놓고 심리학자들의 생각은 제각기 다르다. 아마도 사람을 그 이전의 존재들과 딱 갈라놓는 것을 반대하는 학자들이 더 많을 것이다. 동물들도 뭘 안다고 하지 않았는가! 말하자면 동물의 지성을 지금도 인정하고 있지 않은가 말이다.

동물에 비하여 사람의 '뛰어남'을 따져보려면 (이 문제는 단순히 알아보기 위해서뿐만 아니라 생명 윤리를 위해서도 짚고 넘어가야 한다) 한 가지 방법밖에 없다. 그것은, 사람의 내면이 드러나는 활동 중에서 부수적이고 이상한 것은 빼고 가장 중심되는 현상인 '반성' 행위 앞에 서는 것이다.

우리가 다 경험해 아는 것이지만 반성이란 그 말이 가리키는 대로 우리 자신에게로 돌아가는 의식의 힘이다. 또한 우리 자신을 '대상으로' 놓고 자신의 존재와 가치를 헤아리는 능력이다. 그러므로 반성은 단지 아는 게 아니라 자신을 아는 것이요, 그냥 아는 게 아니라 안다는 것을 아는 것이다. 이처럼 안쪽 깊은 곳에서 자신을 개별화함으로써, 지금까지 감각과 활동의 순환 속에서 흩어지고 나누어졌던 생명 요소가 처음으로 '중심'에 모인다. 그 중심에서 펼쳐지는 모든 표상과 경험은 중심으로 모이는 융합체요, 경험하는 주체는 경험이 어떻게 이루어지는지를 안다.

그런데 그런 변화의 결과는 무엇인가? 그 변화는 엄청난 것이다. 우리는 그것을 자연에 발생한 물리학 사실이나 천문학 사실만큼이나 뚜렷하게 읽을 수 있다. 자기에게로 돌아가는 반성하는 존재, 그는 곧 새로운 세계로 뻗어나갈 수 있게 된다. 사실 다른 세상이 탄생한 것이다. 추상화, 논리, 선택, 발명, 수학, 예술, 공간과 시간의 측정, 불안, 사랑의 꿈……. 이 모든 것이 자신을 향해 새로 이룩된 중심의 들끓음 바로 거기서 나오는 것이다.

자, 이제 다시 물어보자. 앞의 말을 이어볼 때 참으로 '지성'이랄 수 있으려면 '반성'이 있어야 한다고 할 수 있으리라. 그렇다면 지성은 사람'만' 지닌 진화물이라고 할 수 있지 않을까? 그리고 그 지성을 가지고 사람은 자기 앞에 놓인 생명의 길로 성큼 떠나니갈 수 있지 않을까? 그 점을 부인하는 것은 거짓 겸손이리라. 물론 동물도 안다. 그러나 분명한 것은, '그들은 자기가 안다는 것을 알지 못한다.' 그렇지 않다면 그들은 우리 눈에 띌 만한 내면 조직을 오래 전부터 만들고 발전시켜왔어야 한다.

결국 어떤 현실 영역이 그들에게는 막혀 있었고 우리는 그리로 들어갔던 것이다. 그들은 그리로 들어갈 줄을 몰랐다. 넘을 수 없는 심연이 그들과 우리를 갈라놓았다. 우리는 그들과 어떤 점이 다를 뿐 아니라, 전혀 다른 존재다. 반성 때문이다. 정도의 변화가 아니라, 상태의 변화가 일으킨 본질의 변화다.

이제 우리가 기다리던 것 앞에 와 있다(앞 장은 그것을 기다리며 끝났다). 생명, 생명은 의식의 상승이기 때문에 깊이의 변화 없이 계속 앞으로 갈 수 없다. 앞에서 말한 대로 생명은 생명으로 남기 위해 달라져야 한다. 이 지구상에서 크는 것들은 모두 그렇듯이 말이다. 앞에서 우리는 최초 세포들의 희미한 얼을 가늠해보았다. 이제 반성으로 올라가는 힘을 보면서 우리는 특별한 변이 형태를 그때보다 뚜렷하게 본다. 그것은 생명이 다시 태어나는 것이요, 다시 창조되는 것이다. 그리고 동시에 이 특별한 지점에서 생물발생설이 다시 나타나고 분명해진다.

(2) 이론으로 본 역학구조

동물의 얼에 대해서는 자연과학자들과 철학자들이 늘 반대되는 견해를 보였다. 옛 스콜라 학자들은 본능을 지성 밑에 있는 것으로 보았다. 우주 속의 존재들은 순수한 얼에서 물질로 내려가는 단계의 하나가 본능이라고 보았다. 다시 말해서 본능을 존재론 속에서 그리고 논리 속에서 한 단계로 보았다. 데카르트는 생각만이 존재한다고 보았다. 동물에게는 내면이 없으며 따라서 기계장치에 불과한 것으로 보았다. 그런데 대부분의 현대 생물학자들은 본능과 생각을 딱 떨어지게 나눌 수 없다고 본다. 본능이나 생각을 모두 물질의 활동에서 나오는 빛의 발산으로 본다.

여러 가지 견해 속에는 진실도 있고 잘못된 것도 드러난다. 이 책에 일관된 우리 관점에 서서 몇 가지를 인정해야 하리라. 첫째, 본능은 부대 현상이 아니라 여러 가지 방식으로 생명 현상 그 자체를 보여준다. 둘째, 본능은 그대로 '변화' 뭉치다.

이런 관점에서 보면 자연이 어떻게 보일까?

무엇보다 먼저 동물의 행동이 '다양하다'는 사실과 그 까닭을 우리 머릿속에 분명히 집어넣게 된다. 진화를 얼의 변이로 본다면 자연에는 본능이 '하나만' 존재하는 것이 아니라, 그때그때 생명의 필요에 따라 여러 가지 모양의 본능이 있게 된다. 곤충의 얼은 식물의 본능과 다르며(같을 수 없다), 다람쥐의 본능은 고양이나 코끼리의 본능과 다르다. 계통수 위에 자리잡은 위치에 따라 본능도 서로 달라진다.

그 다양성 속에서 우리는 두드러진 요철을 보기 시작하며 하나의 단계가 그려지는 것을 보기 시작한다. 본능이 변화 덩어리라면 그것은 다양한 데 그치지 않는다. 다양한 본능들이 점증 체계를 이룬다. 그것들은 전체로 볼 때 일종의 부채꼴을 이루며 각 부챗살 끝에는 통합과 의식의 중심이 좀 더 잘 이룩되어 더 큰 선택의 빛이 인다. 우리가 눈여겨보려는 것은 바로 여기다. 개의 얼은 어떤 면에서든 두더지나 물고기보다 더 낫다는 것이다.[원주1]

이러한 얘기는 이 책 앞에서 생명을 연구하며 이미 알아낸 것을 다른 각도에서 말한 것이다. 그런데 이 얘기 앞에서 정신주의자들은 잠잠해질지도 모른다. 그들이 사람에게만 있다고 믿는 '합리적 얼'을 설명할 때 써먹던 내용이 고등동물(특히 큰 원숭이들)한테서도 발견되니 말이다. 앞에서 우리가 말한 대로 형태의 변화 뒤에 가려져 있는 의식의 운동이 정말로 생명의 역사라면, 일련의 과정을 거쳐 사람 가까이에 오면 얼의 세계가 보이고 '지성의 냄새'가 나는 건 당연한 일이다. 당연히 일어나는 일이다.

그리고 바로 거기서 '사람이라는 존재의 역설'이 뚜렷해진다. 뛰어난 얼 세계를 지닌 '사람'이 해부학으로 보면 유인원과 크게 다르지 않다. 너무 이상하고, 그래서 적어도 그 뿌리는 똑같을 것으로 보기도 한다. 그러나 그같은 해부학에서의 닮음꼴 역시 당연한 일 아닐까?

일상 압력에서 물이 100도에 이른 후 계속 데울 때 일어나는 첫번째 사건은 온도 변화 없이 자유분자들이 요란하게 폭발하는 현상이다. 그러한 과정이 지속되어 원뿔 모양으로 계속 상승하고 평면은 자꾸 줄어들다보면 마침내 수면은 사라지고 하나의 '점'만 남는 순간이 온다. 그런 식의 비교를

[원주1] 이런 관점에서 보면 본능은 어떤 형태의 본능이든 '지성'이 되려 한다고 할 수 있을지도 모른다. 그런데 그러한 작업이 사람의 혈통에서만 (안팎의 까닭으로) 마침내 성공했다는 얘기다. 그러므로 사람은, 반성에 도달한 점에서, 생명이 동물 세계에서 시도한 수많은 의식 형태 가운데 단 하나뿐인 것이다. 우리가 들어가기 어려운 정신세계가 많은데, 그 까닭은 거기서의 앎이 희미하기 때문만이 아니라 우리와 다르게 이루어지기 때문이다.

통해 우리는 반성이 출현하는 임계점의 역학구조를 상상할 수 있다.

제3기 끝 무렵 세포 세계 속에서 얼의 온도가 올라갔다. 가지에서 가지로 군에서 군으로 신경세포가 점점 복잡해지고 농축된다는 것을 우리는 앞에서 보았다. 마침내 영장류 쪽에서 유연하고 넉넉한 도구가 이룩되었다. 그 도구가 너무나 유연하고 넉넉해서 동물의 얼 전체가 자기 자신에게로 집중되지 않으면 그 다음 행보가 이루어질 수 없을 정도였다. 그리고 그러한 운동은 멈추지 않았다. 유기체의 구조가 전진을 막지 않았기 때문이다. 그리하여 유인원에서 100도에 이르고 거기에 열량이 더해졌다. 유인원은 원뿔의 거의 끝까지 올라간 셈인데 축을 따라 마지막 노력이 가해졌다. 내부균형이 모두 뒤집히는 순간이다. 중심표면이 중심점이 되었다. '탄젠트' 증가가 가장 적어지려면 '방사'는 가장 많이 전진해야 한다. 말하자면 비약을 하는 것이다.

겉으로 보기에는 기관들의 차이가 별로 없다. 그러나 깊이에 있어서 큰 혁명이 일어났다. 의식이 끓어오르고 솟구치며 단순히 감각이 아닌 관계와 표상이 생긴다. 동시에 의식은 자기 자신을 알 수 있는 능력이기도 하다. 이 모든 것이 처음 일어난 일이다.[원주2]

정신주의자들이 다른 자연에 대해 사람의 초월성을 고집하는 것도 일리가 있다. 한편 사람을 맨 끝에 자리잡은 동물에 불과하다고 보는 물질주의자들도 틀리지 않다. 하나의 운동 속에 둘 다 들어 있다. '상태 변화'라고 하는 가장 기본 현상이 이 운동 속에서 일어난다. 원자에서 세포에 이르기까지 일어난 것과 똑같은 과정(과열과 얼의 농축)이 세포에서 생각하는 동물에 이르기까지 한 방향을 따라 중단 없이 계속된다. 그러나 그 계속성 때

[원주2] 거듭 말하지만 여기서는 현상만 얘기한다. 운동을 이끄는 더 깊은 원인행위는 놔두고 우리가 경험할 수 있는 한에서 의식과 복잡성의 관계를 말하려는 것이다. 시공간 안에서 생기는 경험인식의 한계 때문에, 임계점'처럼' 보이는 것을 가지고 반성이라고 하는 인간화 과정을 잡아낼 수밖에 없다. 그러나 이처럼 변화의 과정을 잡아낸다고 해서 정신주의자들의 생각이 틀린 것은 아니다. 혁명적 변화라는 현상 뒤에 '창조적' 움직임과 '특별한 개입'이 있다고 볼 수도 있다는 말이다. 우리 정신에는 여러 가지 인식차원이 있다는 사실, 그것이야말로 세상을 신학적으로 해석할 때 늘 받아들이는 원칙이 아닌가?

문에 얼의 측면에서 보면 어떤 비약이 있어 그 과정을 따라가는 주체를 철저하게 바꾸는 일이 일어나게 되어 있다.

(3) 현실

연속의 불연속. 생명의 첫 출현처럼 생각의 탄생도 이론으로는 그렇게 표현할 수밖에 없다.

이제, 구체적 현실에서 볼 때 그러한 역학구조가 어떤 식으로 일어났을까? 만일 임계의 순간을 들여다본다면 그 역학구조가 어떤 모습의 변화를 밖으로 뿜어낼까?

우리는 그 모습을 모른다. 그 모습을 알아내는 것은 생명의 기원을 알아내는 것이 불가능한 것과 똑같은 까닭으로 불가능하다. 기껏해야 개체발생 중에 일어나는 태아의 지능 발달 정도밖에 자료가 없다. 그렇지만 두 가지를 말할 수 있다. 하나는 이 특별한 지점을 둘러싼 신비를 좀 줄이고, 또 하나는 오히려 신비를 더 깊게 만든다.

첫번째 사실을 보자. 사람이 반성의 발걸음을 내디디려면 생명은 오랜 기간 동안 무엇인가를 준비했어야 한다. 그래서 일단 '섭리'라는 생각이 들지 않도록 되어 있어야 한다.

그렇다. 결국 사람이 되는 것은 기관으로 볼 때 더 나은 뇌의 문제다. 그러나 다른 조건들이 따라주지 않았다면 어떻게 뇌가 완벽해질 수 있었으며, 어떻게 기능을 발휘할 수 있었겠는가? 만일 사람이 나온 존재가 두 발이 아니었다면, 그리고 이빨로 잡지 않고 손으로 잡을 수 있게 손이 자유롭지 않았다면, 또한 두개골을 막고 있던 턱 근육이 느슨해지지 않았다면 어떻게 됐겠는가? 뇌가 자랄 수 있었던 것은 손을 자유롭게 풀어준 두 발 덕택이다. 한편, 잡고 끌고 사방으로 내치는 손의 작업 곧 반성에 따른 몸짓을 두 눈이 지켜볼 수 있게 된 것도 그 두 발 덕택이다. 놀랄 만한 일치이지만 놀랄 일이 아니다. 아무리 작은 것이라도 세상에서 이루어진 것치고 놀랄 만한 일치로 이루어지지 않은 것이 있을까? 처음부터 사방에서 나온 섬유들의 매듭과 같은 것 아닐까? 생명은 어느 한쪽으로만 작동하지 않는다. 몸 전체를 동시에 앞으로 민다. 그런 식으로 태가 생기며 태 속에 태아가 생긴다. 우리는 그것을 알아야 한다. 그러나 그것을 아는 것은 사람도 똑같은 물질 법칙 아래 있다는 것을 인정하는 것이다. 동시에 지성의 탄생이 단지 신경조직의 문제가 아니라 존재 전체가 자신으로 돌이키는 문제라는 것도 인정한다. 좋은 일이다. 그런데 우리를 당황스럽게 하는 것은 그러한 과정이 '단번에' 이루어졌음을 인정해야만 한다는 사실이다.

바로 그 점이 여기서 말할 두번째 사실이다. 피할래야 피할 수 없는 사실이다. 사람의 개체발생에서 태아가 언제 지성을 얻어 생각하게 되는지, 난세포에서 어른에 이를 때까지 한 사람 속에 일어나는 일련의 '상태'에 대한 이 문제를 우리는 적당히 지나칠 수도 있다. 단절의 위치, 아니 단절의 여부마저도 뭐가 그리 중요하단 말인가? 계통의 배태형성은 전혀 다르다. 매 단계, 매상태마다 '다른 존재'가 이어지는 것을 볼 수 있다.

그러나 개체발생에서는 (적어도 현재까지 우리가 생각하는 방식으로는) 불연속의 문제를 피하기가 어렵다……. 그 물리적 본질로 볼 때 우리가 이미 인정했듯이, 반성으로의 이동이 정말 임계변화요, 영(제로)에서 전체로의 이동이라면, 그 이동중의 매개체를 발견하기는 불가능하다. 그러니 불연속성을 말할 수밖에 없다. 또는 더이상 상태변화로 풀릴 수 없는, 상태변화 너머의 존재라고 해야 하리라. 말하자면 이렇다. 생각이 본능보다 나은 얼의 상태라는 것을 부인함으로써 '생각'을 생각이 아닌 것으로 만들든지, 아니면 생각은 두 상태 '사이에서' 생겼다고 하든지 해야 한다.

좀 맥이 풀어지는 얘기일지 모른다. 그러나 그리 이상한 얘기는 아니다. 새로운 존재가 탄생할 때 개체발생의 차원에서 별로 아는 게 없을 뿐 아니라, 엄밀하게 말한다면 계통발생에 대해서도 우리는 아는 게 별로 없다. 관찰해서 이론으로까지 될 만한 게 없다.

'반성'이 지구상에 처음 나타났을 때의 모습에 대해서 오늘날 과학 논의가 불가능하다. 왜냐하면 우리 자신이 그 초기 단계(진화의 폭이 아주 작은)에 속해 있으며 그 초기 단계 역시 두꺼운 과거의 벽에 가려져 있기 때문이다.

　그러므로 불가능한 것에 집착하지 말자. '생각'에 접근하다보면 부딪치는 벽을 뚫으려 하지 말고 그냥 넘어가는 수밖에 없다. 우리의 '경험' 바깥에 있는 영역을 과학으로 풀 수 없다. 다만 그걸 그냥 넘어가면 생물학적으로 전혀 새로운 단계에 가 있게 된다.

(4) 연장

　바로 거기에 이르러야 반성의 본질이 제대로 발견된다. 먼저 상태변화가 눈에 띈다. 그러나 분명히 다른 종류의 생명이 시작된다. 앞에서 말했듯이 내면 생명이다. 앞에서 우리는 생각하는 얼이 얼마나 단순한가를 기하학의 한 점에 비유했다. 사실 점보다는 선 또는 축이라고 해야 옳다. 지성은, 그 '등장'이 곧 '완성'은 아니다. 아기는 태어나자마자 숨을 쉬어야 한다. 그렇지 않으면 죽는다. 반성하는 얼도 마찬가지다. 자신에게로 모인 다음, 이중 운동을 통해서만 존속할 수 있다. 하나는 더욱더 자신에게로 모이는 것이다. 여기에는 새로운 집중력이 필요하다. 그리고 또 하나는 자기를 중심으로 바깥 세상을 모으는 행위다. 그리하여 자기를 둘러싸고 있는 세상을 일관되게 체계를 세워보는 관점이 생긴다. 그래서 생각하는 얼은 고정된 점이 아니다. 흐름 속에서 났으며, 그 흐름을 빨아들이며 깊어지는 소용돌이와 같다. '나'는 항상 나보다 더한 존재로서만 나다. 다른 모든 것을 나로 만드니 말이다. '사람은 사람이 되어가는 속에서 사람이요 사람이 되어가는 것을 통해서 사람이다.'

　그런 변이의 결과 생명의 전체 구조가 바뀌는 것은 명백하다. 지금까지 얼의 요소는 계통에 별로 기여하지 못해 개체에게 얼의 요소는 장식물에 불과했다. 받는다, 유지하고 혹시 가능하면 획득한다, 재생하고 전달한다. 이런 과정이 계속 되풀이되어왔다. 세대의 고리 속에서 볼 때, 개체 하나는 중요하지 않고 살 권리가 없었다. 개체는 자기 위로 지나가는 어떤 흐름을 받쳐주는 지점에 불과했다. 생명체보다 '생명'이 더 현실이었다.

　그런데 반성의 출현과 함께 모든 게 변했다. 집단 변이의 현실 속에서 개인화를 향한 행진이 비밀스럽게 시작되었다. 계통에 얼이 더할수록 더 세게 알갱이로 흩어졌다. 종에 대한 개체의 가치가 올라간다. 그리고 사람에 이르면 그런 현상이 더욱 빨라져 뚜렷하게 보인다. '사람'은 '사람됨'을 통해, 뭔지는 알 수 없지만 기본적인 진화의 힘을 자기 속에 지니게 되었다. 이제 사람이 속한 계통수 위의 작은 가지에서는, 개체를 제치고 전체 중심으로 미래를 그리는 일이 사라졌다. 전체에서 보면 세포에 불과한 개체가 '뭔가'가 되었다. 단위 물질 후에 단위 생명이 생기고 이제 '단위' 생각이 이룩된 것이다.

그렇다면 이제부터 계통은 그 기능을 잃고 사라져버리는가? 마치 수많은 새끼를 낳고 죽는 동물들처럼 말이다. 반성이 출현한 시점부터 진화의 방향이 뒤집어져서 이제 진화가 생명에서 수많은 생명체로 옮겨가는가?

그렇지 않다. 다만 이 순간부터 그 거대한 분출이 계속 복잡해지는 것이다. 생각하는 중심이 생겼다고 해서 계통이 새순처럼 쉽게 부서지지 않는다. 얼의 요소로 방사되어 사라지지 않고 내부적으로 어떤 골격을 갖춤으로써 더 강화된다. 지금까지는 단순하고 폭넓은 진동 곧 의식의 상승만을 고려하면 되었다. 그러나 이제부터는 의식'들'의 상승을 보고 어떤 법칙으로 그것들을 조화시켜야 하는가 하는 문제(훨씬 복잡한!)가 생기게 된다. 여러 개의 진보로 이루어지는 하나의 진보. 운동들의 운동.

문제를 잘 보기 위해 높은 곳으로 올라가자. 그러기 위해 일반 변이 속에 휩쓸리는 얼 요소들의 개별적 운명에 대해서는 잠시 잊자. 사실 큰 선을 따라 전체의 상승과 전개를 추적해야만 개체들의 희망이 어느 정도나 힘을 발휘하는지 알 수 있다. 길게 돌아가는 길이다.

개체는 집단 전체가 사람답게 됨을 통해 사람이 된다!

2) 계통발생의 행보 : 종의 사람됨

앞에서 우리는 생각하는 개체의 지성의 본질과 그 활동에 대해 알아보았는데, 그런 지성의 출현 이후에도 생명은 마치 아무 일도 없었던 것처럼 확장을 계속한다. 생각 이후에도 그 이전처럼 동물이나 사람이나 번식과 증식 그리고 가지치기를 계속한다. 물의 흐름은 전혀 바뀌지 않았다. 그러나 같은 물이 아니다. 진흙 뻘을 만나 풍부해진 강물처럼 생명의 흐름도 반성을 거치면서 새로운 원칙을 얻었다. 그래서 새로운 활동을 하게 된다. 이제 진화운동이 생명체 안에서 끌고 가는 것은 단순히 얼의 요소가 아니라 생각이다. 그런 상황에서 진화는 잎과 꽃과 열매의 모양과 색깔로 볼 때 어떻게 보일까?

진화가 결국 어떻게 이루어질지 모르면서 이 물음에 대해 자세한 답을 할 수는 없다. 그러나 한 가지 사실만은 더 기다리지 말고 여기서 말하고 넘어가는 게 좋겠다. 그것은, 생각이 출현했을 때부터 종의 활동과 생산에 세 가지 특징이 생긴다는 점이다. 첫째는 새로운 분파의 형성과 관련된 것이고, 둘째는 일반적인 성장의 방향 문제이며, 셋째는 계통수에서 그들보다 앞서 피어난 것들과의 관계 또는 차이의 문제다.

(1) 사람의 분파 형성

진화의 내면 구조를 어떻게 생각하든 간에 어떤 얼의 보자기가 동물 집단 하나하나를 싸고 있음이 분명하다. 곤충이나 새나 포유류는 각기 나름대로의 본능을 갖고 있다고 앞에서 한 얘기가 그 얘기다. 그런데 지금까지 우리는 종의 몸뚱이와 얼을 체계있게 연결하려는 노력은 하지 않았다. 형태를 분류하는 학자들이 있는가 하면 어떤 이들은 행태 연구에 골몰해 있다. 사실 사람 이전의 종들은 순전히 형태학의 기준을 따라서도 충분히 그 배열을 알아낼 수 있다. 그런데 사람부터는 어려움이 생긴다. 인종이나 민족, 국가, 조국, 문화 등 사람이 무리를 이루는 수많은 집단들의 관계와 그 의미를 찾기가 쉽지 않다. 이처럼 복잡한 범주들 중에서 흔히 서로 내비되는 단위집단 정도를 꼽을 뿐이다. 예를 들면 자연집단(인종……)과 인위집단(국가……) 따위로 말이다. 물론 그것들도 다른 차원에서 보면 불규칙하게 서로 겹친다.

불규칙함은 못마땅하고 불필요한 것이요 사물의 안을 들여다보지 않고 바깥만 본다면 사라질 것 같다.

그러나 그렇지 않다. 좀더 폭넓은 관점에서 보면 사람의 분파나 집단은 생물학의 일반법칙으로 분석해낼 수 없다. 사람의 집단에서는 동물에서 잠자고 있던 변수가 불거져 이중 궤도, 결코 하나라고(육은 영에서 나왔다는 식으로) 말할 수 없는 이중 궤도가 생겼다. 예외가 아니라 일반화한 것이다. 그것은 의심할 수 없는 사실이다. 사람 사는 세상에서도 동물학적인 가지치기는 전과 같은 방식으로 계속되었다. 그러다가 반성으로 자유로워진 내부 에너지가 쌓이면서 비로소 물질로 된 기관들이 '또한' 얼의 모습이 되기 위한, 아니 '무엇보다' 얼의 모습으로 되기 위한 움직임이 생겼다. 자유 얼은 몸뚱이 주변에 피어난 달무리가 아닌 것이다. 오히려 그것은 매우 중요한 부분, 아니 가장 중요한 부분이라고도 할 수 있다. 그리고 얼의 활동은 거기에 따르는 기관의 변화보다 더 풍부하고 세밀하기 때문에 뼈나 살갗 따위만 들여다보아서는 어떤 진보가 있는지 알아낼 수 없다. 상황이 그렇다. 그러나 해결책도 거기에 있다. 생각하는 계통의 구조를 파헤치기 위해서는 해부학으로는 모자란다. 심리학을 곁들여야 한다는 얘기다.

물론 아주 어렵고 복잡한 문제다. 서로 어느 정도 독립적인 두 변수를 연결하지 않으면 사람 '속'(屬)을 충분히 분류할 수 없기 때문이다. 그러나 그 복잡함은 실속 있는 복잡함이다. 두 가지 까닭이 있다.

먼저, 복잡하긴 하지만 그러면서도 사람에까지 이른 생명의 진실이 우리 눈에 들어온다. 그리고 사회의 유기적 측면이 드러남에 따라 사회를 과학의 눈으로 보게 된다.

그 다음, 사람 계통의 섬유들이 모두 얼 보따리에 싸여 있다는 사실에서 우리는 그것들의 특별한 응집력과 융합력을 이해할 수 있게 되었다. 동시에 인간현상을 연구하는 우리 작업이 어떻게 끝날지, 그것을 찾을 수 있는 길 위에 서게 되었다. '얼의 농축', 바로 그것이다.

(2) 일반적인 성장 방향

동물 진화의 핵심이 얼에 있다는 우리의 관점이 동물과 그 신경조직에 바탕을 둔 것이지만 실제로 그들의 얼이 어떤지 알기 어려울 뿐 아니라 진화의 방향도 가늠하기 어려운 것으로 남을 수 있다. 생명체를 통해 의식이 상승한다. 우리가 할 수 있는 말은 그것이 전부였다. 그러나 '생각'의 문턱을 넘은 생명이 우리가 서 있는 곳에 다다를 뿐 아니라 생리학이 만들어놓은 통로의 한계를 자유롭게 뛰어넘는 순간부터, 진보를 알아내기는 더욱 쉬워졌다. 무슨 뜻인지 더 분명하게 새겨졌고 우리도 더 잘 읽어낼 수 있게 되었다. 거기서 우리 모습을 보기 때문이다. 앞에서 우리는 계통수를 보며 한 가지 특성을 알아냈는데 그것은 동물 집단에 따라 뇌가 증가하고 차이가 난다는 것이었다. 그 법칙을 반성 이후까지 연장한다면 이렇게 말할 수 있을 것이다. "사람의 계보를 따라서, 인류가 커가고 있다."

조금 전에 우리는 사람 집단이 굉장히 복잡한 모습을 하고 있다고 했다. 인종이나 민족, 국가 따위가 해부학자나 인류학자들의 머리를 복잡하게 하고 분석하려는 의지를 꺾어놓는다. 차라리 그 여러 집단을 통째로 보고 거기서 나오는 것이 무언지 느껴보는 게 나을 것이다. 그렇게 되면 반성을 통해 같은 빛을 반사하는 여러 조각들이 모인 금속체를 보는 것과 같으리라. 그것은 수많은 면을 지닌 다면체이겠지만 면 하나하나가 서로 다른 각도에서 우리가 찾는 현실을 드러낼 것이다. 우리는 우리 주변 사람들에게서 해마다 반성의 빛이 발하는 것을 보고도 (우리도 그렇기 때문에) 놀라지 않는다. 또한 역사를 거쳐가며 우리 주변에서 '뭔가'가 바뀌고 있다는 것을 우리는 희미하게나마 느끼고 있다. 그런 점들을 끝까지 밀고 나가면서 동시에 유전이 단순히 '씨의 문제'라든가 또는 단순히 수동적이라는 관점을 고쳐간다면, 우리보다 더 큰 무엇의 존재를 우리 속에서 느끼지 않을 수 있을까?

'생각'의 차원에 이르기까지도 자연과학에는 한 가지 풀리지 않은 문제가 남았다고 볼 수 있다. 획득형질의 가치와 그 전달 문제다. 거기에 대해 생물학은 아직 어물어물하면서 회의를 품는 것 같다. 생물학은 몸뚱이의 어느 부분을 고정시켜놓고 보는 것이니 그럴 수도 있겠다. 그러나 살아 있는 유기체 전체를 놓고 '얼'까지 고려한다면 어떻게 될까? 생물학에서 주장하는 계통의 '씨'의 독립성은 개체 몸뚱이에만 해당한다는 것을 곧바로 알게 된다. 이미, 자유롭게 노니는 곤충이나 해리 같은 동물 속에 유전을 통해 이루어진 본능이 있음을 뚜렷이 볼 수 있다. 반성이 등장한 후부터 그러한 현상은 뚜렷해질 뿐 아니라 제일 중요한 것으로 떠오른다. 대대로 이어지는 지성의 자유롭고 재치 있는 노력으로 '뭔가'가 (겉으로 드러나는 두개골과 뇌의 변화 없이도) 쌓이고 교육을 통해 적어도 집단으로 전달된다. 이 문제는 나중에 다시 얘기하도록 하자. 어쨌든 그 '뭔가'는, 그것이 물질이든지 아니면 아름다움이든지 또는 생각의 체계든지 행동의 체계든지 결국은 의식의 향상으로 볼 수가 있다. 의식이야말로 진화하는 생명의 실체요 진수다.

이쯤되면, 과학으로서도 개체의 반성이라는 개별현상을 넘어 반성하는 자연을 인정할 여지가 있을 것이요, 여기서 반성하는 자연이란 인류의 확장을 가리킨다. 우주 어디서나 그렇듯이 여기서도 전체는 그 구성요소의 합계 이상이다. 인류 전체의 생명력은 개인들이 지닌 생명력의 합계보다 크다. 인류학이나 사회학에서 말하는 여러 단위들을 따라서 이룩되고 퍼져나가는 것은 집단으로 물려받은 반성의 흐름이다. 사람들을 거쳐 참사람이 도래한다. 사람의 계통발생을 통해 사람 가지가 새로 생긴다.

(3) 관계와 차이

그렇다면 사람 가지는 어떤 모습으로 나타날까? 생각하는 존재이기 때문에 과거로 이어지는 끈이 끊겨 있을까? 척추동물 가지 맨 끝에 있기 때문에 신생물처럼 완전히 새로운 차원에서 시작될까? 그처럼 단절로 보는 것은 세상의 유기적 통일성과 진화의 방법을 무시하거나 모르고 하는 생각이다. 꽃에서 꽃받침, 꽃받침 조각, 꽃잎, 수술, 암술 따위는 잎이 아니다. 그러나 그것들은 잎이 생기도록 한다. 무슨 새로운 영향과 새로운 목적이 없는 한 말이다. 마찬가지로 사람 꽃에도 그 꽃을 낸 뿌리의 맥과 정기가 흐른다. 비록 그 정기가 변화되었고 변하는 중에 있지만, 기관 하나하나의 구조나 종 내부에서의 가지치기뿐만 아니라 '얼'의 행태에도 그 흔적이 남아 있다.

사람을 동물 집단의 하나로 볼 때 사람에게는 모든 것이 동시에 흐른다.

생식의 법칙에 따라 성의 유혹이 있으며 생존법칙을 따라 투쟁심이 있고 먹고 살아야 하기 때문에 집어삼키기도 한다. 그런가 하면 발견의 기쁨을 알기 때문에 호기심이 많으며 더불어 살고자 하는 마음도 있다. 이런 여러 가지 것들이 하나하나 우리보다 훨씬 밑에서 올라와 우리를 거쳐 우리보다 더 높은 곳으로 흘러간다. 그러므로 그 하나하나에 진화의 역사가 온전히 들어 있다. 사랑의 진화, 전쟁의 진화, 탐구심의 진화, 사회의 진화……. 그러나 그것들은 역시 진화하기 때문에 반성을 거치며 바뀐다. 그리고 바로 거기서 가능성과 색깔과 번식력이 모두 새로워진다. 한편으로는 변하지 않았다. 그러나 전혀 다른 존재가 되었다. 공간과 차원이 달라지며 변이가 일어난다. 연속 속의 불연속이다. 진화 속의 돌연변이다.

그처럼 미끈한 변화를 볼 때, 과거의 생명 다발 전체가 안팎으로 새로워진 조화를 볼 때, 우리가 앞에서 한 말이 정확히 들어맞음을 확신하게 된다. 어떤 존재의 성장을 그 존재의 한 부분만이 주도할 때 균형이 깨지고 모양이 우습게 된다. 특히 중요하지 않은 부분이 주도할 때 더욱 그렇다. 균형 있고 아름다우려면 몸 전체가 동시에 성장해야 하며, 그 성장이 중요한 축을 따라 이루어져야 한다. 반성이 속한 계통에서는 반성이 중요한 축이 되었다. 반성은 남아도는 기생 에너지의 활동이 아니라는 말이다. 사람 안에는 그러한 우주가 온전히 들어 있으며, 그러한 우주의 본질을 세월 따라 천천히 구현함으로써 사람은 앞으로 나아간다.

'사람됨'(Hominisation)이라는 말은 바로 그같은 거대한 승화의 과정을 두고 쓸 수 있는 말이다. 사람됨이란 먼저 개체가 본능에서 생각으로 가는 도약을 가리킬 수도 있다. 그러나 좀더 큰 뜻에서 보면, 인류 속에 들어 있는 동물스런 힘을 점점 얼로 다스려 참된 인류문명을 이룩해나가는 것이 사람됨이다.

우리는 요소를 보고 종을 보았다. 이제 지구 전체를 볼 차례가 되었다.

3) 지구 전체의 행보 : 얼누리[역주1]

다른 윤생집단과 비교할 때 사람 계통은 다른 계통과 다르다. 그러나 영장류 나름의 정향진화(뇌의 성장을 이끄는)가 유기물질의 정향진화(더 큰 의식으로 이끄는)와 일치하기 때문에 영장류에 속하는 사람은 동물진화의 방향을 타게 된다. 제3기 플라이오세의 세계가 그렇다.

그런 상황이 반성의 행보에 어떤 뜻이 있을까?

쉽게 알 수 있는 일이다.

"생각의 출현에 이르는 생물학적 변화는 단지 개인이나 종이 겪는 임계점에 일어나는 일이 아니다. 그보다 훨씬 큰 사건이다. 유기적으로 하나의 전체를 이루고 있는 생명 그 자체에 영향을 준다. 그리하여 결국 지구 전체의 상태에 영향을 준다."

그러한 얘기가 지금까지 알아본 결과들을 토대로 볼 때 논리에 맞는 확실한 얘기다.

우리는 청년지구를 대충 살펴본 이후 하나의 사건을 계속 뒤쫓아왔다. 지구 화학을 통해서나, 지구 구조지질학을 통해서나 또는 지구 생물학을 통해서 결국 똑같은 하나의 과정을 볼 수 있다. 그것은 첫번째 세포가 탄생

[역주1] 정신계(Noosphere)를 가리키는 우리말을 '얼누리'라고 한다. 사람 이전의 생물에도 얼이 있었다. 그리고 무생물에도 얼, 곧 내면이 있었다는 것이 샤르댕의 사상이다. 그러나 사람 이전에는 얼누리는 없었다. 얼이 세계를 이루지는 못했다는 말이다. 이처럼 사람 이전에도 얼이 있었지만 사람에 이르러서야 얼이 서로 만나 이룩되는 얼누리가 생겼음을 말하기 위해서 사람 이전과 사람 이후에 모두 얼이라는 말을 쓰는 것이 좋다. 그래서 우리는 모든 존재에 얼이라는 말을 썼다. 그런데 사실 사람의 얼과 그 이전 단계의 얼은 구분되어야 한다. 공통으로 쓸 수 있는 말은 '프시케'(psyché)다. 샤르댕의 말은 돌에도 프시케가 있다는 얘기다. 그런데 서양철학에서 프시케라는 말보다 한 단계 높여 쓰는 말이 '누우스'(nous)다. 그렇다면 사람에게 있는 얼은 누우스요 그 이전 단계에 있는 얼은 프시케라고 할 수도 있다. 실제로 샤르댕은 사람의 얼을 가리킬 때 프시케와 함께 'spirit'를 쓰기도 한다. 성경에서는 '푸뉴마'와 '프시코스'를 구분하며 이것을 우리 나라에서는 흔히 '영'과 '혼'으로 번역해 쓴다. 누우스와 프시케의 구별이 우리말로는 뚜렷하지 않으나 누우스를 '얼'로 프시케를 '넋'으로 볼 수 있지 않을까 한다. 프시케, 혼, 넋은 숨이나 의식이 붙어 있도록 하는 무엇을 가리킨다. 물(物)과 몸뚱이(肉) 위에 있지만 물과 몸뚱이에 상관하면서 그 존재를 지탱하는 힘이다. 누우스, 푸뉴마, 영, 얼은 물과 육을 넘어 자유를 향한 순수한 정신 차원을 가리킨다. 프시케는 밑과 관계하지만 누우스는 위와 관계한다. 그래서 '모든 존재에 얼이 있다'는 말을 좀더 자세히 밝히면, 무생물과 동식물에는 넋이 있고 사람에게는 넋뿐 아니라 얼이 있다고 할 수도 있으리라. 얼누리라는 말을 그처럼 앞 단계의 넋과 구분하는 뜻으로 이해해도 된다.

한 후 신경계의 형성으로 이어지는 과정이다. 지구 생성은 생물 발생으로 이어지고 생물 발생은 얼 발생이다.

반성의 출현은 일련의 과정의 종착역이다. 얼 발생을 따라 사람에게까지 이르렀다. 그리고 사람부터 시작해서 더 높은 기능으로 이어진다. 그것은 처음에 생긴 얼이 끝까지 발전한 결과다. '참 얼의 발생'이다. 참 얼의 발생과 발전이다. 생명체에 본능이 처음 생겼을 때 세상 전체가 그리로 한 발을 내디딘 것이다.

우리 행위의 선택과 책임을 위해서 그러한 발견은 큰 결과를 낳는다. 그 문제에 대해서는 나중에 다시 얘기하자. 지구 전체를 이해하는 데도 그러한 발견은 매우 중요하다.

오래 전부터 지질학자들은 지구를 몇 개의 영역으로 나누어왔다. 지구 중심에는 금속으로 된 지핵이 있으며, 그 위에는 바위로 된 암석권이 있고 그 위에는 물이 흐르는 수권과 대기권이 있다고 보았다. 이 네 겹의 표면에다 동식물의 띠가 이룬 생명막을 더했다. 생물계가 바로 그것이다. 생물계는 다른 '계'만큼 폭넓게 퍼져 있지만 훨씬 개체에 가깝다. 다른 것들이 다소 느슨한 집단을 이루고 있는 반면에 생물계는 단 하나다. 발생 관계에서 생긴 구조물이요 그것은 한번 생긴 다음에는 계통수를 그려나간다.

진화의 역사에서 참 얼의 탄생을 하나의 새로운 시대로 떼어놓기 위해서는 대지 위에서 막을 하나 더 가려내야 한다. 반성하는 의식이 처음 불꽃을 튀긴 후 그 둘레로 불이 번져나갔다. 타는 점이 더 커져갔다. 불은 점점 더 커지고 마침내 지구 전체로 번졌다. 이 거대한 현상을 가늠하려면 단 하나의 해석, 단 하나의 이름이 있을 뿐이다. 이전의 군들만큼 넓지만 더 일관성 있고, 전혀 새로운 군이니 곧 '생각하는 군'이다. 이것은 제3기 끝 무렵에 나타난 다음 그때부터 식물과 동물 세계를 넘어 퍼져갔다. 생물계 밖에서, 생물계 위로 '얼누리'가 생겼다.

생명 세계의 분류에 따르면 사람은 하나의 속(屬)이나 과(科)에 불과했다. 그런데 이제 그런 분류에 맞지 않는 (간접으로는 물리적 세계의 구성에도 맞지 않는) 일이 터진다. 관점을 잘못 잡으면 전체 현상을 잘못 본다!

자연 속에 사람이 차지하는 자리를 제대로 매기려면 체계에 가두어놓고 범주를 따로 준다고 될 일이 아니다. 무슨 속이나 과나 심지어 가지를 따로 마련한다고 될 일이 아니라는 말이다. 해부학 차원에서는 별 큰 뜻이 없지만 그럼에도 불구하고 사람이 된다는 것은 새로운 시대의 시작을 알리는 것이다. 대지는 '허물을 벗고' 새로운 존재가 되었다. 자기의 얼을 찾았다는 말이 더 어울리겠다.

모든 걸 제자리에 놓고 보면 반성의 발걸음은 그 어떤 동물학적 단절보다 더 중요하다. 네발짐승이나 후생동물의 출현 같은 것보다 훨씬 중요하다. 진화의 역사에 놓여 있는 계단으로 볼 때, 생각의 출현은 곧바로 지구의 탄생이나 생명 출현의 뒤를 잇는 것이며, 중요성으로 보더라도 그 두 현상에 비길 수 있다.

사람이라는 존재의 역설은 그렇게 풀린다. 풀리지 않은 채 풀린다!

풀리지 않는다는 말은 위의 얘기가 일단 우리를 혼란스럽게 한다는 말이다. 사물을 겉 껍데기로만 보는 습관에 맞지 않기 때문이다. 또 하나는 우리가 참 얼을 갖기가 쉽지 않기 때문이다. 우리는 마치 바닷속의 물고기처럼 사람이라는 바닷속에 들어 있는 사람이다. 그러므로 사람의 위대함과 특별함을 제대로 보려면 얼을 가지고 그 바다에서 나와야 하는데, 그것이 쉬운 일이 아니다. 그러나 우리 둘레를 좀더 자세히 보자. 우리의 머리가 갑자기 크게 돋보인다. 생물학적으로 새로운 동물 유형이 들어왔다고 할 수 있다. 사람은 그 머리를 써서 사람이 아닌 생명 형태를 차츰 제거하고 누른다. 그런 일이 들이나 공장에서 거침없이 벌어지며 갈수록 물심 양면으로 더욱 확대된다……. 그런 모든 일을 볼 때 이 땅 위에 '지구를 통째로' 바꾸는 변화가 일어나고 있음을 쉽게 알 수 있지 않을까?

사실, 훨씬 나중에 외계에서 어떤 지질학자가 화석이 된 지구를 탐구하러 온다면 '참 얼을 지닌 동물'의 출현을 가장 놀라운 혁명적 변화로 받아들일 것이다. 또한 그가 지구의 방사활동을 물리 차원뿐 아니라 얼 차원으로도 분석할 수 있다면, 지구의 으뜸가는 특징으로 푸른 바다나 숲이 아니라 '생각'을 꼽을 것이다.

우리 지구는 우주 조각에서 생겼다. 그런데 처음에 우주 조각 속에 들어 있던 가치 있는 것, 활발한 것, 발전의 힘이 있는 것은 모두 이제 '참 얼누리' 속에 모여 있다. 현대 과학이 그 점을 알면 큰 도움이 될 것이다.

그리고 '얼누리'의 기원을 생각할 때 우리가 마음에 두어야 할 점은, 그 세계의 탄생이 거대한 사건임에도 불구하고 '조용히' 이루어졌다는 점이다. 물론 오랫동안 널리 준비되었기 때문이지만 말이다.

사람은 조용히 이 세상에 모습을 드러냈다.

2. 첫 모습

사람은 조용히 등장했다…….

사람의 기원을 과학으로 풀려고 한 지 한 세기쯤 지났다. 과학자들이 몰려들어 과거의 어떤 점을 사람됨의 원점으로 삼으려고 했다. 선사 시대를 찾는 것은 대체로 그런 작업으로 볼 수 있다. 사람의 화석이 많이 발견될수록 사람의 해부학적 특성이나 지질학적 연계성이 잘 밝혀졌다. 그리고 그럴수록 분명해진 것은, 사람이라는 '종'이 나타난 단계 곧 반성이 나타난 단계가 매우 특이하지만, 모든 지표나 자료를 종합해볼 때 사람이 나타날 무렵 자연에 큰 변화가 없었다는 점이다. 둘레를 둘러보든지, 혈통의 형태론을 따라보든지, 그 십난 전체의 구조를 들여다보든지 사람은 '다른 어떤 종과도 다를 게 없이' 출현했다.

먼저, '둘레'를 둘러보자. 고생물학에서 보면 어떤 동물의 형태도 결코 홀로 나타나는 법이 없다. 비슷비슷한 형태들이 윤생하는 가운데 암중모색하듯이 형태를 취한다. 사람도 마찬가지다. 동물학에서 볼 때 현재의 사람 모습은 따로 떨어져 있다. 그러나 처음에는 둘러싸여 있었다. 그것은 의심할 수 없는 사실이다. 제3기 끝 무렵 남아프리카에서 중국과 말레이시아에 이르는 거대한 지역의 숲과 바위에 현재보다 훨씬 많은 유인원들이 있었다. 또한 고릴라나 침팬지, 오랑우탄이 또 다른 영장류 무리를 이루며 살고 있었다. 오늘날에는 그들이 마치 오스트레일리아 원주민이나 아프리카 원주민처럼 마지막 보금자리로 밀려나 있지만 당시에는 다른 영장류 주변에 같이 살고 있었다. 그런 영장류들 중에서 어떤 유형, 예를 들면 아프리카의 오스트랄로피테쿠스 같은 유형이 가장 사람과 비슷했다.

이어서 '혈통의 형태론'을 따라보자. 갈라져 나온 어떤 가지의 기원을 찾을 수 있는 것은 그 가지의 축이 이웃 가지들의 축과 수렴하기 때문이다. 마디에 가까울수록 잎들도 서로 엉킨다. 한창 확장된 이후보다는 막 생겨날 때 하나의 종은 다른 종들과 엉켜 있으며 동물학적인 닮음꼴을 드러낸다. 어떤 동물 혈통을 따라 과거로 계속 내려가면 내려갈수록 '첫' 특징이 많이 그리고 뚜렷하게 드러난다. 이 점에 있어서도 사람은 계통의 일반법칙에 그대로 들어맞는다. 다른 것은 제외하고 오늘날 살고 있는 현세인 밑으로 네안데르탈인, 피테칸트로푸스, 시난트로푸스로 내려가보라. 고생물학에서 그처럼 잘 정렬된 질서를 보기 어렵다⋯⋯.

끝으로 '집단의 구조'를 보자. 그 특징으로 본다면 하나의 계통은 순수한 방산이 그대로 단순하게 출현하지 않는다. 계통은 갈라지고 흩어지는 경향을 안에 품고 있다. 그것은 너무 뚜렷해서 우리가 추적할 수 있을 정도다. 생기자마자 또는 생기는 도중에 하나의 종은 벌써 여러 아종(亞種)으로 다양하게 갈라진다. 자연과학자들은 잘 알고 있는 사실이다. 그렇다면 마지막으로 눈을 사람에게 돌려보자. 사람의 역사를 거슬러가면 처음부터 가지치기의 경향을 지녔음을 알 수 있다. 사람은 유인원 부채꼴 안에 들어 있는 또 하나의 부채꼴이요, 따라서 사람도 얼을 지닌 모든 물질들이 따르는 법칙을 따른다는 것을 부인할 수 있을까?

나는 전혀 부풀리고 싶은 마음이 없다. 과학에서 사람의 과거를 따져보면 볼수록 사람은 '하나의 종으로서' 계통수 위에 새로 생겨나는 여느 가지들이 따르는 법칙에서 벗어나지 않는다. 여기서 논리를 따라 끝까지 밀고 가보자. 그 탄생에서 볼 때 사람이라는 종이 다른 계통들과 너무 비슷하다면, 다른 생명체처럼 사람의 첫 순간도 여러 가지 비밀 때문에 과학으로 알아내기 어렵다는 것을 인정해야 하리라. 그렇다면 잘못된 물음에 휩싸여 당시의 자연상황을 이러쿵저러쿵 엉터리로 찾아내려고 해서도 안된다.

사람은 조용히 등장했다고 했다. 사실 그는 아주 가만가만 걸어서, 우리가 돌도구를 통해 그의 존재를 막 확인하는 순간 이미 희망봉에서 베이징까지 구대륙 전체에 퍼져 있다. 그때 이미 말하고, 집단생활을 하였음에 틀림없다. 이미 불도 만들어 썼다. 이 모든 것이 우리가 기다리던 것 아닌가? 새로운 생명 형태가 역사의 깊이로부터 우리 눈앞에 나타날 때마다 모든 게 갖춰진 상태에서 나타나고 이미 무리를 이루고 있음을 우리는 알고 있지 않는가?

과학은 멀리서 전체를 본다. 그 과학에서 볼 때 '첫 사람'은 '하나의 무리'이고 또 그럴 수밖에 없다. 그리고 그의 청년시절은 한없이 긴 세월에 걸친다.[원주3]

우리 호기심이 완전히 풀리지 않는 것은 어쩔 수 없다. 우리의 호기심이란 것이 처음 몇천 년 동안 일어날 수 있었던 일을 알고 싶은 것 아닌가? 그리고 가능하다면 첫 순간에 있을 수 있었던 일을 알고 싶은 것이다. 또는 우리의 첫 조상들 바깥에 곧 반성의 도랑 저편 가까이에 어떤 것들이 있을 수 있었는지 알고 싶은 호기심에 차 있다. 그러나 앞에서 말한 대로 비약은 단숨에 이루어졌을 것이다. 과거를 한 장면 한 장면 상상의 사진을 찍어보자. 그 필름을 현상하면서 우리는 사람됨의 임계점에 이르렀을 때 어떤 그림을 보게 될까?

과거의 하늘을 탐색히는 데 도움을 준 도구들이 자연의 한계에 부딪혀 성장을 멈춘 것을 안다면 우리는 쓸모없는 욕망을 버릴 수 있게 될 것이다. 그리고 왜 그럴 수밖에 없는지 보게 될 것이다. 사람 계통의 사진을 아무리 찍어도 반성에 이르는 길은 나타나지 않는다. 그것은 현상이, 재형성된 계통에는 '늘' 빠져 있는 것, 즉 처음 형태의 꽃꼭지 내부에서 일어난다는 단

[원주3] 그렇기 때문에 과학의 본질상 '인류동조론'은 과학 밖의 문제다. 사람이 나타난 시간의 깊이에서 볼 때 단 한 쌍의 존재나 움직임도 우리가 잡아낼 수 없다. 그러므로 그 간격을 메우려면 경험을 넘어서는 앎이 필요하다고 할 수 있으리라.

순한 이유 때문이다.

그렇다면 그 꽃꼭지로부터 간접으로나마 최초 구조를 짐작해볼 수 있을까?…… 이 문제에 대해 고생물학은 아직 답을 내리지 못하고 있다. 그러나 한 가지 의견을 낼 수는 있으리라.[원주4]

우리 조상의 꽃꼭지는, 비슷하지만 구분되는 몇 개의 가닥으로 되어 있을 거라고 생각하는 인류학자들이 적지 않다. 준비 단계와 긴장을 거쳐 이룩된 지성을 놓고도 그렇지만 제3기 상층 '유인원층'을 놓고도 사람은 (사람뿐 아니라 생명의 일반법칙이다) 여러 곳에서 동시에 나타났을 것으로 학자들은 짐작한다. 그렇다고 조상이 여럿이라는 말은 아니다. 출현 지점이 여러 곳이라도 동물학적으로 같은 잎에 자리잡고 있기 때문이다. 잎 전체에 광범위한 변화가 일었다. 한번에 완전한 발생이었지만 중심은 여러 곳에 있다. 사람이 되어가는 지점이 적도 밑 여기저기에 퍼져 있었다. 그리고 이어서 여러 가지 사람 혈통이 발생학적으로 이어져 반성 밑까지 이른다. 한 점이 아니라 진화 '전선'이 형성되었다. 대체로 그런 주장이다.

그런 견해도 훌륭하고 그럴듯하지만 나는 조금 다른 가설에 마음이 간다. 동물학상의 가지들이 드러내는 특이한 점에 대해 앞에서도 여러 번 말한 적이 있다. 그것은, 그 가지들이 최초의 모습을 어느 정도 보여준다는 점이다. 그 가지들에게서 기본 형질들이 엿보인다. 고등 포유동물의 이빨이 세돌기이며 목 뼈가 일곱 개라는 것, 걷는 척추동물은 네 발이라는 것, 유기체의 회전력……. 앞에서도 말했지만 이러한 특징들은 이차적이고 우연한 것이기 때문에, 그것들이 집단으로 나타난다는 사실은 그 집단들이 고도로 개별화된 또는 매우 국지화된 싹에서 생긴 것임을 말해준다고 볼 수밖에 없다. 하나의 군, 하나의 가지 또는 생명 전체가 생기는 데 윤생집

[원주4] 오스트랄로피테쿠스의 경우, 사람에 이르는 길을 동물학적으로 생각할 엄두를 낼 수 있을지 모른다. 그것은 남아프리카 제3기 상층 유인원(활발한 변화의 상태에 있는 집단이다)에 속하는데 여기저기 흩어진 사람(호미니드)의 형질이 보이지만 그 바탕은 뚜렷하게 원숭이다. 여기서 우리는 그 비슷한 시기에 다른 유인원 집단에서 실제로 사람이 되는 일이 일어났을 거라는 상상을 할 수도 있다.

단 속의 방산선 하나만으로 족하다. 또 어떤 수렴이 이루어졌다면 그것은 틀림없이 아주 가까운 섬유들 사이의 문제일 것이다.

그런 점을 마음에 두고 지금 우리가 문제삼고 있는 집단을 생각하면서, 나는 사람 가지가 처음 형성될 때 생겼을 그와 비슷한 효과를 가능한 한도 내에서 따져보겠다. 사람 가지는 고등 영장류 윤생집단 속의 모든 방산선 여기저기서 이삭줍기하듯 섬유를 주워모아 이룩되지는 않았으리라고 본다. 오히려 여러 선조 가운데 하나가 계속 이어지고 두터워졌다고 볼 수 있지 않을까 한다. 그 선조는 가장 활기차고 뇌를 빼고는 가장 덜 전문화되어 가장 중심되는 선조였을 것이다. 그렇게 보면 사람의 계보는 발생으로 볼 때 똑같은 하나의 점 곧 반성점으로 모인다.[원주5]

그리고 만일 사람의 기원에 어떤 꽃꼭지의 존재를 인정한다면 그 꽃꼭지의 길이와 두께에 대해서는 무얼 더 말할 수 있을까? 오스본(Osborn)처럼 그것이 제3기 에오세나 올리고세에 유인원 이전의 부채꼴로 갈라진 것으로 보는 게 좋을까? 또는 거꾸로 그레고리(K.W. Gregory)처럼 제3기 플라이오세에 유인원 윤생집단에서 방산된 것으로 보는 게 나을까?

다시 한번 말하지만 우리는 줄곧 '현상'을 두고 얘기하고 있다. 처음 사람이 되는 지점에서 볼 때 생물학적 가능성 면에서 그 방산의 반경은 최소한 얼마로 볼 수 있을까? '자리를 굳히고' 저항하고 살아남기 위해서 적어도 개인 숫자가 얼마나 되어야 반성의 변화를 견뎌낼까?…… 만일 단일계통설을 우리가 받아들인다 해도 하나의 송은 계통 전체에서 볼 때 큰 강 속의 물줄기 하나에 불과하지 않을까? 아니면 수정처럼 아주 작은 조각이 점점 커가는 것일까?…… 그 문제에 대해서는 계통에 관한 일반 이론을 요약하면서 이미 말했다. 우리 머릿속에는 두 가지 상징이 각각 장단점을 가지고 부딪친다. 그 둘이 종합될 때까지 기다려보자.

기다려보자. 그러면서 두 가지를 기억하자.

[원주5] 이것은 과학이 인류동조론(처음에 남녀 한 쌍이 있었다는 얘기)에 대해서는 이렇다저렇다 말하지 않지만 '동일계통론'만은 지지한다는 얘기다.

첫째, 역시 가설이긴 하지만 사람은 전 지구의 일반적인 암중모색을 거쳐 나타났다는 점이다. 사람은 생명 전체의 노력의 열매라는 말이다. 사람이라는 종이 엄숙한 존엄성과 대단한 가치를 지니는 것은 그 때문이다. 이 점만 알고 넘어가도 우리 호기심은 상당히 채워질 것이다.

둘째, 기원의 문제가 자세하게 풀려도 사람의 문제를 풀지 못하리라는 점이다. 화석 인간의 발견을 현대 학문의 최고 업적 가운데 하나로 생각하는 것은 충분히 타당성 있는 얘기다. 그러나 결국 발생학이라는 분석 형태의 한계를 간과하고 환상을 가지면 안된다. 그 구조로 볼 때 모든 생명체의 배아(싹)라는 것이 쉽게 부서지고 과거로 사라져 찾아낼 수 없는 것이라면, 그것의 특징 또한 얼마나 알아내기 어려운 것인가! 모든 존재는 우리에게 싹의 상태에서 나타나는 것이 아니라 한창 꽃핀 모습으로 나타난다. 그 기원을 따져올라가면 아주 큰 강도 조그만 물줄기에 지나지 않는다.

인간현상의 우주적 규모를 알아내기 위해 그 뿌리를 찾아 올라갈 필요가 있었다. 생명을 거쳐 지구의 첫 거죽에 이르기까지 말이다. 그러나 사람의 특별한 본성과 비밀을 이해하고 알려면 '반성'을 고찰하는 수밖에 없다. 반성이 이미 이룩한 것 그리고 '앞을 내다보며' 알려주는 것을 관찰해야 한다.

제2장

펼쳐지는 얼누리

더듬어 찾는 데 필요한 접촉을 늘리고 여러 형태의 다양성을 확보하기 위해 생명은 떼지어나가지 않을 수 없었다. 새로운 변화가 협곡을 이룰 때, 질식할 것 같은 그 좁은 통로를 빠져나간 생명은 물밀듯이 퍼져나간다. 좁은 통로를 빠져나올수록 생명은 그 수를 늘려 더욱 넓은 면적을 덮는다.

사람은 희미한 본능을 따라 첫 출현점을 넘어 지구를 모두 뒤덮을 때까지 퍼져나간다. 다른 형태의 생명을 능가해서 살 만한 곳을 차지하기 위해 '생각'도 많아진다. 다른 말로 하면 얼이 얼 세계의 군들을 펼쳐나가는 셈이다. 결국 알고 보면 태초부터 지금까지 선사 시대와 사람의 역사는 모두 그처럼 조직된 팽창과 증식의 역사였다고 할 수 있다.

그같은 팽창의 흐름과 모습을 대략이나마 그려보자(그림 4).

1. '이른 사람' 가지들

제3기 플라이오세 거의 끝 무렵 거대한 상승운동과 급격한 움직임이 대서양에서 태평양에 이르기까지 구세계의 대륙에 살던 무리들에게 영향을 주었던 것 같다. 이 시기에 모든 못에 물이 말랐고 계곡이 파였고 두꺼운 충적토층이 들을 덮었다. 이 거대한 변화가 있기 전에는 어디에도 사람 혼

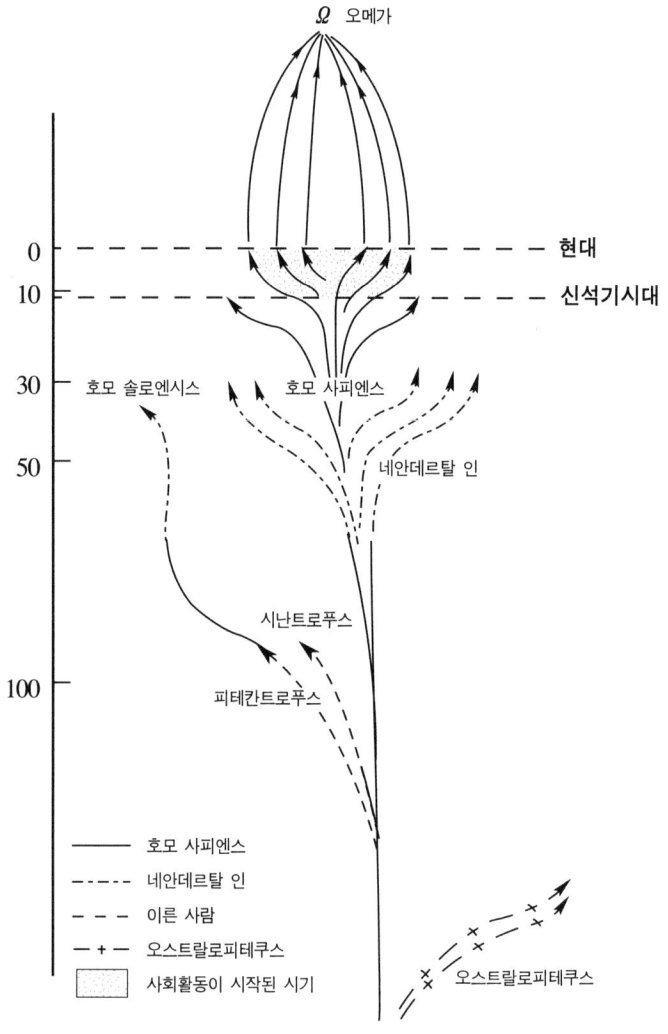

● 인류가 나타나는 과정을 그린 그림. 왼쪽의 숫자 단위는 천 년이다.
  연대를 가장 작게 잡은 것이고 실제로는 배가 될지도 모른다.
  오메가 포인트로 수렴되는 과정은 꼭 단계를 밟으라는 법은 없다.

적이 남아 있질 않다. 그때에 이르러서야 깎인 돌들이, 아프리카와 서유럽 그리고 남아시아의 단구에서 자갈과 섞인 채 발견된다.

최초의 도구 제작자인 제4기 초기의 사람에 대해서는 두 개의 표본 화석 밖에 없지만 비교적 잘 알려져 있다. 먼저 자바의 피테칸트로푸스는 오랫동안 두개골밖에 없었는데 마침내 좀더 만족한 견본이 발견되었다. 그리고 중국의 시난트로푸스는 지난 10년간 많이 발굴되었다. 두 존재는 아주 비슷해 보이기 때문에 잘 비교하지 않으면 각각의 본래 모습을 잘 알 수 없다.[원주1]

오래 전의 경외할 만한 이 사람 흔적이 우리에게 가르쳐주는 것은 무엇인가?

인류학자들이 현재 생각을 같이하는 첫번째 점은, 시난트로푸스나 피테칸트로푸스는 '해부학적 구조로 볼 때' 이미 사람 모습이 보인다는 점이다. 그들의 뼈를 큰 원숭이 뼈와 현생인류의 뼈 사이에 놓고 보면 형태론적인 단절과 공백이 뚜렷하게 나타난다. 그들과 사람 사이도 그렇지만 그들과 유인원 사이에도 담이 있다. 비교적 짧은 얼굴, 비교적 큰 두개골——트리닐 원인의 경우에는 뇌의 부피가 800제곱센티미터 밑으로 내려가지 않으며 베이징 원인은 가장 큰 남성의 경우 1,100제곱센티미터에 이른다.[원주2] 사람처럼 관절을 향해 형성된 아래턱, 그리고 무엇보다도 자유로운 지체와 두 발로 걷기. 그런 점들을 종합할 때 틀림없이 사람 쪽에 가깝다고 해야 한다.

그런데 그들이 사람에 가깝기는 하지만, 용모로 볼 때 피테칸트로푸스나 시난트로푸스는 지상에는 더이상 존재하지 않는 괴상한 존재들이다. 큰 눈구멍 뒤로 아주 좁고 긴 두개골. 두개골의 횡단면은 우리처럼 둥글거나 오각형이지 않고 귀높이에서 크게 열린 반원형을 하고 있다. 단단한 두개골

[원주1] 독일 마우어 원인에 대해서는 초점을 흐리게 하지 않기 위해 여기서 말하지 않겠다. 턱뼈가 매우 오래되고 특이하지만 인류학적으로 그 자리가 어딘지 아직 잘 모른다.
[원주2] 유인원은 아무리 커도 뇌의 부피가 600제곱센티미터를 넘지 않는다.

은 뒤로 튀어나와 있지 않고 뒤통수가 두꺼운 주름살로 둘러싸여 있다. 또한 턱이 앞으로 삐죽 나와 있어 이빨이 앞쪽으로 그리고 관절 위로 튀어나와 있으며 관절은 우묵 들어가 있다. 그리고 뚜렷하게 보이는 성의 차이를 빼놓을 수 없다. 여성은 작으며 가냘픈 이빨과 턱을 지니고 있다. 남성은 건장하며 강한 어금니와 송곳니를 지니고 있다. 이런 여러 가지 특징은 기형이 아니라 잘 쌓아올려진 건축물을 제대로 보여주고 있다. 그런 특징으로 볼 때 그들이 해부학적으로 원숭이 세계에 수렴된다는 것을 인정할 수밖에 없지 않을까?

트리닐 원인과 베이징 원인을 잘 살펴보면 사람 내부에 있는 어떤 형태론적인 한 단계 곧 진화 단계와 동물학적인 운생집단을 보게 된다.

먼저 형태론적인 한 단계를 보게 된다. 예를 들어 침팬지와 갈라지는 부분에서 그들은 두개골의 형태로 볼 때 정확히 중간쯤에 해당된다.

진화의 한 단계를 이루기도 한다. 현재 세계에 직접 후손을 남겼는지 모르지만 그들은 현생인류가 계통발생의 도중에 한번 거쳐갔을 유형인 것으로 보인다.

끝으로, 동물학적인 운생집단이다. 극동 아시아에 무리를 이루며 살았던 것 같은데 그 무리는 틀림없이 더 큰 집단에 속했을 것이다. 그 집단의 구조와 본질에 대해서는 다시 얘기하겠다.

요약하자면 피테칸트로푸스와 시난트로푸스는 사람 유형과 관련해서 흥미 이상이다. 그들을 잘 뜯어보면 희미하게나마 사람 모습이 보인다.

그래서 고생물학자들은 생명을 보는 그들의 관점이 옳다는 것을 보이기 위해 이 오래되고 원시적인 인간군을 따로 떼어놓음으로써 일관성을 유지하려 한다. 그리하여 '이른 사람과'(先人科)라는 이름을 만들어 붙이기까지 했다. 해부학적인 형태 발전으로 본다면 맞는 이름이다. 그러나 우리는 사람이 된다는 것은 얼의 문제로 풀어야 한다고 보았다. 그런데 그 이름은 얼의 불연속성을 지나쳐버릴 위험이 있다. 물론 '이른 사람'이라면, 피테칸트로푸스나 시난트로푸스가 아직 완전한 사람이 아님을 암시할 수 있다. 다시 말해서 아직 반성의 문턱을 넘지 않음을 뜻할 수도 있다는 말이다. 그런데 내가 보기엔 그들이 우리 수준에는 훨씬 못미치지만 (그래서 불연속이지만) 이미 지성을 가진 존재였을 것 같다.

계통발생의 역학구조로 봐도 그럴 것 같다. 생각은 사람의 비약을 몰고 왔는데, 그런 근본적인 변화가 중도에서 일어났을 것 같지 않다. 생각은 건축물이다. 그러므로 그 밑둥은 우리 눈에 띄는 윤생집단들보다 밑, 곧 닿을 수 없는 꽃꼭지 깊은 곳이리라. 그러므로 '이른 사람'보다도 밑이리라. 두개골의 구조 때문에 이른 사람이라고 불리지만 그들은 이미 우리 사람 됨됨이가 막 비치기 시작한 지점보다 위에 자리잡고 있기 때문이다.

또 있다.

피테칸트로푸스는 주변에 무슨 솜씨를 남기지 않았다. 트리닐 근처에서 발견된 화석은 물에 쓸려 호수로 운반된 것이었다. 그러나 베이징 근처에서 발견된 시난트로푸스는 동굴 집에서 살고 있었으며, 뼈와 함께 도구도 많이 발견되었다. 불(Boule)의 말대로 시난트로푸스는 '도구'를 만들 줄 몰랐고, 발견된 도구들은 그들을 침략한 다른 인간의 흔적일까? 그러나 그 다른 인간의 화석이 발견되지 않는 한 그 가설은 헛되고 과학적이 아니다. 시난트로푸스는 이미 돌을 깎았다. 그리고 이미 불을 만들었다. 그 반대가 입증되지 않는 한, 이 두 가지 특성은 반성과 똑같은 까닭으로 '꽃꼭지'를 이룬다. 나눌 수 없는 하나의 섬유에 모여, 이 세 요소는 사람과 동시에 나타났다. 객관적으로 본 상황이 그렇다.

그렇다면 그 이른 사람들의 골격에 유인원 흔적이 많지만 얼로 보면 우리에 가깝다고 해야 하리라. 그리고 계통으로는 우리 생각보다 훨씬 이른 것 같다. 자르는 도구가 발견되는 것은 한참 후이기 때문이다……. 그러므로 그들 후에 사람과 관련된 다른 윤생집단이 있었으리라고 본다.

피테칸트로푸스나 시난트로푸스가 분명히 살았음과 동시에 다른 사람 계통이 같은 단계에 다다랐다고 앞에서 말했다. 거기에 대해서는 남아 있는 게 별로 없다. 기껏해야 독일 마우어의 턱뼈나 동아프리카에서 좋지 않은 보존상태로 발견된 아프리칸트로푸스 따위다. 집단의 일반적인 용모를 알려면 그 정도로는 불충분하다. 그러나 잘 살펴보면 우리가 알고 싶은 것을 간접적으로나마 아는 데 도움이 될 것 같다.

우리가 아는 피테칸트로푸스는 두 종류다. 하나는 비교적 작고, 다른 하나는 훨씬 크고 억세다. 거기에 두 개의 거대한 형태가 보태진다. 자바에서는 턱뼈가 발견되었고 남중국에서는 흩어진 이빨들이 발견되었다. 거기에 시난트로푸스까지 합하면 같은 시대에 다섯 유형이 있었던 셈이다.

좁은 구역에 비슷한 형태가 여럿 있어 서로 부딪치고 또한 몸집이 모두 큰 것을 볼 때, 동물학에서 말하는 대로 동떨어진 잎 또는 '방산선'이 거의 자율적으로 자신의 몸을 잘라내는 현상이 아닐까? 그리고 당시에 중국과 말레이시아에서 일어났던 일이 똑같은 시간에 다른 곳에서 곧 다른 방산선에서 그리고 서유럽에서 일어나지 않았을까?

이 경우에 동물학적으로 말해서 제4기 초에 사람 집단은 아직 연계성 없는 무리를 이루었으며 다른 동물 윤생집단처럼 흩어지는 구조가 지배적이었던 것 같다.

그러나 대륙들의 중심부 가까운 곳에서[원주3] 새롭고 온전한 사람의 파도가 무리를 이루어 옛 세상의 뒤를 이을 채비가 되어 있었다.

2. 네안데르탈인 다발

제4기 초기가 지나면 지질학에서 볼 때 큰 장막이 드리워진다. 그 막간에 트리닐의 퇴적층엔 주름이 잡히고 중국의 붉은 땅은 무너져내려 두꺼운 황토흙으로 덮인다. 아프리카의 균열은 좀더 심하다. 다른 곳에서는 빙하가 몰려오고 물러난다. 약 6만 년 전 장막이 걷혔을 때 '이른 사람'은 사라지고 없다. 그리고 네안데르탈인이 땅을 차지하고 있다.

이 새로운 사람 계통에 대해서는 이미 그 화석의 숫자가 이전에 비할 수

[원주3] 구 빙하기에 캅에서 타미즈까지 그리고 스페인에서 자바에 이르기까지 '주먹도끼'가 발견된다.

없을 만큼 많다. 물론 긴밀해진 결과이지만 또한 번식의 결과이기도 하다. 조금씩 생각의 그물이 넓어지고 또한 긴밀해진다.

피테칸트로푸스나 시난트로푸스를 놓고 과학은 도대체 어떤 종류의 존재를 만난 건지 혼란스럽다. 그러나 제4기 중간에 이르면 의문은 사라지고 우리가 분명히 우리 조상이 남긴 흔적을 보고 있다는 확신에 찬다. 물론 스파이나 네안데르탈의 두개골 앞에서 잠깐 멈칫하긴 하지만 이내 확신이 선다. 큰 뇌를 보라. 동굴의 솜씨를 보라. 그리고 처음으로 시체매장을 본다. 진짜 사람임을 보여주지 않는가.

진짜 사람이다. 그러나 아직 우리와 똑같지는 않다.

긴 두개골, 낮은 얼굴, 크고 튀어나온 눈구멍, 턱이 없으며 이빨은 크지만 치경에 치근과 치관의 구분이 없는 점. 유럽에서 출토된 네안데르탈인의 화석은 모두 이러한 특징을 하고 있다. 오스트레일리아인이나 아이누인도 그와 같아 인류학자들을 혼란에 빠뜨릴 만한 것은 아무것도 없다. 트리닐과 베이징인에 비하면 분명 진보다. 그러나 현생인류에 비하면 그들과의 차이가 너무 작다. 그러므로 형태학적인 단계를 새로 하나 마련해야 한다. 진화의 한 단계를 새로 인정해야 한다. 그리고 계통발생의 법칙에 따라 동물학적인 윤생집단도 새로 하나 세워놓아야 한다. 그 기간을 선사 시대에 속하는 것으로 봐야 한다는 애기가 지난 몇 해 동안 계속 있었다.

서유럽에서 '무스티에'의 두개골이 처음 발견되었을 때, 그 해골의 주인공이 백치도 아니고 퇴회된 사람도 아님이 밝혀졌을 때 해부학자들은 자연스럽게 구석기 중간 시대를 연상했고 그 시기에 네안데르탈인과 똑같은 유형의 사람들이 살고 있었다고 보았다. 그러나 발견물을 설명하기엔 가설이 너무 단순했다. 네안데르탈인의 다양성에 대해서는 우리가 늘 조심스럽게 눈여겨보아야 할 것이다. 바로 그 다양성으로부터 그들의 참된 용모가 드러나고 우리의 흥미가 그치지 않을 것이다.

현재 과학의 수준에서 볼 때, '네안데르탈인'이라고 불리는 형태에는 두 개의 집단이 있어 서로 다른 계통진화의 단계를 차지하고 있다고 보여진다. 끝나는 무리와 젊은 무리다.

먼저 '끝나는 무리', 여기서는 이른 사람의 윤생집단을 이루었으리라고 보여지는 여러 방산선들이 살아남았다가 사라진다. 자바의 솔로인은 트리닐인의 직계 후손으로 큰 차이가 없다.[원주4] 아프리카에는 아주 거친 로디지아인이 있다. 그리고 유럽의 네안데르탈 인이 있는데 이는 서유럽 전체에 퍼져 있긴 하지만 내가 보기엔 끝나가는 가지의 마지막 잎새를 대표하고 있다.

그러나 또한 '젊은 무리'가 있다. 유사 네안데르탈인으로 보는 문제를 놓고 논란이 있지만, 원시적이면서도 상당히 현대화된 특징을 지니고 있다. 꽤 둥근 머리, 덜 튀어나온 눈두덩, 좀 잘 보이는 콧구멍, 생겨나는 턱. 슈타인하임인이 그렇다. 팔레스타인인이 그렇다. 네안데르탈인임에 틀림없다. 그러나 이미 우리와 더욱 가까워졌다! 전진하고는 있지만 또한 다가올 새 시대를 기다리며 잠자고 있는 가지다.

이 세 다발을 지리적으로 그리고 형태학적으로 더 잘 보이도록 놓아보자. 그들은 애써 어떤 복합체를 이루기보다는 서로 비슷한 운명을 보여준다. 떨어지고 말 잎이다. 아직도 피어나지만 이미 노랗게 되기 시작했다. 종려나무 가지에 매달려 버티고 있는 잎이다. 동물학적인 부채꼴을 완벽하게 보여주고 있는 구도다.

3. 호모 사피엔스

식물학을 연구하는 사람이 가장 크게 놀라는 것 중의 하나는 백악기 초에 침엽수림이 물러가고 그 자리를 속씨식물이 완전히 채운 사실이다. 플라타너스, 떡갈나무 같은 오늘날 주종을 이루는 식물들이 어디서부터인가

[원주4] 트리닐의 주름잡힌 지층을 평평하게 한 단구에서 많이 발견된 호모 솔로엔시스는 머리가 좀 둥글긴 하지만 크게 보면 피테칸트로푸스와 다를 바 없다. 같은 계통이 서로 지질학적으로 다른 상태의 같은 장소에서 발견되었고 또한 서로 다른 발전단계에 있다는 것은 이 경우가 거의 유일한 경우다.

파도처럼 밀려들어 쥐라기 식물군을 덮쳤다. 석순이 즐비한 동굴 속에서 인류학자들이 당한 놀라움도 그와 비슷하다. 그들은 무스티에인과 크로마뇽인과 오리냐크인을 겹치기로 발견한다. 이 경우에는 지질학적인 단절이 없다. 그러면서도 사람됨이 근본적으로 솟아난다. 기후 탓이든지 아니면 얼의 힘을 좇아서든지 어쨌든 호모 사피엔스가 네안데르탈인 위로 거칠게 덮쳤다.

이 새로운 사람은 어디에서 왔는가? 어떤 인류학자는 그 전부터 있었던 어떤 혈통이 거기에 다다른 것이라고 본다. 예를 들어 시난트로푸스의 직계 후손이라는 것이다. 기술적인 이유로나 전체 구도로 볼 때 달리 생각하는 것이 좋을 것 같다. 후기 구석기인이 어느 정도 그리고 '나름대로' 이른 사람이나 네안데르탈인을 거쳤을 것은 틀림없다. 그 점에서 다른 포유류나 세돌기 동물이나 다른 계통과 같지만 처음에 어떻게 형성되었는지를 알 수 없다. 상당히 빨리 진행되었기 때문이기도 하다. 연속과 연장이라기보다는 늘어섬과 교체였을 것이다. '릴레이 법칙'이 역사에도 적용된 셈이다. 그래서 나는 이 호모 사피엔스를 새로 등장한 존재로 본다. 그것은 활동적이었지만 오랫동안 감추어져 있던 그리고 스스로 하는 힘을 지닌 어떤 진화혈통에서 나왔을 것이다. 그들이 어느 날 승리자로 나타나, 앞에서 활동적이지만 오래되었다고 말한 유사 네안데르탈인을 눌렀을 것이다. 여러 가설이 있지만 한 가지만은 분명하고 누구나 인정하는 것이 있다. 제4기 끝 무렵 우리 눈에 들어오는 사람은 어느 모로 보나 정말 현생인류라는 것이다.

먼저 '해부학으로 보자.' 조금도 의심할 나위가 없다. 얼굴은 높아졌고 눈은 들어갔다. 가운데가 불룩한 노정골, 불룩 나온 뇌 밑으로 쑥 들어간 연약한 후두부 돌기, 섬세한 턱뼈와 앞으로 나온 턱. 이 모든 것이 마지막으로 동굴에서 살던 이들에게서 뚜렷하게 보이는 특징이다. 그것은 분명히 우리 모습과 같다. 우리와 너무나 닮아서 이때부터 고생물학자들은 그들과 현생인류의 차이를 쉽게 느끼지 못한다. 물론 고생물학자들은 형태론적 차이만 들여다보니 그럴 만도 하다. 호모 사피엔스와 현생인류의 차이를 알려면 고생물학자들의 방법과 그들의 눈으로는 부족하다. 아주 섬세한 인류학에 자리를 넘겨야 한다. 생명이 상승하는 지평을 큰 규모로 재구성하는 일은 더이상 안 통한다. 그 대신에 길어야 3만 년이 넘지 않는 기간을 섬세하게 분석하는 노력이 필요하다. 3만 년은 우리 눈에는 긴 시간이지만 진화로 보면 1초에 지나지 않는다. 골격학에서 볼 때 이 기간은 단절이 눈에 띌 만한 그런 길이가 아니다. 어느 정도까지는 겉모습의 발전에도 특별한 변화를 보이지 않는다.

우리를 놀라게 하는 것이 바로 그것이다. 그 출현 지점에서 보면 호모 사피엔스의 선조는 그 섬유들의 구성과 갈래에서 복잡한 부채꼴 구조를 하고 있다. 결코 간단하지 않다. 그것은 매우 자연스러운 일이요 우리가 아는 대로 계통수에서 계통들이 출현할 때의 조건이 모두 그렇다. 한참 거슬러 올라가면 더 원시적이고 일반화된 형태들이 한 다발 있으리라고 우리는 미리 짐작하고 있다. 그래서 우리 조상은 어떤 옛 형태를 하고 있으리라고 본다. 그런데 우리가 지금 만난 것은 그렇지 않다. (뼈를 보고 살과 가죽을 상상할 수 있다고 할 때) 그들은 과연 어떤 모습인가? 그들이 렌 시대에 불거져 나와 새롭게 이룩한 윤생은 어떤 모습인가? 지금도 그들이 살았던 곳과 거의 같은 장소에서 사람이 살고 있는데 지금 사람을 보는 것이나 그들을 보는 것이나 다를 것이 없다. 흑인, 백인, 황인이 현재의 영역대로 동서남북에서 무리를 이루고 있었다. 유럽에서 중국에 이르기까지 마지막 빙하 시대 끝 무렵에 우리가 보는 모습이다. 그러므로 후기 구석기인은 해부학으로뿐 아니라 민속학으로 보아도 정말 우리와 같다. 우리의 어린 시절이다. 골격만 현생인류와 같은 게 아니라 뛰어난 작품이 있다. 몸의 전체 모습도 그렇다. 인종의 배열도 그렇다. 흩어지지 않고 하나의 체계를 이루어 민족으로 뭉치는 경향도 그렇다. 얼 깊은 곳의 움직임(어떻게 이 일이 없을 수 있는가)이 있는 것도 그렇다.

네안데르탈인에게서도 우리는 얼의 활동을 분명히 보았다. 무엇보다도 동굴 속의 시체매장이 그랬다. 억센 네안데르탈인 속에서 역시 참다운 지성의 불길을 볼 수 있었다. 그렇지만 그 지성은 주로 살아남고 번식하기 위한 것이었다. 그 이상이 있는지 우리는 알지 못한다. 알아채지 못하는 것인

줄도 모르지만 말이다. 이 먼 사촌은 무얼 생각할 수 있었을까? 거기에 대해 우리는 아무것도 모른다. 그러나 '순록의 시대'에 이르면 다르다. 호모 사피엔스의 생각은 자유로웠다. 그래서 동굴 벽에 생각을 쏟아놓았고 아직까지도 생생하다. 이 새사람은 예술을 가져왔다. 아직 자연 예술이지만 매우 활발한 활동이었다. 그리고 그 예술·언어 덕택에 우리는 사라진 존재의 의식 속에 처음으로 들어가볼 수 있게 되었다. 자세한 부분까지 이상할 정도로 닮았다. 스페인 피레네 산맥의 페리고르 동굴 벽에 붉고 검게 표현된 제의는 오늘날 아프리카, 오세아니아, 아메리카에서 똑같이 볼 수 있는 것 아닌가? 예를 들면 사슴 가죽을 입고 있는 '삼형제'의 마법사와 오세아니아의 신과 다른 점이 있는가? 그러나 그것은 그리 중요한 점이 아니다. 손자국이나 들소 또는 풍부한 상징들은 오리냐크인이나 마그달레나인의 관심과 종교를 표현하는 수단이었는데 우리는 그것을 현대적으로 잘못 해석할 수 있다. 오히려 동작이나 영상의 완성도나 장식용 조각품의 놀라운 기법을 보면서 그 먼 옛날의 예술가들이 지녔던 관찰력이나 상상력, 창조의 기쁨 따위를 느껴보는 게 나을 것이다. 의식의 향기가 풍긴다. 단지 돌아볼 뿐 아니라 겉으로 내뿜는 의식이다. 그렇게 볼 때 뼈대와 두개골도 제대로 보인다. 제4기 후기에 나타난 것은 현생인류다. 아직 성장을 계속할 것이다. 그러나 이미 '이성의 시대'에 다다랐다. 우리와 비교해보면 이때 뇌는 완성되었다. 그래서 이 시기 이래로 우리의 생각이라고 하는 유기적 도구를 빼고는 완성을 향한 변화기 눈에 띄지 않는다.

그러면 4세기 끝 무렵에 진화는 멈추었는가?

그렇지 않다. 진화는 해부학 차원을 넘어 개인과 집단의 얼의 자유 속으로 영역을 옮겨간다. 비밀스러운 신경조직 속에서 눈에 띄지 않게 발전을 계속하는 것이 있다는 얘기다.

이제부터 우리는 바로 그것을 따라가 알아볼 것이다.

4. 신석기의 변화

지금도 살아 있는 문들 중에, 적어도 우리가 쉽게 관찰할 수 있는 고등동물을 보면 사회화는 비교적 늦게 나타난 발전 모습임을 알 수 있다. 발전이 한창 무르익어야 사회화가 나타난다. 그런데 사람은 그 변화에 가속도가 붙었다. 생각하는 힘과 관련된 이유 때문이다. 우리 선조는 아주 먼 옛날부터 불 주위에 '무리지어' 있었다.

그처럼 아득히 먼 시기에 연합해 살던 표시가 분명히 있지만 그 현상이 아직 뚜렷하게 밝혀지지 않고 있다. 후기 구석기 시대에도 우리 눈에 띄는 무리들은 이리저리 떠돌아다니며 수렵을 한 느슨한 집단이었다. 사람들 사이에 더이상 끊기지 않는 큰 접합이 이루어진 것은 신석기 시대다. 이 시대는 너무 젊어서 선사 시대를 연구하는 학자들은 그냥 지나칠 정도다. 또 역사 시대라고도 할 수 없는데 그 까닭은 언제부터 신석기 시대로 봐야 하는지 분명하지 않기 때문이다. 그러나 신석기 시대는 과거 모든 시대 중에서도 중요하고 엄숙한 시대다. 문명이 탄생하기 때문이다.

문명의 탄생은 어떻게 이루어졌는가? 알 수 없다. 앞에서, 우리 뒤에 흘러간 시간을 놓고 말할 때 늘 그랬듯이 말이다. 몇 해 전에, 깎인 돌이 마지막으로 발견된 층과 윤기나는 돌과 토기가 처음 발견된 층 사이에 '큰 단절'이 있다는 얘기가 있었다. 그 이후에 그 사이 층들이 발견되어 간격을 조금씩 메워갔다. 그러나 공백은 여전히 존재한다. 훌쩍 자리를 옮긴 것인가 아니면 점점 퍼져나간 것인가? 민족이 다른 곳에 조용히 모여 있다가 기름진 곳을 찾아 갑자기 밀어닥친 것인가 아니면 어떤 혁신이 점점 퍼져나간 것인가? 민족 이동인가 아니면 문화 이동인가?…… 말할 수 있는 게 아직 많지 않다. 그러나 분명한 것이 있다. 그 공백이 지질학에서 볼 때는 중요하지 않지만 그 기간 동안에 동물과 식물을 고르고 길들였을 것이라는 점이다. 말이나 순록을 잡으러 뛰어다니는 대신에 가축을 길러 오늘날 우리 생활의 바탕을 마련한 셈이다. 그들은 조직화된 정착인이다. 1, 2만 년에 걸쳐 사람은 이 땅 여기저기에 퍼졌고 거기에 뿌리를 내렸다.

이 사회화의 시기도 반성의 순간만큼이나 중요하다. 서로 동떨어진 요소 다발들이 신비하게 합쳐져서 '사람됨'을 돕고 진행시킨다. 하나하나 살펴 보기로 하자.

무엇보다도 끊임없는 '번식'이다. 개체가 빠르게 늘어남에 따라 텅 빈 땅 이 채워지게 된다. 무리끼리 서로 부딪치기도 한다. 따라서 자리를 옮기는 빈도가 적어지고, 제한된 영역 가운데서 가장 좋은 부분을 어떻게 차지하 느냐 하는 문제가 생긴다. 전에 멀리 찾아다녀야 했던 것을 한자리에 갈무 리하고 재생산할 생각이 싹튼 것도 그런 상황 때문이리라. 따고 잡으러 다 니고 하는 것 대신에 기르고 키우게 되었다. 목자와 농부다.

그것이 가장 기본되는 변화이고 나머지는 거기서 생긴다.

인구밀도가 점점 커짐에 따라 권리와 의무 관계가 복잡하게 되었다. 그 래서 여러 가지 공동체 구조와 재판절차가 생긴다. 그런 흔적이 큰 문명이 생기기 전 우리 선조들에게서 이미 보인다. 소유와 도덕과 결혼을 비롯해 거의 모든 것이 이미 그때 사회 문제가 되어 있었다.

한편, 농사를 지으며 생활환경이 안정되고 치밀해짐에 따라 탐구 의욕과 필요가 높아지게 되었다. 조사와 발명이라고 하는 놀라운 일이 생겼다. 전 에 비할 수 없는 정말 새로운 시작이요, 생명의 영원한 더듬기(암중모색) 는 반성의 형태 안에서 그렇게 새로운 길을 찾았다! 이 놀라운 시기에 할 수 있는 것은 다 해본 것 같다. 나무 열매와 곡식과 가축을 고르고 개량했 다. 토기를 굽는 지식도 생기고 옷감도 짰다. 그림글자도 이때 나오고 야금 술도 이때 처음 나온다.

그리고 그때 결속력이 강화됨에 따라 정복하는 힘도 더 나아진다. 그리 하여 아직 차지하지 못한 곳을 향해 마지막으로 밀려들어간다. 최대한의 확장이 일어난다. 빙하가 녹은 알래스카를 통해 또는 다른 곳을 통해 사람 이 아메리카에 들어간 것도 신석기 시대 초기였으리라. 거기서 새로운 환 경에 적응하며 힘들게 정착하고 가축을 길렀으리라. 물론 토기를 사용하고 다듬어진 돌을 쓰면서도 수렵과 낚시 같은 구석기 시대의 생활을 하는 무 리도 적지 않았다. 그러나 그들 옆에는 옥수수를 먹는 진짜 농사꾼이 있었

다. 그리고 바나나, 망고, 야자수 따위가 태평양을 건너 퍼져나가기 시작
했다.

다시 한번 말하지만 우리는 이 시기에 대해 그 결과를 보고 아는 수밖에
없다. 이 시기를 거치면서 세상은 사람으로 들어찼는데, 다듬어진 연장, 밀
방망이, 토기 조각, 뼈막대기 따위가 그들의 흔적으로 부식토나 모래 속 또
는 대륙의 오래된 땅에서 출토된다.

아직도 사람은 나누어져 있다. 그 점을 알려면 백인이 처음 들어갔을 때
미국과 아프리카가 어땠는지 생각하면 된다. 당시 미국과 아프리카는 민족
적으로 그리고 사회적으로 매우 다양한 집단들의 모자이크였다.

그러나 이미 관계를 맺고 있다. 순록의 시대 이래로 사람들은 아주 세밀
한 부분까지 자기 자리를 정해 차지했다. 물건을 교환하고 생각을 나눔에
따라 전도성이 높아졌다. 전통이 생겼다. 집단적 기억이 생겼다. 아주 미미
하지만 이때 이미 참 얼의 세계가 땅을 덮고 자리를 잡기 시작했다.

5. 신석기 시대의 연장 그리고 서쪽의 상승

구석기 시대를 대수롭지 않게 보는 순간부터 우리는 지난 6천 년을 따로
취급하는 습관이 있었다. 6천 년 전이란 글로 썼거나 연대가 적힌 문서가
발견된 시점이다. 이제 선사 시대가 끝나고 역사 시대가 시작되는 것이다.
그러나 사실은 그런 단절은 없다. 과거의 시간을 더 잘 볼 수 있게 될수록
우리는 우리가 역사 시대라고 부르는 것(현대도 포함해서)이 신석기 시대
의 직접 연장이라는 것을 알게 된다. 물론 역사 시대는 더 복잡하고 더 차
이가 난다. 분명한 사실이다. 그 점을 말할 것이다. 그러나 기본으로 같은
줄에 서 있으며 '같은 단계'라고 봐야 한다.

생물학적 관점에서 볼 때 '사람됨'의 과정은 이 짧으면서도 화려한 시기
에 어떤 진보가 있었나?

가장 중요한 것은, 호모 사피엔스가 신석기 시대에 생긴 사회화 분위기

한가운데 서서 그것을 주도했다는 점이다. 제도가 갑자기 늘어나고 민족과 제국이 많아진 역사가 바로 그 점을 보여준다. 낡은 파편은 점차 뒤쳐진다. 예를 들어 오스트레일리아인 같은 족속은 우리 문명권 바깥으로 밀려난다. 그런가 하면 중심에 속한 강력한 족속은 빠르게 지배력을 차지하고 땅과 빛을 독점하려고 한다. 한쪽에서는 듬성듬성 사라져가고 다른 쪽에서는 싹이 돋아 두터운 가지로 자란다. 말라가는 가지들, 잠든 가지들이 있는가 하면 모든 걸 차지하려고 뻗어나는 가지들이 있다. 부채꼴이 끝없이 얽혀 있어 2천 년 전만 하더라도 꽃꼭지를 확실히 볼 수 없을 정도다……. 어떤 계통이든 왕성하게 증가하는 계통에서 늘 볼 수 있는 그런 상황, 그런 모습이다.

그러면 그게 모두인가?

신석기 시대부터 사람의 계통발생을 알기 어렵게 만들고 그래서 우리의 흥미를 끄는 것은 사실들이 아주 가까이 있다는 점이다. 사실들이 우리와 가까워 여러 족속의 가지치기가 어떤 생물학적 구조를 지니고 있는지 맨눈으로도 볼 수 있을 정도이지만 이 시기에 사람의 계통발생을 알기는 더욱 어렵다. 여기에 뭔가 다른 일이 일어나고 있는 것이다.

선사 시대 사람의 무리는 우리와 다소 떨어져 있고 또 사람의 형태를 갖추어가고 있는 중이다. 그러므로 그때는 동물의 계통발생의 법칙이 비슷하게 적용될 수 있다. 그러나 신석기 시대부터는 신체요소의 변이는 점차 없어지고 얼의 요소가 변화를 주도하게 된다. 그러므로 우리가 앞에서 크게 볼 때 사람됨의 징조로 꼽았던 두 가지 효과가 전면에 떠오른다. 첫째, 혈통 차원의 운생을 넘어 정치적이고 문화적인 단위가 생기는 점이다. 지리적인 차이, 경제적인 이해관계, 종교, 사회제도 따위를 중심으로 여러 가지 복잡한 집단이 '뿌리'를 대신하여 사람 사이를 묶는다. 둘째, 그와 함께 이 새로운 영역 안의 잔가지들 사이에 결속력(결합 또는 융합)이 생긴다. 사실 그들은 심리적인 축이 개인화되어 결속의 문제는 각자의 문제가 되어 있는 상태다. 흩어짐과 모임이 같이 작용하는 셈이다.

여러 가지 단위의 사람 집단이 계속 생겨나는 현실에 대해 내가 또다시 설명할 필요는 없으리라. 민족과 국가와 문명들이 생기고 커지고 발전한다. 그런 광경은 어디서나 눈에 띈다. 영고성쇠의 사건들이 사람들의 연대기를 채운다. 그런데 그런 현상을 잘 이해하려면 잊지 말아야 할 것이 하나 있다. 사람의 '역사'는 나름대로 '생명' 운동의 연장이라는 점이다. 모든 것이 사람에 의해 합리적으로 이끌어져가는 것 같지만, 역사가 말하는 사회적 가지치기 현상은 '여전히' 자연사에 속한다.

융합 현상은 더욱 치밀하고 생물학적 가능성도 더 많다. 그들의 역학관계와 결과를 따라가보도록 하자.

'얼'이 희박한 동물개체나 세통들 사이에서 주고 받는 반응은 경쟁과 제거 정도다. 강자가 약자를 물리치고 무력화한다. 이같은 냉엄한 대체의 법칙은 '공생' 같은 기능적 연합을 제외하고 하등 동물에서 예외가 없다. 사회화가 가장 잘 되어 있는 곤충의 경우에도 한 집단이 다른 집단을 쓸어버린다.

사람(적어도 신석기 이후 시대의 사람)의 경우에는 완전하고 철저한 제거가 예외적이고 이차적이다. 아무리 잔인한 정복도 제거와 함께 늘 동화가 있다. 패배자는 일부 흡수되면서도 정복자를 동화시킨다. 평화적인 문화침략은 특히 그렇다. 저항이 강력해서 오랜 긴장 속에 천천히 침투해 들어가게 된다. 그러면서 정신의 교류를 통해 서로 상당히 풍부해진다. 민족 전통이 서로 섞이고 또한 뇌 유전자도 서로 섞이는 이중 현상의 결과 진정한 생물학적 화합이 일어난다. 전에 계통수 위에서는 단순히 핏줄이 서로 얽히는 것이었다. 그러나 이제 호모 사피엔스 전 영역에서 종합이 일어난다.

그러나 물론 어디서나 똑같지는 않다.

대륙이 모양을 갖추면서, 여러 민족이 모이고 섞이기에 다른 곳보다 더 나은 지역이 있었다. 넓은 다도해나 좁은 교차점, 무엇보다도 큰 강이 흘러 경작하기에 좋은 큰 들판이 그런 지역이다. 정착 생활이 시작되면서 그런 좋은 지역에 사람들이 몰려들어 들끓었다. 그러면서 자연히 신석기의 무대 위에 사람을 끌고 조직하는 중심이 생겼다. 얼누리를 위한 새로운 상태의 전주곡이다. 그런 중심 지역 가운데 꽤 오래된 곳 다섯 군데가 알려져 있다. 중앙아메리카의 마야 문명, 남쪽 바다의 폴리네시아 문명, 황하 유역의 중국 문명, 갠지스·인더스 계곡의 인도 문명, 나일과 메소포타미아의 이집트 및 수메르 문명을 꼽는다. (앞의 두 문명은 나중이지만) 거의 같은 시기에 등장한 문명이다. 그러나 서로 완전히 동떨어져 있었으며 따라서 마치 각자가 홀로 이 세상을 삼키고 변화시켜야 하는 것처럼 열심히 영역을 넓혀갔다.

알고 보면 역사란 그같은 영과 육의 큰 물줄기들이 서로 만나고 부딪치고 마침내 차츰 조화를 이루는 것 아닐까?

영향력 싸움이 빠르게 자리를 잡았다. 어떤 것은 신대륙에 너무 동떨어져 있었다. 그리고 어떤 것은 아주 작은 섬들 사이에 너무 퍼져 있었다. 그래서 마야 문명은 얼마가지 않아 완전히 사라지고 폴리네시아 문명은 껍데기만 남았다. 따라서 세상의 미래는 아시아와 북아프리카의 넓은 평원에서 농사짓는 이들의 손에 달린다.

우리 시대가 시작되기 1, 2천 년 전만 하더라도 두 문명의 기회는 동일했다. 그러나 동방의 두 경쟁자 사이에 이미 어떤 약점이 있었음을 여러 가지 사건을 보면서 우리는 오늘날 인정하게 된다.

원래 그랬는지 아니면 너무 커서 그랬는지 중국(물론 고대중국을 가리킨다)에는 새로워지려는 감각과 비약이 없었다. 중국이라는 거목은 1만 년 전에 있었을 법한 세상의 한 조각을 거의 바뀌지 않은 모습으로 어제나 오늘이나 보여주고 있다. 주민은 농사를 지을 뿐 아니라 토지 소유의 계층에 따라 조직되어 있다. 황제는 곧 가장 큰 지주였다. 주민들은 벽돌이나 토기나 철제품을 만드는 데 매우 전문화되어 있었다. 그림 글자를 만들고 별자리를 연구할 뿐 아니라 미신도 발전시켰다. 물론 대단한 문명이지만 처음 시작된 이래로 방법을 바꾸지 않았다. 19세기 한가운데 아직 신석기 시대가 있는 셈이다. 다른 곳에서처럼 새로워지지 않고 같은 선 같은 자기만을 맴돌며 자기 안에 갇혔다. 마치 문명을 낳은 이 땅을 벗어날 수 있는 것처럼 말이다.

그런데 중국이 땅에 집착해 물리학 없이도 여러 가지 발견과 더듬기를 계속할 때 인도는 형이상학에 빠져들었다. 인도는 철학과 종교가 크게 일어났던 곳이다……. 그것은 고기압을 이루어 우리에게 불어왔다. 지난 역사 속에서 우리 각자에 미친 신비주의 영향은 말로 다할 수 없을 만큼 크다. 그러나 사람을 사람답게 하는 분위기를 불어넣기에는 신비주의가 지나쳤다. 수동성과 떠나려는 경향이 너무 커서 세상을 일굴 수 없었다. 당시에는 큰 바람이었지만 인도의 정신은 정말 바람처럼 사라졌다. 그렇게 될 수밖에 없었다. 세상 현상을 하나의 환상(마야)이요 그 안의 모든 일을 업(카르마)으로 보는 그런 교리에 사람의 진보를 주도할 만한 게 있겠는가? 얼을 물질의 승화로 보는 그런 얼 이해도 단순한 것 같지만 아주 중요한 착오다.

그래서 우리는 결국 좀더 서구에 가까운 세계에 관심을 갖게 된다. 유프라테스와 나일과 지중해에서 장소와 주민이 특이하게 만나 몇천 년 동안 중요한 혼합물을 만들어냈다. 상승하는 힘을 잃지 않은 채 이성은 사실에 관심을 갖고 종교는 행동에 관심을 가질 줄 알았다. 메소포타미아, 이집트, 그리스 그리고 그 모든 것 너머에 유대-그리스도교라고 하는 신비한 효모가 있었다. 그것은 유럽에 정신의 틀을 선물했다.

비관주의자들은 차례차례 발생한 이 문명들의 시대를 대수롭지 않게 여기기 쉽다. 그러나 이 계속되는 움직임을 보고 거대한 생명의 나선운동을 인정하는 것이 더 과학에 맞지 않을까? 진화의 선을 따라 줄곧 이어달리며 상승하는 생명의 나사다. 수에즈와 멤피스와 아테네는 사라질 수 있다. 그러나 계속 더욱 짜임새를 갖추는 우주의 의식은 이 사람에게서 저 사람으로 전해진다. 그리고 그 의식의 크기는 점점 커진다.

얼누리가 온 세상에 퍼지는 것을 말하면서 꺼내지 않을 수 없는 사람의 또 다른 면에 대한 얘기를 뒤에서 하게 될 것이다. 크고 본질적인 부분으로 전 지구의 충만을 기다리며 사람 속에 갈무리된 것이다. 그건 그렇고, 이쯤에서 우리는 역사 시대를 흘러가며 사람발생의 기본축이 서구에 있었다는 것을 짚고 넘어가야겠다. 오늘날의 사람을 이루는 것은 모두 서구라고 하

는 열렬한 성장과 개혁의 지역에서 나왔고 적어도 거기서 '다시 꽃핀 것이
다.' 오래 전부터 다른 곳에 있었던 것도 유럽의 사상과 활동체계와 만나야
비로소 뭔가 사람에게 가치 있는 것이 되었다. 그것은 단순히 콜럼버스가
아메리카를 발견한 것을 기리는 그런 문제가 아니다.

사실 6천 년 전부터 지중해를 중심으로 새로운 사람이 생겨나 신석기의
흔적들을 완전히 흡수했다. 얼누리에서 그 어떤 것보다 강력한 새로운 잎
이 피어난 것이다.

지구 이 끝에서 저 끝까지 사람은 사람이기 위해 또는 사람답게 되기 위
해 현대를 갈망했고, 그처럼 현대를 그려보고 기다리는 방식은 바로 서구
에서 현대의 문제를 제기하고 희망을 둔 그 방식을 따랐다. 그것만 봐도 새
로 피어난 서구의 잎이 얼마나 강력한지 알 수 있을 것이다.

제3장

현대 세계

• 시대의 변화

사람은 어느 시대든지 자신들이 '역사의 전환점'에 서 있다고 생각해왔다. 물론 늘 상승하는 나선 위에 있으니 틀린 말은 아니다. 그러나 현대야말로 변화의 힘이 강하게 느껴지는 시대요 그래서 정말 역사의 전환점이란 말이 어울린다. 이 시대에 세상은 급변하고 있으며 자칫 우리를 파괴할 수도 있다. 그러므로 지금 살고 있는 우리 존재의 중요성은 아무리 강조해도 지나치지 않는다.

이 급격한 변화가 언제 시작되었나? 꼭 집어 말할 수는 없다. 긴 항해처럼 사람은 조금씩 항로를 수정한다. 그렇기 때문에 항로 수정이 처음 나타나는 곳을 찾아 아주 밑으로 내려갈 수도 있다. 적어도 르네상스까지 말이다. 적어도 한 가지는 분명하다. 결정타는 18세기 끝 무렵 서구에서 생겼다는 점이다. 그 이후 우리는 새로운 세상에 산다. 늘 똑같다고 할지 모르나 새로운 세상이다.

먼저 경제의 변화가 있다. 대단히 진보한 것 같지만 우리 문명이 땅 위에 그 틀을 잡은 것은 불과 200년 전이다. 복지나 핵가족, 국가(또는 세계)는 아직 생성중이었고 자리를 찾고 있었다. 그런데 차츰 돈이 '활성화'됨에 따라 소유가 유동적이고 무인격적인 것으로 변했다. 국가의 재산이란 것도 영토의 크기를 가지고는 말할 수 없게 되었다.

그리고 산업의 변화가 있다. 발전이 있긴 했지만 18세기까지도 화학 에너지라고는 불밖에 없었다. 그리고 기계 에너지로 사람과 동물의 근육이 사용되었다. 그러나 18세기에 이르러 달라졌다!

마지막으로 사회 변화가 있다. 민중의 자각……

그처럼 눈에 띄는 것들만 보아도, 폭풍우 같은 프랑스 대혁명을 비롯한 큰 혼란을 우리가 서구에서 겪는 일이 잃어버린 옛 균형을 찾는 작업보다 더 깊이 있고 고상한 것임이 분명하지 않는가? 실패인가? 결코 그렇지 않다. 우리를 인도하던 것이 끝날 무렵, 알 수 없는 큰 파도가 닥쳐왔고 우리는 그리로 들어갔던 것이다. 앙리 브뢰이(Henri Breuil)가 명쾌하게 말했듯이 지금 이 순간 지성으로 정치로 그리고 정신으로 우리를 움직이는 것은 매우 간단하다. "우리는 신석기에 연결된 마지막 닻줄을 막 끊어버렸다." 상당히 역설이지만 암시하는 것이 많은 말이다. 생각할수록 브뢰이가 옳았다고 여겨진다.

지금 이 순간에도 '시대의 변화'는 계속되고 있다.

산업 시대, 석유 시대, 전기 시대 그리고 원자 시대, 기계 시대, 큰 집단의 시대와 과학의 시대……. 우리가 살고 있는 이 시대에 무슨 이름을 붙일지는 나중에 결정될 것이다. 이름이 중요한 것이 아니다. 중요한 것은, 우리가 지금 겪고 있는 것을 통해 우리 안에서 그리고 우리 둘레에서 생명이 발걸음을 한 발 더 내딛고 있는 중이라는 점이다. 성체된 농업 시대를 거치면서도 계속 무르익었다가 때가 왔다. 상태 변화에 따른 고통은 피할 수 없다. 인류의 기원을 본 처음 사람들이 있었다. 그리고 끝을 볼 사람들도 있게 될 것이다. 얼누리가 새로운 세계로 탈바꿈할 그 무렵에 우리가 존재한다면 그것은 대단한 행운이요 영광이다.

세상은 들끓고 현재가 미래와 뒤섞이는 그런 혼란하고 긴장된 공간에서 우리는 그 어느 때보다 가장 위대한 인간현상을 눈앞에 보고 있다. 다른 데가 아닌 바로 여기요, 다른 때가 아닌 바로 지금, 우리는 사람이 된다는 것의 뜻과 중요성을 그 어느 시대, 어느 정신보다 더 깊이 가늠해볼 생각을 하게 된다. 잘 들여다보고 이해해보자. 그러기 위해 현대의 지구 한가운데서 생겨나는 얼을 잘 보고 그 특별한 형태를 밝혀내야 한다.

공장 연기가 솟아나는 지구, 수많은 사건의 지구, 새로 나온 수많은 방사선으로 떨리는 지구. 이 큰 유기체는 분명히 새로운 얼을 향해 그리고 새로운 얼을 통해 살고 있다. 시대가 변함에 따라 생각도 바뀐다. 그런데 우리 몸뚱이는 별로 바꾸지 않으면서 우리를 새로운 존재로 만드는 이 혁명적인 변화는 어디서 일어나는 것인가? 새로운 직관 바로 거기다. 그것은 우리 활동의 터인 세상의 모습을 모두 다시 그린다. 다른 말로 하면 깨달음이다.

지난 4, 5세대에 걸쳐 우리를 우리 조상과는 매우 다르게 만든 일이 있다. 그것은 단순히 자연의 힘을 새로이 발견하고 손에 넣게 된 것이 아니다. 내가 볼 때는 전혀 다른 것이다. 그것은 우리를 인도한 운동을 의식한 일이요, 사람의 반성행위가 낳은 두려운 문제들을 알게 된 일이다.

1. 진화의 발견

1) 공간과 시간을 알게 됨

사람이 눈을 뜨고 처음 보았던 순간 곧 모든 것이 같은 차원에서 서로 얽혀 있던 그 순간에 대한 기억을 우리는 잃어버렸다. 더이상 읽을 수 없는 그때를 그려내려면 이제 굉장한 노력이 필요하게 되었다. 가족제도나 가옥구조를 뛰어넘어 우리를 그 시대로 되돌려놓는 것은 큰 일임에 틀림없다.

그러면서도, 밤하늘에 빛나는 별들이 엄청나게 멀리 떨어져 있다는 것 또는 생명의 출현이 수백만 년 전 아득한 옛날로 거슬러 올라간다는 것을 옛날 사람들이 전혀 눈치채지 못하고 살았을 리도 없을 것 같다.

그렇지만 이제 막 노랗게 바랜 책들을 펴보면, 16세기 학자들 아니 18세기 학자들까지도 우리 조상이 6천 년 전에 나타나 장방형 지구에 살며 별들은 그 지구를 중심으로 도는 것 같다는 주장을 하고 있다. 그리고 그런 주장을 뒷받침하기 위해 세상의 구조를 연구하기를 좋아했다. 우리가 들어가면 질식할 것 같은 그런 분위기 속에서, 물리학적으로 도저히 받아들일 수 없는 그런 관점을 가지고도 그 당시의 학자들은 별 어려움 없이 숨쉬고 살았다. 마음 놓고 크게 숨쉰 것은 아니지만 말이다.

그들과 우리 사이에 무슨 일이 일어났는가?

모든 걸 가까이 모아들여 손안에 잡을 수 있다는 환상으로부터 우리 지성이 조금씩 벗어나는 것보다 더 큰 차이는 없다. 그같은 지성의 변화야말로 '얼 발생'이라고 하는 생물학적 현실을 가장 뚜렷하게 그리고 가장 뜨겁게 보여준다.

이 세상을 정복하려는 싸움을 통해 가장 먼저 손에 쥔 것은 '공간'이다. 그럴 수밖에 없었던 것은 공간을 만질 수 있기 때문이다. 첫번째 공간 정복은 어떤 사람(아마 아리스토텔레스 이전의 그리스 사람일 것이다)이 직관을 통해 대척점의 존재를 주장했을 때라고 봐야 한다. 그때부터 지구는 둥글고, 둥근 지구 위로 하늘이 굴러갈 판이었다. 그것은 중심을 잘못 잡은 것이었다. 지구를 중심으로 보면 조직과 체계의 탄력성이 사라진다. 갈릴레이 때에 이르러 지구중심설을 포기하고서야 하늘은 자유로운 공간이 되고 우리가 처음부터 주장했던 끝없는 팽창이 가능하게 된다. 지구는 항성의 먼지 덩어리에 불과하다. 그때서야 엄청나게 큰 것이 가능해지고 동시에 엄청나게 작은 것도 가능해진다.

눈에 들어오지 않기 때문에 공간보다는 좀 늦었지만 세월의 깊이도 드러나기 시작했다. 천체의 운동, 산의 모양, 몸뚱이의 화학적 성질. 물질이 보여주는 현재는 과거로부터 줄곧 이어진 것이 아닌가? 17세기 물리학은 파스칼로 하여금 과거의 심연을 느끼게 하기에 역부족이었다. 지구의 나이나 원소들의 나이를 제대로 알기 위해서는 어느 정도 유동성이 있는 사물에 관심을 가져야 했다. 말하자면 생명이나 화산 같은 것 말이다. 18세기부터 그런 것에 관심을 가지면서 '자연의 역사'에 조그만 틈이 나기 시작했고 그 틈 사이로 빛이 들어가 깊은 밑바닥을 비추기 시작했다. 아직 세상의 형성에 필요한 기간을 측정하는 데 미숙했지만 적어도 비약이 이루어졌고 출구가 열린 셈이다. 르네상스 때 공간의 벽이 무너진 이후 뷔퐁(Buffon)[역주1]

때부터 시간의 내막이 벗겨지기 시작한 것이다. 그 이후 끊임없이 발견되는 사실의 압력에 의해 과정은 가속화될 판이었다. 그러나 얼마 안 가 200여 년 전부터 늘어지기 시작했지만 그렇다고 세상의 나선 운동이 늦춰지는 것은 아니다. 한바퀴 돌 때마다 거리는 더 벌어지고 그 깊이도 더 깊어지는 그 나선운동 말이다.

그런데 이처럼 인류가 우주의 거대함에 눈을 뜨기 시작하는 첫 단계에, 공간과 시간은 각자 자기 안에 갇혀 서로 독립된 것으로 남아 있었다. 점점 더 큰 덩치를 드러내면서도 시간과 공간은 따로 떨어진 집합소요, 사물들이 일정한 물리학적 질서 없이 쌓여 있거나 떠다니는 그런 곳인 셈이었다.

두 영역은 끝없이 커졌다. 그러나 각 영역 안에서 사물들은 전과 다름없이 자유롭게 대체되는 것으로 보였다. 정말로, 어떤 사물이 여기 있거나 저기 있거나 상관 없는가? 앞서거나 뒤서거나 심지어 사라지더라도 마찬가지인가? 그런 문제를 드러내놓고 따져볼 엄두를 내지 못했지만, 적어도 왜 마찬가지가 아닌지, 어떤 점에서 그렇게 될 수 없는지 확실하게 몰랐다. 그런 물음을 묻지 않았다고 봐야 하리라.

19세기 들어서도 한참 지나서야 빛이 비치기 시작했다. 생물학의 도움으로, 존재하는 것은 모두 '돌이킬 수 없는 결합'을 이루고 있다는 사실을 발견했다. 생명의 연쇄고리 그리고 이어서 물질의 연쇄고리도 알아냈다. 전체 항성 운동에서 탄소 분자의 작용은 아무것도 아니지만 그리고 생명 전체에서 원생동물은 아무것도 아니지만, 그 존재를 빼면 생명 전체의 그물이 파괴된다. '모든 존재는 같은 씨앗에서 나온 합생으로서 서로 나누고 잇고 엮어져 있다.' 시간과 공간은 유기적으로 연결되어 우주의 바탕을 짠다 ……. 우리는 그런 시점에 서 있다. 우리는 오늘날 바로 그것을 알아내었다.

[역주1] 뷔퐁(1707~88)은 프랑스의 박물학자로 자연사와 박물지로 유명하다.『자연의 신기원』이란 책에서 처음으로 지질학사를 시기별로 재구성했으며, 멸종된 종(種)에 대한 주장으로 고생물학 발전의 터전을 마련했다.

얼로 보면 그런 발견이 무슨 뜻이 있는가?

역사를 볼 때 한번 발견된 진리가 늘 모든 사람을 설득하는 것은 아니라 할지라도, 많은 지성인들 심지어 열린 지성인들마저 아직도 진화론에 반대하는 것은 이해할 수 없다. 흔히 '진화론'을 '변형론'으로만 생각한다. 그리고 변형론은 오래된 다윈의 가설일 뿐이며 라플라스의 태양계 이론이나 베게너의 대륙 표이설처럼 국부적이고 낡아빠진 것이라고 생각한다. 그들은 눈 먼 이들이다. 자연과학을 훌쩍 뛰어넘어 화학과 물리학, 사회학 그리고 수학이나 종교사까지 감싸고 있는 큰 운동을 보지 못하고 있다. 오늘날 사람의 앎은 무슨 분야의 앎이건 모두 어떤 깊은 흐름에 이끌려 '발전'을 연구하고 있다. '진화'란 하나의 이론, 하나의 체계, 하나의 가설이 아니다. 그이상이다. 모든 이론, 모든 가설, 모든 체계가 가능하기 위한 조건이요 사실을 밝히는 빛이다. 그게 '진화'다.

한 세기 반 전부터 '반성'의 역사 이래 없었던 아주 대단한 일이 우리 얼 안에서 일어나고 있다. '의식'이 '새로운 차원'에 접어들고 있으며 그에 따라 완전히 새로운 세상이 탄생하고 있다는 점이다. 겉으로는 선 하나 주름살 하나 바뀌지 않은 것처럼 보이지만 세상의 내면 바탕이 바뀌고 있다.

그때까지 세상은 기하학의 세 축 위에 서 있었던 것 같다. 정적이고 나눌 수 있는 것이었다. 그러나 이제 단 하나의 흐름이 있을 뿐이다.

사람을 '현대인'으로 만든 것은 (이 점에서 아직 어떤 사람들은 현대인이 아니지만) 공간과 시간뿐 아니라 '지속'——다른 말로 하면 생물학적 시공간 이다——을 보게 되었다는 것 그리고 '자기 자신을 비롯해서' 모든 것을 그런 관점에서 볼 수밖에 없게 되었다는 점이다.

2) 지속에 둘러싸임

사람이 자기 둘레에서 벌어지는 진화를 느끼려면 자기 자신 역시 진화 속에 있음을 느끼지 않을 수 없다. 다윈이 그 점을 잘 보여주었다. 그런데 지난 세기 이후 변형론적 관점의 움직임을 보면, 자기들이 보편 흐름이라고 잡아낸 것에 대해 막상 자신들은 무관한 것처럼 생각하는 자연과학자들이나 물리학자들이 얼마나 많은지 놀라울 정도다. 뭘 아는 행위에서 주체와 객체는 끊임없이 분리되려고 한다. 구제불능이다. 우리는 우리를 둘러싸고 있는 사물이나 사건으로부터 끊임없이 떨어지려고 하며 마치 그것들을 바깥에서 볼 수 있는 것처럼 대한다. 동떨어진 관찰자요 관람자일 뿐, 일어나고 있는 일에 속한 한 요소라는 생각은 안 한다. 사람의 기원 문제를 놓고 오랫동안 몸뚱이와 살만 가지고 따진 것도 그 때문이다. 물론 오랜 세월 동안 동물에서 유전된 것이 우리 지체를 이루었을 수도 있다. 얼은 언제나 멀리 떨어진 데서 모습을 드러냈다. 그런데 첫 진화론자들이 아무리 유물론자들이었다지만 자기들의 지성이 진화와 아무런 관련이 없다고까지 생각하지는 않았다.

그러나 그 정도로는 아직 진실의 반에도 미치지 못한 것이다.

이 책 처음부터 내가 입증하려고 한 것이 그것이다. 우주 발생의 끄나풀이 우리에게까지 이어지는데 그것은 동일성과 일관성에서 볼 때 살과 뼈보다 더 깊은 연관이다. 우리는 우리 존재의 물질 표면만으로 생명의 흐름 속에서 같이 흘러가는 것이 아니다. 시간과 공간은 우리 몸뚱이를 이룬 다음 미세한 유체처럼 우리 얼까지 뚫고 들어온다. 그리고 얼을 채운다. 얼을 적신다. 얼의 능력과 뒤섞여 자기의 본래 생각과 시공간을 구분할 수 없을 정도에 이른다. 의식이 성장한 후에 그 점을 알아차리기 때문에 아무도 그러한 흐름을 피할 수 없다. 우리 존재가 아무리 성숙해져도 피하기 어려운 문제다. 우리 얼이 절대 세계로 파고 들어갈 때도 뭐가 '나타나는' 현상이라고 하지 않는가? 결국 진화는 사물의 한 부분에서 눈에 띈 후 차츰 무기물이고 유기물이고 물질 전체에 이른다는 것이 알려졌을 뿐 아니라, 우리가 원하든 원하지 않든 얼의 세계에까지 손을 뻗치고 있음이 밝혀지고 있는 중이다. 그리하여 우주의 바탕과 우주의 '최우선'을 생명의 얼 세계 건설로 바꾼다.

'생각'을 '시공간'의 유기적 흐름 속에 집어넣으려면 결국 시공간의 유기적 흐름에 우선성을 부여하지 않을 수 있을까? 우주 발생에 참 얼도 같이 들어 있다면 참 얼누리의 존재를 인정할 수밖에 없지 않을까?

생각이 진화의 부대현상이라는 말은 아니다. 오히려 진화란 곧 생각을 향한 행진으로 볼 수 있기 때문에 우리 얼의 운동이 곧 진화의 정도를 말해 주고 있다는 얘기다. 헉슬리(Julian Huxley)가 말한 대로 "사람은 진화를 의식하는 진화다." 그런 관점에 서 있지 않으면 우리 현대정신은 안식을 얻을 수 없다. 바로 그 정상에서, 그 정상에서만 빛과 안식이 기다리고 있기 때문이다.

3) 빛이 비침

우리 각자의 의식 속에서 진화가 스스로 돌아보며 자신을 안다…….

그런 관점이 우리 후손들에게는 아주 친밀해질 것으로 보인다. 마치 어린아이가 차츰 공간 지각력을 가지듯이 말이다. 여하튼 그런 관점에서 보면 뭔가 새로운 빛이 온 세상에 떠오른다. 그 빛은 우리에게서 나간다.

이 책에서 우리는 '청년지구'까지 거슬러 올라가 의식이 물질 속에 자리 잡는 과정을 차근차근 추적해왔다. 이제 그 정상에 이르러 우리는 뒤를 돌아보며 전체를 내려다볼 수 있게 되었다. 실제로 반대증명은 중요하고, 완전한 조화를 위해 필요하다. 관점을 달리해서 보면 말이 안 되는 것도 나오고 부족한 것도 눈에 띈다. 원래 사람의 생각이란 사물의 본래 자리를 찾지 못하기 때문이다. 그러므로 우리 얼에서 시작하여 위에서부터 밑으로 내려다볼 필요가 있다. 그러면 여러 선들이 휘어지거나 접힘 없이 뒤로 쭉 이어진 모습이 보일 것이다. 또 그처럼 위에서 밑으로 내려다볼 때 세 겹의 단일성 또는 통일성이 이어지고 펼쳐진다. 그것은 같은 구조, 같은 역학관계, 같은 운동이다.

(1) 같은 구조

'윤생'과 '부채꼴.'

어느 단계든 계통수 위에 이 구도가 나타났다. 사람의 기원을 찾을 때도 이 구조가 보였다. 민족과 인종이 뒤섞여 복잡하게 된 인류의 가지치기에 이르기까지 이 구조가 나타났다. 우리는 이제 좀더 민감해지고 날카로워진

눈으로 그런 구조 속에 들어 있는 일관된 동기를 찾아내기에 이르렀다. 좀 더 비물질적이고 친근한 형태를 들여다보며 그것을 찾아내보자.

흔히 우리는 이 세상을 서로 다른 이런저런 현실로 나누어 칸막이를 친다. 자연과 인공, 물리와 윤리, 유기체와 법······.

우리는 앞에서 시공간이 우리 얼의 운동에까지 미친다는 것 그리고 반드시 그럴 수밖에 없다는 것을 보았다. 그런 상황 속에서는 방금 말한 서로 대립되는 두 개념 사이의 담이 사라진다. 생명의 확장에서 볼 때 날개를 뽐내며 하늘을 나는 새와 원래 없던 날개를 달고 나는 비행사 사이에 어떤 큰 차이가 있는가? 마음의 에너지가 분명히 있고 또한 대단한데 그것은 만유인력보다 물리적으로 덜 현실적인가? 겉으로 볼 때 잘 변하는 것 같지 않으면서도 변하는 여러 가지 사회 형태는 언제이고 참 얼누리를 이룰 조직 체계를 조금씩 찾아가는 노력이 아닐까?······ 본래 그것들은 '사람답게'(인간화) 된 자연, '사람답게' 된 물리, '사람답게' 된 유기체가 아닐까? 인공과 윤리와 법이 깊은 과거에서 솟아오르는 물줄기와 생생한 관계를 맺고 있는 것 아닐까?

미래의 자연사는 그렇게 씌어질 것이다. 그런 관점에서 보면 우리가 습관으로 세상을 이렇게저렇게 갈라놓고 나누는 일은 쓸모가 없게 된다. 그리고 그렇게 되면, 생물학과 전혀 관련이 없는 것으로 보아왔던 수많은 사회 현상도 진화하는 부채꼴 안에 들어오게 된다. 언어의 형성과 분산도 그렇고, 새로운 산업의 발전과 다양화도 그렇고, 종교와 철학의 형성과 전파도 그렇다······. 사람의 여러 가지 활동을 피상적으로 보면 생명의 요청을 아주 약하게 느끼거나 우연한 것으로밖에 보지 못한다. 그런 관점으로는 모든 게 꽉 막힌다. 기껏해야 추상적인 필연성을 들먹이고 만다.

'진화'의 뜻을 완전히 알고 보면 비슷한데 설명할 수 없었던 것이 같은 것임을 알게 된다. 형태는 다르지만 똑같은 구조다. 밑에서 위로 문턱에서 문턱으로 뿌리에서 꽃으로 밀접하게 연관되어 있는 운동을 통하여 또는 같은 얘기이지만 서로 연결되어 하나를 이루는 환경을 통하여 똑같은 구조가 이어진다.

'사회 현상은 생물 현상이 약화된 결과가 아니라 생물 현상이 최고도에 이른 것이다.'

(2) 같은 역학관계

'더듬기'와 '혁신.'

동물 집단의 출현을 계속 따라가다보면 '변신'에 부딪히게 되고 그때 우리는 거의 본능적으로 이 두 낱말을 떠올린다.

그러나 신인동성동형론(anthropomorphisme)까지도 나타낼 수 있는 이 표현이 어떤 가치가 있는가?

사람 사회를 이루는 여러 제도나 이념의 부채꼴을 보면 그 처음에는 반드시 변신이 있다. 그것은 우리 주변 어디서나 줄곧 나타나는데 두 가지 모습으로 나타나기 때문에 생물학은 그 사이에서 아직 방향을 잡지 못하고 있다. 한 지점을 중심으로 일어나는 아주 작은 변신이 있는가 하면, 인류 전체를 끌어들이는 '집단 변신'이 있다. 그런데 이 집단 변신은 우리 안에서 일어나며 우리 자신도 변하면서 알아내는 것이기 때문에 그 현상을 어떤 빛으로 비추느냐가 중요하다. 그 문제를 놓고 우리는 생명의 진보를 목적론 방식으로 해석해도 틀리지 않을 것이라고 권면할 수 있다. 왜냐하면 우리의 '인공물'들이 다른 게 아니라 계통발생의 뒤를 이은 것이면서 동시에 '혁신'이라면, 새로운 생각을 줄이어 낳는 그러한 혁명 행위는 계통수 줄기 위에서 새로운 형태를 만들어내었던 그 역학관계가 반성의 형태로 이어져 온 것이라고 볼 수 있기 때문이다.

비유(메타포)가 아니라 본성에서 끌어낸 유추다. 같은 것이라는 말이다. 사람 사는 사회에서 좀더 잘 보일 뿐이다.

그렇게 보면 빛이 비친다. 과거 속 끝까지 빛이 내려가 비추어낸다. 그런데 우리부터 시작해서 제일 밑까지 이 빛이 드러내는 것은 윤생의 자연 현상이 서로 얽혀 끝없이 이어진 것이 아니라 우리가 발견한 것들이 계속 이어진 것이다. 첫 세포의 본능적 더듬기와 실험실에서 연구하는 학자들의 더듬기가 같은 궤도 위에서 만난다. 그러므로 두려움과 함께 '모든 걸 해보

고 모든 걸 찾아내는' 기쁨으로 부푼 가슴을 안고 경건한 마음으로 접근해
보자. 우리가 느끼는 파장은 우리 안에서 생긴 것이 아니다. 아주 멀리서
온 것이요 처음 생긴 별빛에서 나온 파장이다. 오는 도중에 이미 모든 걸
창조한 파장이 우리에게까지 오는 것이다. 탐구하고 정복하는 정신은 영원
한 진화의 얼이다.

(3) 같은 운동

'의식의 상승과 팽창.'

우리가 쉽게 믿었던 것과 달리 사람은 우주의 중심이 아니다. 그보다 훨
씬 멋지게, 사람은 거대한 생물학적 종합을 따라 위로 올라가는 화살이다.
계속 이어지는 생명체 중에서 사람은 마지막에 나왔고 가장 신선하며 가장
복잡하고 가장 야릇하다. 오직 사람만이 그렇다.

가장 밑바탕을 이루는 그림이 그렇다. 그 문제를 다시 얘기하지는 않겠다.

다만 이 그림이 진가를 발휘하려면 그리고 설득력이 있으려면 유전법칙
과 그 조건을 떠올려야 한다.

유전…….

앞에서도 말했지만 유기체 생성에서 형질이 어떻게 이룩되고 쌓이고 전
달되는지 아직 비밀이다. 또 동물이나 식물을 놓고 볼 때 개체의 스스로 함
(자발성)과 배아의 맹목적 결정주의가 어떻게 연결되어 계통발생이 생기는
지 생물학에서도 아직 풀지 못하고 있다. 자발성과 결정주의는 양립할 수
없는 개념이기 때문에 생물학에서는 변화설을 그저 수동적이고 맥없는 자
세로 받아들이며 거기에 대해 책임 있는 자세를 취하거나 영향을 끼칠 엄
두를 내지 않는 경향이 있다.

그러나 문제를 제대로 풀어낼 수 있는 곳도 여기다. 사람이 지닌 혁신력
은 사람의 계통발생에서 어떤 역할을 하는가?

사람 안에서 찾아낸 진화의 모습을 잘 되새겨보면 겉으로 보이는 모순들
을 충분히 풀어낼 수 있다.

우리는 우리 속 깊은 곳에서 이상한 힘의 무게를 느낀다. 좋든 싫든 과거

로부터 전달된 변하지 않는 '양자'의 무게다. 또 한 가지 우리가 분명히 느끼는 것은, 우리 앞에 생명의 파도가 어떻게 펼쳐질지는 그 양자 에너지를 어떻게 사용하느냐에 달려 있다는 점이다. 그 에너지가 여러 '전통'을 따라 가장 높은 생명 형태 속에 계속 쌓이고 있음을 우리 눈으로 보고 있지 않은가? 사람의 집단 기억이나 집단 지성 같은 것 말이다. 그래서 전통과 교훈과 교육이 가능하지 않은가? 우리는 '인공'을 잘못 판단하는 경향이 있다. 그리하여 사회의 여러 기능을 자연에서 종이 형성된 과정의 모방이나 흔적 정도로 본다. 그러나 우리가 말하는 얼누리가 환상이 아니라면 생각이 서로 전달되고 교환되는 이 현상이야말로 가장 뛰어난 형태가 아닐까? 덜 유연하기는 하지만 '계속 쌓여' 이루어진 생물학적 풍요가 우리에게서 실현된 것으로 볼 수 있다.

크게 볼 때, 의식의 방산을 통해 익명의 덩어리에서 생명체가 나타난 이후 어떤 행위를 전달하고 알아낼 수 있는 부분도 늘어난다. 교육과 모방을 통해서다. 그런 관점에서 보면 사람은 그러한 변화의 맨 끝 지점에 불과하다. 사람을 통해 전달되고 개체에 유전되어 개체 형성에 관여한 것이 반성하는 집단 유기체로 전달된다. 거기서는 계통발생과 개체발생이 완전히 일치한다. 세포와 세포 사이에서 일어나던 유전이 얼누리를 이루는 무리들 사이에서 일어난다. 이 순간부터 그리고 그처럼 새로운 환경의 형질 덕분에 이제 유전이란 오로지 '획득된' 정신적 보물의 전달이 된다.

반성 이전에는 수동적이었던 유전이 이제 '얼누리'라는 형태에서 매우 능동적으로 되고 그러면서 사람됨(인간화)은 진행된다.

우리 안에서 자신을 의식한 진화가 자기 모습을 깊이 들여다보아 모습을 드러내려면 자신을 거울에 비추어보는 수밖에 없다고 앞에서 우리가 말했다. 거기서 조금 더 나아가자면 이렇게 말할 수 있다. 이제 진화는 자신을 마음대로 할 만큼 자유롭게 되었다. 자신을 취하기도 하고 버리기도 할 수 있을 만큼 컸다. 이런저런 사람의 행위들을 보면서 그런 비밀을 깨닫기도 하지만, 이제 기본적으로 '진화는 우리 손안에 있다.' 미래를 앞에 두고 과거에 대해 책임을 진다.

위대한 존재가 될 것인가, 노예가 될 것인가?
어떻게 처신하느냐에 달렸다.

2. 처신의 문제

1) 현대의 고민

변화의 고통 없이 새로운 환경에 적응할 수는 없다. 갓난아이가 처음 눈을 떴을 때 두려워하듯이 말이다……. 엄청나게 커진 지평에 적응하려면 우리 얼도 좁은 영역에 안주할 생각을 버려야 한다. 기존의 작은 공간에 간직했던 것들을 위해 새로운 균형을 찾아야 한다. 어둠침침하게 갇혀 있던 끝에 비치는 광채. 탑 끝에서 느껴지는, 갑자기 엄습해오는 두려움, 어지러움과 방향상실……. 현대의 불안 심리는 모두 '시공간'에 갑자기 부딪힌 것과 관련이 있다.

사람의 근심이 반성의 등장 때문이고 그래서 사람이 생기면서 근심도 생겼다고 하는 말은 분명히 옳다. 그런데 특별히 오늘날의 사람들이 역사 이래 가장 불안해하고 있으며 그 까닭은 사회화되는 반성 때문이라는 것 역시 의심할 수 없는 사실이다. 겉으로는 웃고 있을지 모르나 깊은 불안이 마음 한가운데 자리잡고 있으며 대화의 끝에 또한 불안이 있다. 의식하든 못하든 그렇다. 불안의 뿌리는 분명히 우리 안에 있다. 무엇인가가 우리를 위협하고 있으며 무엇인가가 그 어느 때보다 결핍되어 있다. 그게 무언지 정확히 모르지만 말이다.

이제 그 불안의 기원을 차근차근 찾아들어가 보자. 거북스러운 장애물들을 치워가면서 마침내 고통의 장소를 찾으면 그곳을 치료하면 되리라. 만일 치료방법이 있다면 말이다.

먼저 가장 일상적인 것으로 '시공간의 문제'가 있다. 거대한 우주 앞에서 왜소함을 느끼고 쓸모없는 존재라고 생각하는 것이다. 공간의 거대함을 더욱 뚜렷이 알게 되니까 그만큼 인상에 깊이 남는다. 우리 중에 누가 평생

단 한번이라도 우주 전체를 눈으로 똑똑히 보거나 누비고 다닐 엄두를 낼 수 있겠는가. 수십 수백만 광년 거리로 펼쳐져 있는 우주를 말이다. 혹시 그런 일이 있다면 자기가 지녀왔던 신념이나 믿음이 많이 뒤바뀌지 않을 사람이 누가 있겠는가? 만일 속속 드러나는 우주의 모습 앞에서 눈을 감는다 해도, 순진한 웃음기를 덮는 어둠의 그림자마저 떨쳐버릴 수는 없을 것이다. 공간뿐 아니라 시간을 봐도 그렇다. 어마어마한 시간의 흐름을 똑바로 쳐다보는 사람은 많지 않고 대부분은 멈춤과 단조로움 속에 산다. 그러나 지속되는 시간 속에서 사건은 서로 꼬리를 물고 둥글게 이어지며 어디로 가는지 모르는 길들이 끝도 없이 서로 부딪친다. 마지막으로 숫자의 어마어마함이 있다. 공간과 시간을 채웠고 지금도 채우고 있고 앞으로 채우게 될 숫자다. 그 숫자는 마치 큰 바다와 같아 우리가 살아 있는 한 거기서 빠져나오지 못할 것 같은 인상을 받는다. 수십억 사람들 속에 섞여 있는 나를 생각해보라. 간단하게 웬만한 무리를 떠올려도 될 것이다.

많음과 거대함이 가져다주는 고통.

현대인이 겪는 첫번째 불안은 거기에 있다. 그것을 극복하기 위해 해야 할 일이 한 가지 있다. 주저하지 말고 자신의 직관을 끝까지 밀고 가는 것이다.

움직이지 않고 가만히 있어 아무것도 아닌 것 같지만 시간과 공간은 과연 두려워할 만한 것이다. 그런 상황에서 뭔가 보충하지 않고 어정쩡하게 덤볐다가는 세상을 제대로 보지 못한다. 보충해야 할 것, 그것은 세상을 끌고 가는 '진화'를 깨닫는 일이다. 어지러울 정도로 많은 별이 있고 어지러울 정도로 큰 공간이 있지만, 그 많고 큼이 화학적인 생명의 탄생과 관계가 없다면 무슨 의미가 있겠는가? 우리 앞에 지나간 수백만 년의 세월과 수십억의 개체가 우리를 이끌어가는 어떤 흐름을 이룬다면 그건 무슨 뜻인가? 가만히 있든 아니면 계속 움직이고 있든 이 우주의 끝없는 팽창 속에서 우리 의식은 증발해버려 마치 없어진 것처럼 될 것이다. 그때 의식은 자기를 강력하게 만들 것이다. 그것은 어떤 '과정'이 아니라 '새로운 탄생'이다. 사실 시간과 공간에 어떤 모습을 주는 운동이 생긴 그때부터 시간과 공간은 사람다워진다. 모든 희망을 버린 채 하는 말로 '해 아래 새것이 없다'는 말이 있다. 그러나 어느 날 동물 너머로 '생각하는 사람'이 생기지 않았는가? 그래도 "어쨌든 변하는 것은 없다. 역사 이래 아무것도 바뀌지 않았다"고 할지 모른다. 그러나 20세기 사람인 당신은 당신 조상들이 전혀 알지 못했던 지평에 눈 뜨지 않았는가?

현대 세계의 본질은 새로운 '얼누리'에 있다. 그 점을 인정하면 현대병도 반은 줄어들 수 있으리라. 현대의 본질이 새로운 얼누리에 있다는 것은 의심할 나위가 전혀 없다. 우주는 늘 움직이며 지금도 계속 움직이고 있다.

그러나 '내일'도 움직일까?

미래가 자꾸 밀어닥치는 지금 우리는 과학이 신앙에 자리를 내주어야 하는 전환점에 서 있다. 바로 여기서 우리의 당혹감이 생길 수 있고 마땅히 생길 만하다. 내일은 어떨까?…… 그러나 누가 내일을 말할 수 있을까? 그렇다면, 내일이 있으리라는 보장도 없이 우리는 살아가는 걸까? 우주에서 처음으로 앞날을 내다볼 재능을 가진 우리가 말이다.

막다른 골목에 부딪힌 불안함이여…….

이제 우리는 아픈 곳을 찾아냈다.

오늘날 우리가 사는 현대 세계를 현대로 만든 것은 세상 속에서 '진화'를 찾아낸 것이라고 했다. 그렇다면 현대 세계를 두렵게 하는 것은 그 진화의 출구가 있는지 없는지, 어떤 출구인지 확신을 갖지 못하는 데 있다고 할 수 있다.

그런데 미래는 어떤 모습이어야 우리가 받아들일 수 있을까? 기꺼이 받아들일 만한 미래는 어떤 것일까?

문제를 좀더 자세히 보고 치료할 수 있는지 알아보기 위해 상황 전체를 살펴보자.

2) 바람직한 미래

생명이 노예와 아이들을 양산하던 때가 있었다. 전진하기 위해서는 희미한 본능만 키우면 되었다. 먹이의 유혹과 생식 욕구다. 다른 것들보다 위로 뻗어 빛을 보기 위해 적잖은 싸움이 벌어졌다. 자동적으로 순응하고 이기주의가 쌓이고 그러면서도 전체가 커갔다. 사실 얼마 전까지만 하더라도 노동자와 가난한 사람들이 사회에 예속되는 것을 운명으로 받아들이는 그런 때가 있었음을 우리는 안다.

그런데 지구상에 생각이 등장하면서 생명은 생명을 비판하고 판단할 수 있는 힘을 이 세상에 주었다. 오랫동안 잠들어 있다 등장한 참으로 대단한 모험이다. 그리고 마침내 우리가 진화를 깨닫게 되면서 그 모험의 위험성이 드러나기 시작했다. 커버린 아이처럼, 의식화된 노동자처럼 우리는 뭔가가 벌어지고 있음을 발견하고 있다. 그 일은 우리를 거쳐, 우리를 딛고 벌어지게 될지 모른다는 것도 알아가고 있다. 그리고 더 중요한 것은, 우리가 카드 놀이의 카드이면서 동시에 놀이를 하는 자라고 하는 것을 알게 된 점이다. 우리가 테이블을 떠나면 모든 건 끝이다. 그리고 아무도 우리로 하여금 테이블에 눌러앉아 있도록 강요하지 못한다. 그 놀이는 충분히 할 만한 일인가? 아니면 우리가 속고 있는가?…… 수세기 전부터 앞으로 진군하는 데만 익숙하던 사람에게 이제 그런 물음이 생기기 시작했다. 그 물음은 지금은 작지만 점점 더 커질 것이다. 지난 19세기에 처음으로 공장 파업이 있었다. 21세기에는 반드시 '얼누리'(정신세계)의 파업이 큰 위협으로 등장할 것이다.

세상의 요소이지만 세상을 섬기기를 거부한다. 생각하기 때문이다. 더 정확히 말하자면 세상은 반성을 통해 자신을 알면서 자신을 거부한다. 여기에 위험이 있다. 현대의 불안 밑에 자라고 있는 것은 다름 아닌 진화의 위기다.

그렇다면 이제 어떻게 힘을 합쳐 질서를 회복할 것인가? 문제의 핵심은 바로 여기에 있다.

얼누리를 더욱 앞으로 밀고 나가야 하는 과제가 우리 손에 달린 셈인데, 그 일이 잘 되려면 한 가지 조건이 있다. 비판정신을 지닌 현대인은 그 조건이 충족되어야 그 과제를 수행할 것이다. 그 조건이란 노력하면 성공할 수 있고 될 수 있으면 멀리까지 나갈 수 있으리라는 보장이다. 동물은 꽉 막힌 곳을 향해 몸을 던지거나 절벽으로 뛰어내릴 수도 있다. 그러나 사람은 막힌 곳을 향해서는 한 발도 떼지 않는다. 우리를 불안하게 만드는 것도 바로 길이 막히지 않았을까 하는 것이다.

그렇다면 우리 앞에 길이 트였다고 하기 위해서는 최소한 무엇이 필요한가? 단 한 가지, 곧 그 길로 가면 우리 자신을 실현할 수 있다는 확신, 다시 말해서 (간접으로나 직접으로나 또 집단으로나 개인으로나) '우리 자신의 최대한'에 다다를 수 있다는 확신이다. 그것이 가장 기본이 되면서 굉장히 큰 요청이다. 생각의 최대한이다……. 그게 무언지 알 수는 없지만, 끝없이 계속 올라가는 수렴운동의 마지막은 생각의 끝이리라. 그런데 생각이 최대한에 이르러 생각이 끝난다는 것은 이제 아무 생각도 안 한다는 얘기인가? 우주의 여러 가지 힘(에너지)들 중에서도 의식의 위대성은 바로 거기에 있다. 의식이 최대한에 이른다든가 휘어돌아오는 일은 있을 수 없다. 가면서 임계점은 있을 수 있다. 그러나 멈춘다든지 돌아가는 것은 불가능하다. 성장할수록 다른 세계를 포함하는 더 큰 새로운 세계를 낳는 것이 내면의 세계이기 때문이다.

앞에 무한한 지평을 찾을 수 있다는 사실 때문에, 우리는 지금 움직이고 있는 한, 뭔가 큰 성취를 이룬다는 희망을 가지고 있는 셈이다. 상황이 그렇다. 만일 그런 희망이 없다면 뭔가 허탈하게 잘려나간 기분에 빠져들 수밖에 없는 상황이다. 사람의 활동이 반성행위인 한 활동의 본질로 보나 활동하는 사람의 요구로 보나 의식이 파괴되어 사라지는 총체적인 죽음이나 넘을 수 없는 담은 생각할 수 없다.

사람이 사람답게 되어갈수록 끝없이 새로운 것을 향하지 않고는 움직이려 하지 않는다. 사람의 활동 안에 이미 어떤 '절대'가 숨어 있다.

그럼에도 불구하고 '실증적이고도 비판적인' 정신을 가진 사람들 가운데에는 새로운 세대가 세상의 장래나 세상의 완성 따위를 믿지 않으리라고 보는 사람들이 있을 수 있다. 새세대는 옛세대보다 덜 순진하다면서 말이다. 그런 말을 되풀이하는 이들이 생각하는 것은 무언가? 만일 그들 말이 옳다면 지상에서 일어나는 모든 정신 운동은 마침내 멈추게 되리라는 얘기인가? 그들은 빛도 희망도 새로운 미래의 매혹도 없이 생명은 조용히 자기 순환을 계속한다고 믿는 것 같다. 잘못된 생각이다. 나무 뿌리가 잘려 있어도 아직 몇 해 동안은 여느 때처럼 꽃과 열매가 필지 모른다. 지금 물질의 힘이 아무리 크고 일차 욕구의 자극이 아무리 커도 미래가 비극적이어서 '살맛이 나지 않는다면' 인류는 창조활동을 하지 않으리라. 그를 떠받칠 비약의 원천에 다다른다 할지라도 인류는 붕괴되고 산산조각나고 말리라.

우리 지성은 이제 시공간을 꿰뚫어보지 않을 수 없게 되었듯이 우리 입술도 계속되는 보편적 진보의 맛을 잊을 수 없을 것이다. 이미 한번 맛을 보았기 때문이다.

만일 진보가 신화라면, 다시 말해서 '그게 무슨 소용이란 말인가'라고 한다면 우리는 더이상 노력하지 않고 나락으로 떨어질 것이다. 그때 '진화'도 같이 나락으로 떨어질 것이다. '우리가 진화이기 때문이다.'[원주1]

3) 곤경과 선택

우리는 우리를 둘러싼 불안이 얼마나 심각한 것인지 알았고 그렇기 때문에 그것을 치료할 방법도 알게 되었다. "사람까지 왔으니 이제 세상은 멈추지 않을까? 그렇지 않고 우리도 계속 움직인다면 그것은 다람쥐 쳇바퀴 돌듯 하는 거 아닐까?"

그러한 현대인의 염려에 대한 답은 우리가 분석한 현대인의 고통의 현실에서 비로 나온다.

"자연이 바람직한 미래를 향해 아예 닫혀 있을 수도 있다. 그렇게 되면 수백만 년 동안의 노력의 산물인 '생각'은 자기가 자기를 치는 모순된 세상 속에 생겨나자마자 질식사하게 된다. 아니면, 미래는 열려 있을 것이다. 우리의 얼을 넘어선 새로운 얼이 출구일 수 있다. 그런데 우리가 거기에 참여

[원주1] 누가 뭐라 해도 '절망의 힘(에너지)'이란 말은 틀린 말이다. 그 말은 벽에 부딪힌 희망을 극적으로 표현한 것이다. 의식을 지닌 힘은 모두 사랑처럼 (그리고 의식이 사랑이기 때문에) 희망을 깔고 있다.

하기 위해서는 그 출구는 우리가 마음놓고 우리를 내맡길 수 있는 끝없는 얼의 영역으로 펼쳐져 있어야 한다."

절대 낙관주의 아니면 절대 비관주의다. 둘 사이에 중간은 없다. 진보란 전부 아니면 아무것도 아니기 때문이다. 오직 두 방향이 있다. 위로 가느냐 아니면 아래로 가느냐, 가운데 머물 수는 없다.

어디로 갈 것이라는 뚜렷한 증거는 없다. 그러나 희망을 갖기 위해서는 어떤 믿음을 갖는 것이 합리적이다.

생명을 타고 우리는 두 갈래 길 앞에 섰다. 멈추어설 수는 없고 뭐든지 하려면 길을 선택해야 한다. 어떻게 결정할 것인가?

유명한 내기에서 파스칼은 선택하도록 하기 위해 미끼를 던져 속임수를 썼다. 만일 앞서 말한 두 가지 길 가운데 하나가 세상 전체를 설명하는 데 논리정연하고 희망을 줄 수 있다면, 우리의 선택 문제는 단순히 내기놀이가 아니다. 머뭇거릴 까닭이 없은가?

사실 세상은 너무 큰 사건이다. 우리를 낳기까지 이 세상에는 믿기지 않는 일들이 너무 많았다. 이제 우리가 그 뒤를 이어 더 멀리까지 모험을 계속하기에 이르렀다. 세상이 뭔가 시도했다면 그것을 시작했을 때와 똑같은 방법으로 실수 없이 그것을 완수할 것이다.

어떤 것이 우리에게 꼭 필요하다는 사실은 그것이 꼭 이루어지리라는 보장이다.

생각의 단계에까지 이른 생명은 더욱 높이 올라가려는 욕구 없이는 지속되지 않는다는 것을 우리는 그 구조를 통해 확인했다.

그 정도만 가지고도 우리는 우리에게 시급한 두 가지 점을 끄집어낼 수 있다.

첫째, 우리 앞에는 생존뿐 아니라 '다음 생명'이 있다는 점이다. 어떤 형태일지 모르나 적어도 집단 형태로 말이다.

둘째, 그 고차원의 존재형태를 상상하고 발견하고 거기에 다다르기 위해서는, 진화가 과거로부터 계속 일관되게 뻗어나가는 방향으로 생각하고 그리로 걸어가면 된다는 점이다.

제❹부
다음 생명

제1장

집단 출구

• 예비고찰—'외톨이'가 되지 말아야 한다

세상의 미래가 사람에게 달려 있고 사람 앞에 무한한 미래가 열려 있으며, 그러므로 결코 나태할 수 없음을 알았을 때 흔히 처음 나타나는 반응은 미래의 완성을 자기 혼자 짊어지려는 것인데 이는 매우 위험한 생각이다.

그것은 이기주의와 맞아떨어진다. 타고난 본능이 반성에 의해 정당화되어 우리로 하여금 그런 생각을 하게 만든다. 우리 존재를 충만하게 하기 위해서는 '다른' 무리로부터 가능한 한 떨어져야 한다는 생각말이다. 그런 식으로 '우리를 최대한' 실현하려고 하면 다른 무리로부터 떨어지고, 다른 무리를 우리에게 예속시키는 것 아닌가? 세상의 한 요소인 사람은 반성을 시작하면서 계통발생의 예속에서 어느 정도 자유로워져 '자기를 위해' 살기 시작했다. 그 이후 우리는 그 해방의 속도를 더해가려고 애썼다. 더 잘 살기 위해 되도록 '홀로' 있으려 했다. 그러나 그렇게 되면 어떤 방산체와 비슷하게 인류는 떨어져나간 조각이 되고 말 것이다. 물론 인류가 밤하늘에 타버리는 한다발의 불똥처럼 멸망하는 일이 있어서는 안된다. 결코 그런 예상을 할 수는 없다. 희망이 필요하다. 처음부터 자기 성취의 길을 찾아나선 '의식'이 마침내 어떤 노력으로 그 길을 찾게 되리라는 희망말이다. 다른 무리와 떨어지면서 자기 속으로 뭉친다. 얼누리를 이루는 요소요 얼누리를 구원할 수 있는 존재인 사람은 홀로 떨어진다. 그리고 그 고독의 힘을 밀고 나가 개인화라는 길을 구원의 방법으로 찾았다. 우리 주변에 자리잡은 극단의 개인주의는 결국 가까운 쾌락을 찾는 길에 지나지 않는다. 더 깊은 곳에서 울려나오는 요청의 소리를 들으려 하지 않는 것이다.

한편 '홀로 진보하자'는 견해 가운데 개인주의보다 이론이 떨어지고 덜 극단적이지만 훨씬 음흉하면서 상당히 많은 사람들을 유혹하는 것이 있다. 인종차별주의다. 개인끼리의 사랑보다 더욱 고상한 체하지만 더욱 자극적인 집단이기주의에 호소하면서, 인종차별주의는 나름대로 계통수를 따라가고 있다고 주장한다. 세상의 역사를 보면 수많은 부채꼴이 나타나면서 특정한 집단이 다른 집단을 누르고 밀어내면서 흘러오지 않았는가? 그런 일반 법칙을 우리라고 왜 벗어나야 한단 말인가? 실제로 우리들 사이에도 생명과 생존을 위한 싸움이 진행되고 있지 않은가? 힘의 논리다. 다른 무리들이 그랬듯이 인류라는 가지 중에서 어떤 단 하나의 눈에서 초인이 나온다는 주장이다.

개인 외톨이 또는 집단 외톨이. 이 둘은 다른 형태이지만 전략은 같다. 이것들은 우리에 이르기까지 생명이 밟아온 과정을 과장해서 자기들의 이론을 정당화하는데, 언뜻 보기엔 그럴듯하다.

상당히 잔인한 이론들인데, 우리는 종종 그런 얘기에 빨려들어간다. 어디에 매력이 있어서 그럴까? 그것들은 폭력을 부추기는데 왜 우리 자신은 마음 깊숙한 곳에서 그런 소리에 손뼉을 치고 있는 것일까? 우리는 이제 큰 진리를 아주 이상하게 휘어놓은 그 현실을 짚어보려고 한다.

먼저 중요한 것은 그 생각들이 어디가 틀렸는지 잘 들여다보는 일이다. 내가 볼 때 그 이론들은 '생각의 알갱이들이 자연스럽게 융합하게 된다'는 기본 현상을 무시함으로써, 참다운 얼누리의 모습을 흐트러뜨리고 참다운 지구의 얼이 이룩되는 것을 막고 있다.

1. 생각의 융합

1) 결합

(1) 요소들의 결합

그 본질로 볼 때 그리고 여러 가지 복합성 때문에 세상의 구성요소들은 그 '속'으로 서로 영향을 주고받는다. 그들의 '방사 에너지'가 다발로 엮어지면서 말이다. 그런 상호작용이 분자나 원자 사이에서만 있는 줄 알지만 얼 차원의 상호작용도 점차 커지고 실제로 유기체 속에서 직접 느낄 수 있다. 그리고 사람에 이르면 자연 속에 있던 의식이 최고에 이르러 얼의 상호작용이 사회 현상 어디서나 쉽게 느껴진다. 그러나 방사 에너지가 그런 상호침투 운동을 할 수 있는 것은 다른 한편에서 '탄젠트 에너지'가 공간적으로 자리잡고 밀착하기 때문에 가능한 일이다.

여기에 아주 평범하지만 우주의 가장 기본되는 구조가 드러난다. 지구가 둥글다는 사실이다. 천체가 기하학적 한계를 설정하여 자기를 닫아놓고 있어 마치 거대한 분자처럼 되어 있지 않은가……. 그런 특징은 이미 청년 지구에서 처음으로 합성과 중합이 일어날 때부터 볼 수 있었다. 사실 그러한 특징은 생물권이 퍼지고 발전하는 데 줄곧 있었다. 그렇다면 그것이 '얼누리'에서도 중요한 역할을 하지 않겠는가!

만일 인류가 자기 속으로만 들어간다면 그래서 공간을 끝없이 차지한다면 어떻게 될까? 지금과는 아주 다른 상상할 수조차 없는 세상이 될 것이다. 아마 압력 때문에 아무것도 발전하는 게 없을 것이다.

오랜 세월 동안 지상에 사람이 팽창하는 것을 막는 것은 아무것도 없었다. 적어도 드러내놓고 막는 것은 없었다. 사회발전이 늦어진 까닭 가운데 하나가 바로 거기에 있을지 모른다. 그리고 신석기 시대부터는 사람의 파도가 자기 쪽으로 역류하기 시작했다. 공간은 모두 점령되었고 각자 차지하고 있는 공간을 좁혀가야 했다. 그런 식으로 세대를 거듭하면서 우리는 현재의 상황에 이르렀다. 인류공동체라고 하는 단단한 집단을 이루었다.

그런데 그 압력의 결과로 그리고 얼의 상호침투 덕분에 사람 하나하나는 다른 사람 속으로 들어가고 그렇게 되면서 그들의 얼은 더욱 뜨거워진다. 그러면서 사람의 세계는 더욱 커지고 지구에 대한 영향력이 커갔다. 영향력이 절정에 이른 현대 세계에서 우리는 무엇을 보는가? 우리는 앞에서 그 점에 대해 많은 얘기를 했다. 몇 킬로미터밖에 미치지 못하던 각 사람의 얼의 힘이 철도와 자동차 그리고 비행기를 통해 이제 수많은 곳까지 미치게 되었다. 뿐만 아니다. 전자파의 발견은 대단한 생물학 사건이다. 전자파 덕분에 한 사람 한 사람은 오대양 육대주에 걸쳐 어디나 동시에 존재할 수 있게 되었다.

사람의 숫자가 많아졌을 뿐만 아니라 개인의 행동 범위가 계속 넓어지기도 해서 인류는 엄청난 압력을 받게 되었다. 어차피 닫힌 공간 안에서 서로 뻗어나가기 때문이다. 서로 부딪쳐 죄어들수록 각 요소는 더 뻗어나가려하기 때문에 압력은 더욱 커진다.

이 세상의 앞날을 그려보는 데 빼놓아서는 안되는 사실이 바로 그것이다.

우리 생각하는 얼은 놀라운 결속력을 지니고 있다. 우주의 힘은 그런 우리 얼과 손을 잡고 의식의 집중을 향해 나아간다. 그 작용이 아주 강력해서 거기에 또 다른 계통발생이 생겨난다. 그 문제는 뒤에 보기로 하자.

(2) 가지들의 결합

사람은 특별히 그 얼의 작용과 사회제도 때문에 서로 섞이고 가까워지는 특이한 성질을 지니고 있음을 앞에서 보았다. 나는 한번은 이론으로 또 한번은 사람발생의 역사를 짚어보면서 그 점을 강조했다. 이제 그 현상을 두루 살펴보고 그것이 무얼 뜻하는지 찾아낼 때가 되었다.

자연과학자들이 사람 계통을 들여다보면서 다른 동물집단과 비교할 때 처음 느끼는 것은 그 집단의 신축성이다. 진화가 있는 곳이면 어디서나 그렇듯이 사람의 원시형태에도 해부학적 차이가 뚜렷이 보인다. 유전의 결과 변이도 일어난다. 기후와 지리에 따라 다양한 인종도 생겨난다. 겉모습으로 볼 때 계속 모습을 갖춰나가는 '부채꼴'이 뚜렷이 보인다. 그러나 아주 특이한 것은 가지들이 더이상 갈라지지 않는다는 점이다. 다른 계통은 한번 나오면 여러 종으로 갈라지는데 사람의 윤생집단은 마치 하나의 거대한 잎처럼 '통째로' 자란다. 그 섬유들은 하나하나 존재가 뚜렷하지만 마치 하나의 옷감을 짜듯이 서로 얽혀 있다. 모든 차원에서 서로 무한히 섞인다. 유전자가 섞이고 문화와 정치체제 속에서 인종의 접합이 이루어진다……. 동물학으로 보면 사람은 다른 종들이 이루지 못했던 것을 이룰 수 있는 유일한 '종'의 모습을 띤다. 단순히 퍼져 있을 뿐 아니라 단 하나의 막으로 세상을 꽉 채운다.

그런 이상한 상황은 생명이 지금껏 걸어왔던 길을 거꾸로 뒤집은 것이요, 더 정확히 말하자면 그 길의 완성이 아니고 무엇이겠는가? 하나의 문이 자기 속으로 뭉쳐들어가는 것은 강력한 진화의 수단이 아니고 무엇이겠는가.

그러나 이 사건에는 지구라고 하는 공간의 한계가 주어져 있다. 생명의 가지들이 그 공간 속에서 서로 몸을 대며 결속한다. 그러나 바깥 접촉만으로는 참다운 결합을 이루지 못한다. 반성의 탄생으로 말미암아 사람에게 주어진 새로운 유연성을 고려해야 한다. 사람 이전까지 생명이 이룰 수 있었던 가장 큰 결속은 문의 최소 단위들을 하나하나 모아 사회를 이루는 것이었다. 그것은 구성하고 방어하고 번식하는 순전히 '기능' 측면에서 뭉치는 기계 같고 가족 같은 사회형성이었다. 꿀벌떼나 개미떼 같은 것이다. 그것은 조직이지만 한 어미가 낳은 생명체 둘레에만 모이는 조직이다. 그러나 사람부터는 생각 덕분에 융합에 새로운 비약이 이루어졌다. 새로운 환경 속에서 같은 집단 안에 있는 가지들이 서로 엮어지게 되었다. 아니, 갈라지기 전부터 이미 연결되어 있다고 하는 편이 나을 것이다.

그래서 사람의 계통발생 중에 집단의 차이는 일정한 한도까지만 존재한다. 새로운 유형을 더듬어 찾음으로써 생물학적으로 풍성해지는 한에서만 차이가 존재한다. 그러나 자오선을 따라 한 극이 자기 위치를 떠나 다른 극과 결합하듯이 그러한 차이라는 것도 곧 수렴운동에 휩싸이고 만다. 인종과 인종이 만나고 민족과 민족, 국가와 국가가 서로 결합하고 서로 풍성해진다.

인간학으로나 민속학으로나 사회로나 도덕으로 사람을 이해하려면 미리 알아야 할 것이 있다. 그것은 사람의 '가지치기'는 모두 더 높은 형태의 수렴을 위한 것이라는 점이다. 그걸 모르면 사람의 미래에 대해 어떤 것도 알 수 없다. 따라서 운생이나 선택이나 생존투쟁은 사람에게는 이차 기능이요, 융합이 먼저다. 여러 종을 품은 다발이 이 땅에서 자기 속으로 깊어지는 것이다. 참 특이한 계통발생이다. [원주1]

2) 큰 종합

요소의 결합과 가지의 결합. 지구의 기하학적 공간과 열의 궤도. 이들이 조화를 이루어 개인의 힘과 집단의 힘이 흩어지지 않고 '통일'을 이루도록 해야 한다. 이것이 '사람됨'의 방법이요 비밀이다.

그러나 왜 통일을 이루어야 하는가? 왜 통일이 좋은가?

이 궁극적 물음에 답하기 위해서는, 우리가 인간현상이 이 세상에서 차지하는 비중을 찾기 시작할 때부터 형성되었던 다음 두 개의 등식을 합해야 한다.

진화＝의식의 상승.

의식의 상승＝하나되는 효과.

지구의 안과 밖이 이어져 힘이 생기고 생각하는 단위체가 생겨나는 일반 융합이 있다. 그리고 '인류' 안에서 일어나는 융합이 있는데 개인이나 집단이 떨어지려 함에도 불구하고 오히려 그럴수록 더욱 엮어지고 가까워진다. 이 현상은, 우리 지구가 청년 지구였을 때부터 변치 않고 계속되어온 지구 전체의 조직화가 절정에 다다른 것으로 보면, 눈에 잘 들어올 것이다.

먼저, 탄소 분자가 있는데 이는 수많은 원자들이 대칭으로 뭉쳐 이루어진 것이다. 그 다음에는 그 분자들이 수없이 많이 모여 이루어진 기관들로 짜여진 세포가 있다. 그런데 후생동물에서 보자면 세포는 또 엄청나게 작은 요소에 지나지 않는다. 그리고 후생동물 역시 여러 가지 노력을 통해 공

[원주1] 내가 '사람의 세계화'라고 부른 것이 바로 이것이다.

생체를 이루고 더 나은 생물학적 상태에 이르고자 한다.

그리고 이제 생각하는 존재는 세계를 무대로 전 영역에 각자의 손을 뻗고 손을 잡되 한 존재 한 존재가 서로 혼동되거나 중립화되는 것이 아니라 하나의 생명체를 이루므로 서로를 강화하려 한다.

이런 여러 가지 사실들을 달리 어떻게 묶어 설명할 수 있을지 나는 모른다. 다시 말해서 이 사실들을 거대한 얼 생물학 차원의 운동으로 볼 수밖에 없다는 얘기다. '크게 종합하는' 운동이다. 그리고 이 지상의 생각하는 존재들은 모두 개인으로나 집단으로나 그 '큰 종합'에 따르고 있다.

탄젠트 에너지의 큰 종합. 그것은 또한 진화의 축을 따라 방사 에너지가 큰 비약을 이루었음을 뜻한다. 복잡성이 더해가고 거기에 따라 의식도 더해간다.

그게 사실이라면 홀로 떨어져야 한다는 주장은 그릇된 것임이 뚜렷하지 않은가?

미래를 '각자 자기를 위해' 살 수 있는 자기 중심의 시간으로 보는 것은 거짓이고 자연에 맞지도 않는다. 어떤 것도 자기와 함께 다른 것을 통하지 않고 움직이거나 클 수는 없다.

그것은 가지 하나가 나무의 수액을 자기를 위해 모두 빨아들여 다른 가지를 죽이면서 크는 종차별적인 생각이다. 햇빛을 받을 수 있도록 크려면 나무 전체가 성장해야 한다. 앞에 놓여 있는 세상의 출구, 미래의 문, '큰 시람'을 향한 입구인 그 문은 어떤 특정한 사람이나 특정한 민족에게 열려 있는 것이 아니다. '모두가' 힘을 합해 밀어야 열리는 문이다. 모두가 힘을 합해[원주2] 밀되 지구의 얼을 새롭게 하는 방향으로 밀어야 한다. 이제 그러한 얼의 혁신이 어떤 모습일지 보고 그러한 혁신이 현실을 어떻게 구체적으로 바꿀지 살펴보자.

[원주2] 이 일은 어떤 이들(엘리트)의 지도 아래 이루어질지 모른다.

2. 지구 얼

1) 인류

인류. 현대인이 '진보'를 믿게 되면서 처음 떠올린 개념이다. 개인은 죽기 때문에 현대인은 무한한 미래의 희망을 인류에 두었다. 인류. 그 모습은 뚜렷하지 않고 따지기 전에 먼저 느낌이 오는 그런 개념이며 보편적 형제애라는 낱말과 잘 어울려 영원한 진보를 나타내는 말처럼 되었다. 인류. 대개 순진하게 믿을 만큼 무슨 이상한 힘이 있어 지식 계급뿐 아니라 대중의 넋을 사로잡는다. 인류라는 개념을 받들어 모시든 아니면 비웃든 그 개념의 수용력과 강박관념에서 벗어날 수 있는 이가 누가 있을까?

18세기 '예언자'들이 볼 때 세상은 혼란스럽고 느슨한 덩어리에 지나지 않았다. 아주 경건한 신도나 되어야 그런 생각을 떨쳐버릴 수 있었다. 그런데, 채 2세기가 지나지 않아 우리는 특별히 신경을 쓰지 않아도 우리 조상들이 바라던 그런 현실에 살고 있다. 적어도 물질로는 말이다. 수세대에 걸치면서 우리 주변의 모든 경제 관계, 문화 관계들이 기하학적으로 발전하면서 밀접하게 엮어지고 있다. 이제 신석기 시대의 식량인 빵이 풍부해지면서 사람들은 매일 일정량의 철과 구리 그리고 면화를 요구하고 있으며 일정량의 전기와 석유와 라듐 그리고 영화와 새로운 국제 소식도 필요로 한다. 이제 우리 한 사람 한 사람을 양육하려면 어떤 들판에서 나는 곡식만으로는 안되고 지구 전체가 동원되어야 한다. 각국의 여러 말이 한 가지 뜻을 나타낸다는 것은 여러 지체와 신경계와 감각기관과 기억을 가진 몸을 지닌 '큰 것'이 탄생한다는 것 아닐까? 자신이 진화중에 있는 전체와 연관되어 있으며 또한 책임이 있다고 의식하는 사람의 꿈을 충족시키는 그런 큰 것 말이다.

사실 세상의 모든 계통이 연결되고 조직을 이루어야 한다는 우리의 논리로 볼 때 개인주의나 인종차별주의는 이단이요 결국 우리의 생각은 처음 등장한 박애주의자의 직관을 되살리는 관점으로 돌아가야 한다. 다른 사람들과의 연합을 끊어버린 사람이 마음을 고쳐먹고 기대해야 할 진화된 미래가 거기에 있다. 지난날에 그런 것을 꿰뚫어본 사람들은 꿈을 꾼다고들 했다. 그러나 어떤 점에서 우리는 그들이 내다본 것을 지금 보고 있다. 물론 그들 '어깨 위에 올라가 있기 때문에' 그들보다 더 잘 본다. 인류의 뿌리가 우주적이라는 것, 인류는 어떤 구체적 모습을 하고 있다는 것, 그리고 특별한 본성을 지녔다는 것, 그것을 과거의 사람들은 희미하게 내다보았지만 우리는 뚜렷이 보고 있다.

'우주적인 뿌리.' 처음 등장했을 때 사람은 다른 비슷한 존재들과 연합하여 살며 자연법칙을 따랐다. 기껏해야 기원을 찾고 무게를 달고 하는 일을 할 뿐이었다. 당시에는 '자연'을 '사람'처럼 보았고 아니면 시적인 비유로 보지 않았는가? 그래서 자연은 무언가를 요구하기도 했다. 그런데 어떤 때에 자연이 우리에게 요구한 것은 어제 일이요 내일이면 또 바뀔지 몰랐다. 당시의 자연은 오리무중이었다. 그러나 현재 우리는 이 세상의 구조적인 요청을 직접 받고 있다. 그런 상황에서 볼 때 우리를 떠미는 자연의 힘들이 더이상 제멋대로거나 위험하게 보이지는 않는다. 그 힘들이 때로는 밖에서 때로는 안으로부터 우리를 떠밀지만 말이다.

만일 세상이 막혀 있고 갈래갈래 흩어져 있기만 하다면 세상은 언제 깨질지 모른다. 그러나 인류는 생물학적인 '시공간'에 자리하면서 스스로 우주의 모든 계통들 뒤를 잇고 있는 것처럼 되어 일관되고 의젓하게 보인다.

'구체적 모습.' 아직도 현대인들은 인류라고 하면 구체적인 모습이 없기 때문에 비현실적인 것으로 생각하는 이들이 많다. 어떤 이들은 인류라는 것을 추상적인 덩어리로 보거나 협약에서 나온 것으로 본다. 그런가 하면 어떤 이들은 인류를 아주 단단한 유기체로 보아, 마치 생리학이나 해부학으로 사회를 옮겨놓은 것으로 본다. 흔히 무슨 법이 낳은 실체나 또는 거대한 동물체로 생각하는 사람들도 많다……. 인류를 너무 작게 또는 너무 크게 생각해서 제대로 파악하지 못한다. 그런 잘못을 피하려면 우리 머리 안에 하나의 범주를 새로 집어넣으면 어떨까? 지금껏 우리가 앞에서 한 애기에 따르면 그렇게 못할 까닭이 없지 않은가? 기하학은 처음에 합리적으로 만들어졌다. 그러나 π 같은 생각하기 힘든 수를 발견하지 않았으면 기하학은 발전을 멈추었을 것이다. 대수 역시 끊임없이 새로운 기능이 나타나는 세계에 맞추어나가지 않았다면 현대 물리학이 제기하는 문제를 풀 수 없었을 것이다. 생물학 역시 마찬가지다. 생물학이 생명 전체를 얘기할 수 있으려면 지금까지 쓰던 단계에 몇 단계를 새로 넣어야 한다. 그것은 '집단'이라는 단계다. 개체로 나눌 수 없는 집단은 개체만큼이나 객관적인 현실이다. 사실 생명 운동을 여러 개념으로 나타내기 위해 우리는 앞에서 문, 가지 등의 낱말을 만들어 쓰지 않았던가?

진화의 관점에서 볼 때 집단 단위는 홀로 떨어진 개체에 못지 않게 뚜렷한 것이요 구체적인 현실이다. 인류도 당연히 그런 특별한 크기의 단계에 들어간다. 그것이 타당성이 있으려면 우리 머릿속에 직접 인류라는 개념이 들어오면 된다. 더 간단히 말해서 무언지 모르고, 이전에 썼던 개념들과 잘 맞아떨어지지 않더라도 말이다.

'특별한 본성.' 앞서 말한 생각의 융합이라는 문제로 다시 돌아왔다. 집단 실체인 인류는 손으로 만질 수 있는 몸뚱이를 넘어 의식의 종합이라는 특별한 유형의 존재로 봐야 한다. 끊임없는 집중과 농축을 통한 의식의 종합을 봐야 인류를 제대로 보는 것이다. 결국 인류는 '큰 얼'이라고밖에 달리 말할 수 없다.

그런데 그런 관점에서 보면 인류가 미래에 취하게 될 두 가지 형태를 상상해볼 수 있다. 하나는 좀 간단한 것인데, 공동으로 알고 행동하는 능력이다. 또 하나는 좀더 깊이 있는 것으로서 얼의 밀도가 매우 높아져 나타나는 것이다. '과학' 또는 '만장일치'(하나의 얼)이다.

2) 과학

현대의 '과학'은 '인류'와 한쌍을 이룬다. 그 두 개념(또는 두 개의 꿈)은 같이 태어났고 같이 자랐으며 지난 세기에는 똑같이 거의 종교적인 믿음의 대상이 되었다. 그리고 똑같이 그 명예가 땅에 떨어졌다. 그럼에도 불구하고 그 둘은 서로 힘을 합해 그 어느 때보다도 더욱 열심히 우리의 꿈을 대표한다. 믿음과 희망을 이 지상에서 구체화하려고 할 때 우리의 상상력은 여지없이 그 두 개념을 빌려오게 된다.

과학의 미래……. 언뜻 생각할 때 과학이라는 것은 이 세상 전체를 일관되게 보는 눈을 마련하는 것처럼 보인다. 사실 앎의 역할이란 우리 주변에 이미 주어지고 이미 만들어져 있는 것을 밝혀내는 것이라고 보았다. 앎의 기쁨이란 그런 것이었다. 그러나 오늘날에는 모든 걸 알고 싶어하는 욕구와 거기에 의미를 부여하는 철학 덕분에 무의식을 찾아내게 되었다. 세상은 체계적인 반성을 거쳐야 제대로 되는 것이라면 무의식은 일종의 열등감 또는 존재론적 악이다. 그런 무의식의 세계가 새로 생겨난 셈이다. 수학에 이르기까지 뭘 '찾았다'는 것은 새로운 존재의 탄생을 뜻하지 않는가? 그렇다면 지적인 발견이나 종합은 단순한 두뇌 작용이 아니라 창조다. 사물이 어떤 물리적 성질을 갖고 있다는 것은 우리가 그것을 느꼈음을 뜻한다. 그렇게 볼 때 전 인류의 탐구와 노력을 통해 꾸는 인류의 꿈을 진화의 최고 단계로 보는 학자들의 생각[원주3]은 어느 정도 일리가 있다.

'알기 위해 안다.' 그러나 그보다는 '할 수 있기 위해 안다.'

한번 나온 이후로 과학은 생명이 부딪치는 문제를 풀면서 커갔다. 정교한 과학 이론들은 곧바로 세상을 손에 넣는 데 쓰여졌고 그렇지 않으면 사람의 생각 속에서 뿌리 없이 떠다녔다. 그러다 보니 다른 모든 형태의 생명체들의 뒤를 잇고 있다는 인류의 진보라는 것이 물질을 정복하는 방향으로 이루어졌다. 물질은 얼에 봉사하는 것이었다. '더 행동하기 위해 더 많은 능력을 키운다.' 그러나 그보다는 마침내 '더 존재하기 위해 더 행한다.'

그러므로 화학의 선구자들이 철학의 초석을 발견하게 된다. 오늘날 우리의 야망은 상당히 커졌다. 금을 다루지 않고 '생명'을 다룬다! 지난 50년 동

[원주3] 브뢰스비크(Brunschvieg)의 생각이 바로 그런 것이 아닐까?…… 사람이 반성한다(개인적이고 집단적인)는 사실로부터 생각할 수 있는 것은 진화가 물리화학적인 몸둥이의 조직을 넘어서 자기 비약을 이루며 새로운 질서를 잡는 능력을 갖게 되리라는 점이다. 그것은 우주의 인식질서를 잡는 일이다. 세상을 생각한다. 물리학은 그 점을 알아채기 시작했다. 단순히 생각할 뿐만 아니라 거기에 통일된 형태를 부여하는 것이다. 그러나 먼저 생각하지 않으면 통일된 형태를 부여하지도 못한다.

안 일어난 일을 볼 때 어찌 그것을 환상이라고만 할 수 있겠는가? 호르몬에 대해 알게 되면서 우리 몸과 뇌에까지 손을 대지 않는가? 유전자를 발견했으니 유기체의 유전구조를 곧 마음대로 하지 않겠는가? 그리고 알부미노이드를 종합할 수 있게 되면서 이 지구가 할 수 없으리라고 여겨졌던 것을 머지 않아 하게 되지 않을까? 새로운 유기체, 인공적으로 만들어진 새로운 생명의 탄생말이다. 사실 우주는 처음부터 크게 더듬어 찾았고 그것이 죽 이어졌다. 사람이 정확한 계산을 통해 드러낸 것들도 어떻게 보면 그렇게 되지 않을 수도 있었다. 생각을 완벽하게 만들려는 생각, 집단 반성의 결과 앞으로 비약하는 생명……. 그렇다. 사람이 연구를 계속하며 꿈꾸는 것은 원자나 분자의 친화성 너머로 다른 가장 바탕되는 '에너지'를 손에 넣으려는 것이다. 다른 에너지를 거느리고 부리는 가장 바탕되는 에너지 말이다. 힘을 합쳐 '진화'의 '원동력'에 손을 뻗침으로써 '세상'의 빗장을 붙잡으려는 것이다.

거기까지 희망을 두고 있다고 용기 있게 말하는 사람들에게 나는 그들이야말로 사람 중의 사람이라고 하겠다. 또 탐구와 바람은 거의 같은 것이라고 하겠다. 그러나 그들이 다음과 같은 점을 마음에 두었으면 좋겠다. 그러면 점차 더 완벽한 정복과 바람을 가지게 될 것이다. 가장 기본적인 불의 발견 이래로 과학은 굉장히 멀리 나아갔지만 그리고 언젠가 사람이라는 요소의 모양을 완벽하게 다시 만들어놓겠지만 알고 보면 늘 똑같은 문제에 부딪히고 있다는 점이다. 어떻게 하면 사람 전체와 동시에 사람 하나하나에 궁극적 가치를 둘 수 있겠는가? 그렇게 하려면 사람들을 유기적 통일체로 만들어야 하는데 어떻게 그리하겠는가? 이것이 과학이 부딪치고 있는 문제다.

3) 만장일치(하나의 얼)

앞에서 우리는 큰 종합이라고 했다. 그리고 '집단'이라는 개념의 중요성도 말했다. 우리가 이 말을 인간현상에 쓸 때 결코 어떤 비유가 아니라고 본다. 우주는 그 본질에서 동일한 하나의 몸체일 수밖에 없다. 그런데 그 나선 운동이 항상 위로 올라가면서 어떤 모양으로든 현실성을 잃고 그 일관성을 잃을 때에도 동일한 몸체인가? '물(物) 이하가 아니라 물 이상이다.' 개인과 민족과 인종이 점차 뭉치게 되면 이 지상에 새로운 것들이 출현할 텐데 그것들은 바로 물 이상이다. 생각하는 개체들이 연합하여 생길 '현실'이 있다. 그 현실은 인류의 공동 꿈을 통해 표현되고 공동의 행위능력에서 나오는 것이지만 그러한 꿈보다 더 심오하고 그러한 행위능력보다 더 중요하다.

우주의 바탕이 생각을 시작하면서 아직 그 진화를 끝내지 않았으며 우리는 새로운 임계점을 향해 앞으로 나아가고 있다. 달리 무슨 말을 하겠는가? 유기적인 결합은 우리 주변 어디서나 볼 수 있었지만 '생물계' 상태에서 그것은 여러 계통이 그저 모여 있는 정도요 끝에 가면 다 흩어져 있었다. 그렇지만 반성이 나타난 이래로 자기 반성의 결과로 연결고리가 닫혔다. 그리하여 '얼누리'는 닫힌 조직이 되려고 한다. 그 안에서 구성요소 하나하나는 다른 요소들이 보고 느끼고 바라고 당하는 것과 똑같은 것을 보고 느끼고 바라고 당한다.

조화로운 집단 의식, 그것은 초의식이라 할 수 있다. 지구는 무수한 생각 알갱이들로 덮여 있을 뿐 아니라 하나의 큰 '생각 덩어리'로 덮이게 된다. 다양한 개인 반성들이 뭉쳐서 하나의 '반성' 곧 만장일치된 반성이 된다.

밑그림이 그렇다. 그런 밑그림을 가지고 우리는 과거와 견주어가며 인류의 미래를 과학에 맞게 점쳐본다. 앞에서도 말했지만 인류를 빼놓고는 지상의 어떤 문제도 우리 요구에 맞게 풀 수 없다.

지금까지 있었던 것만 있을 수 있다고 생각하는 사람들에게는 그런 관점이 그르게 보일지도 모른다. 그러나 거대한 우주 규모를 아는 사람들에게는 당연하게 느껴질 것이다. 거대한 천체와 어울리는 얘기이기 때문이다.

시간과 공간 차원에서뿐 아니라 '생각' 차원에서도 이 우주는 측량할 수 없는 것 아닐까?

어쨌든 한 가지는 분명하다. '얼누리'와 고도로 유기적인 사회관계에 대한 우리 주장은 매우 현실적인 얘기이고 그런 관점을 취한다면 세상의 현재 상황이 뚜렷하게 드러난다. 현재 인류가 당하고 있는 어려움에 아주 단순한 뜻이 있음을 알게 되기 때문이다.

이중의 위기인데 그것은 이미 신석기 시대에 시작되었고 현대에 이르러 최고도에 다다른 것이다. 먼저, 앞서 말한 대로 인류의 '집단화'다. 민족과 문명들이 어느 단계에 이르면 서로 섞이지 않고는 성장하지 못한다. 접촉을 통해서든 경제협력을 통해서든 얼의 교통을 통해서든 말이다. 그러나 또 다른 위기가 있다. '기계'와 '생각'이 결합하여 '주인 없는 힘이 솟아난다'는 것이다. 현대인은 자기 손안에 쥔 시간과 힘 밖에 모른다. 부는 넘쳐 흐르지만 신음한다. '실업'에 비명을 지른다. 어떤 이들은 물질의 과잉을 억제하려고 노력하지만 그처럼 자연에 거스르는 행위가 불가능하고 이상한 것임을 간과하고 있다.

자유 에너지가 끊임없이 커지고 그 가운데에 요소들의 압력도 커진다.

이 이중 현상 속에서 우리는 어떤 징조를 본다. 그것은 '방사' 쪽의 비약 곧 참 얼이 탄생하는 새로운 발걸음을 본다.

국경 조정만을 통해 국제 분쟁을 해결하려 하는 것은 헛된 일이며 인류의 여러 활동을 단순히 '오락' 정도로 보는 것도 잘못된 일이다. 우리의 근본 태도를 바꾸어야 한다. 물질로나 얼로나 옛 세상에 맞추어 지은 오막살이 속으로 모든 문제를 끌어들이려고 한다면 달리는 기차 속에서 우리 모두는 서로를 파멸시키고 말 것이다.

얼이 팽창하여 새로운 영역이 생긴다. 조금만 멀리 보면 보이는 그것을 우리는 지금 모르고 있다.

정복 속의 평화, 즐거움 속의 노동. 서로의 대립을 넘어 서 있는 세계가 우리를 기다린다. 세상이 안으로 뭉치면서 그리고 하나로 된 '지구 얼'이 생기면서 열리는 세계다.

그러나 그처럼 큰 목표를 향한 우리의 첫 노력들이 거기서 멀어지는 결과를 낳는 것처럼 보이는 까닭은 무엇인가?

제2장

집단을 넘어 : 큰 사람

• 새로운 관찰─낙심을 극복해야 한다

오늘날 지식인들 사이에서 인류 문제에 대해 회의주의가 유행하고 있다. 그런데 그 까닭은 분명하지 않다. '집단'을 인정하고 '시공간'의 문제 역시 머릿속으로는 받아들이면서도 여전히 머뭇거린다. 뭔가 일관되지 않은 태도가 사람 세계에서는 존재한다. 19세기에는 약속의 가나안을 기다리며 살았다. 그들은 생각하기를, 20세기는 과학과 형제애가 빛나는 새로운 황금기가 되리라고 보았다. 그런데 우리는 현재 나락으로 떨어졌으며 나락은 점점 더 깊어지고 비극이 되고 있다. '지구 얼'이라는 개념은 우리 경험에 아무런 저항감을 주지 않았다고 힐지 모른다. 문제는 거기에 있다. 사람은 자기하고만 하나되어서는 현실을 넘어서지 못한다. 그런 환상은 빨리 버릴수록 좋다. 그건 환상일 뿐이다.

19세기의 꿈은 사라졌다. 그러나 그 덕분에 우주가 얼마나 까다로운가 하는 것도 깨달았다. 어쨌든 그러한 실패의 원인을 알아내려면, 경험했다고 하는 생각은 아직 이르다는 점을 지적해야겠다. 어떻게 벌써 경험했다는 말인가? '이른 사람'에서 현대인으로 가는 데 적어도 50만 년 또는 100만 년은 걸렸을 것이다. 자기 넘어의 높은 세계를 내다본 지 2세기도 안되어 현대인은 자기에서 벗어나려고 애를 쓰고 벌써 낙심하기 시작하다니!

결국 여기서도 관점이 잘못된 것이다. 우리 둘레, 우리 뒤 그리고 우리 앞에 거대한 것이 있음을 이해한 것은 첫발을 내디딘 것이다. 그러나 그 깊이와 함께 그 속도의 느림까지 이해하지 못한다면 가치 전환이 아직 완전히 이루어지지 않은 것이다. 그래 가지고는 새세상은 불가능하게 보일 뿐이다. 차원마다 거기에 따른 박자가 있다. 지구 전체의 운동에는 거기에 따른 거대한 박자가 있다. 역사를 넘어 선사 시대 기간까지 셈해 보면 사람이 존재한 기간은 거의 아무것도 아니다. 마찬가지다. '얼누리'가 우리 시대에 이르러 빨라지고 있지만 한 세대밖에 안되는 기간에 지구가 변하는 걸 보려고 해서는 안된다.

겉으로는 그렇게 보이지 않지만 지금도 '인류'는 우리 둘레에서 전진하고 있을 수 있다(여러 가지 징조가 보인다). 그러나 그것은 너무 큰 규모의 일이라 거의 느낄 수 없다는 것을 알아야 한다.

그것이 제일 중요한 점이다. 그 관점을 놓쳐서는 안된다. 그러나 더 큰 근심이 있다. 사실 빛이 멈추어 있는 것은 그리 큰 문제가 아니다. 문제는 그 빛이 사라지는 것 같은 데 있다. 만일 우리가 움직이지 않을 수 있다고 믿을 수 있다면 별 문제이지만……. 사실 서로 반발하는 힘 때문에 그리고 물질로 되려는 경향 때문에 앞으로 나가지 못하고 뒤를 돌아보는 경우가 있다.

'반발.' 현재 지구에는 한 사람 한 사람을 조이는 힘이 굉장히 크다고 앞에서 말했다. 지리로 보나 얼 차원으로 보나 개인과 국민들이 서로 엄청나게 영향을 주고 있다. 그런데 이상한 사실이 있다. 서로 가까워지는 힘이 크면서도 생각하는 개체(사람)들이 내면의 끌림에 빠져들지 못하는 것처럼 보인다. 성욕이나 잠깐의 호의를 제외하고 사람은 아직도 서로 적개심을 갖고 있고 적어도 서로 문을 닫아놓고 있는 것 같다. 마치 밀가루 알갱이가 그대로 남아 있어 서로 완전히 혼합되지 못하고 겉돌듯이 사람은 온 힘을 다해 서로를 밀어내는 것 같다. 기다리는 '참 얼'은커녕 새로운 형태의 결정주의 곧 물질주의가 나타난 것같이 보이기도 한다. 정말 그렇다면 최악의 상태이지만 말이다.

'물질로 되려는 경향.' 새로운 조직체가 생겨나려면 원래 목표는 무엇이든 많은 개체들이 무조건 따라줘야 한다는 법칙이 있다. 난 여기서 그 법칙을 말하려는 것은 아니다. 다른 생명 형태가 그러하듯 사람도 사람답게 되려면 무리가 되어야 한다. 그런데 완전한 조직을 갖추기 전에 무리는 어떤 우연한 일에 부딪히게 된다. 유행이나 정치 혁명 또는 사회 혁명에 이르기까지 대중 심리라는 이상한 흐름이 있어 사람 집단을 흥분의 노예가 되게 한다. 한 사람 한 사람은 상당히 얼의 차원에 있는 것 같은데 그 의식들이 뭉쳐서는 '신물질'이 되어간다. 신물질이란 다른 물질 형태와 거의 같은 것이다. '물질'은 살아 있는 무리가 하나로 되려고 할 때 생겨나는 '탄젠트' 국면이다. 물론 우리는 거기에 저항해야 한다. 그러나 그것은 진보의 징조이고 또 진보의 대가라는 것을 알자. 그러나 다른 모양의 노예화가 있다. 우리가 하나되려고 노력할수록 더 많이 눈에 띄는 그런 예속 현상은 어떻게 설명할 것인가?

역사를 돌아볼 때 인류가 질서를 잡기 위해 오늘날만큼 많이 준비하고 많이 노력한 적은 없다. 그야말로 '단체 운동'이다. 북쪽 삼림지역이나 아시아 스텝지역의 사람들이 강을 따라 내려오는 것이 아니다. '백만 인구'라는 말이 흔하게 들린다. 백만 인구가 과학으로 뭉쳐 있다. 백만 인구가 줄 서 있다. 백만 인구가 공장에서 똑같은 일을 한다. 백만 인구가 자동차를 탄다. 공산주의나 국가 사회주의와 같이 보면 이건 굉장한 예속이다. 세포 대신에 결정체다. 형제애가 아니라 흰개미떼다. 의식의 비약이 아니라 기계화요, 그것은 전체를 묶는 데 피할 수 없는 것으로 보인다.

그렇게 본다면 그것은 '얼누리'의 법칙에 크게 어긋난다. 그러나 우리가 할 일은 낙심이 아니라 우리 자신을 점검하는 일이다. 기계가 멈추었을 때 기술자는 기계의 힘을 의심하기보다는 어떻게 하면 움직일 수 있을까 다시 계산해 보지 않는가? 인류를 큰 기계로 본다면 그 기계는 전진하도록 만들어졌다. 충만한 새 얼을 만들면서 전진해야만 한다. 그것이 멈추어 섰다거나 물질만 만들어낸다면 거꾸로 가는 것이다……. 현대에 전체주의가 가능하려면 그런 뚜렷한 사실을 뒤집어야 한다.

지금까지 우리는 아직 '한 사람'과 '참으로 내가 되는' 문제를 꺼내지 않았
다. 이제 그 문제를 얘기해 보자.

1. 사사로운 것의 수렴과 오메가 포인트[역주1]

1) 사람 같은 우주

원시인들은 움직이는 것에는 모두 사람 얼굴을 달아두었고 초기 그리스
인들은 모든 자연 현상과 자연의 힘을 신으로 받들었지만 현대인은 자신이
가장 높이는 것에서 사람 모습을 빼는(탈인격화하는) 경향이 있다. 거기에
는 두 가지 까닭이 있다. 첫째는 '분석' 때문이다. 분석은 과학의 훌륭한 수
단으로서 우리가 진보하는 데 중요한 역할을 했다. 그러나 이것저것 종합
해 가면서 얼을 놓치고 마침내 망가진 톱니바퀴 더미를 남겨놓았다. 둘째
는 항성계의 발견이다. 그것은 너무 어마어마해서 내 존재와 우주를 같이
놓고 보는 일이 불가능해졌다. 그처럼 아주 작은 것과 아주 큰 것을 동시에
발견한 후 단 하나의 현실만 존재하게 되었다. 그것은 '에너지'다. '에너지'
는 어디에나 있으며 마치 '큰 바다'와 같아 모든 것이 거기에서 나오고 그리
로 돌아간다. '에너지'가 새로운 '얼'이 되고 '에너지'가 새로운 '신'이 되었
다. 그렇게 되어 세상 처음(알파)이나 세상 끝(오메가)도 인격과 거리가
멀게 된다.

그런 상황 속에서 우리는 '한 사람'의 참 뜻을 잃어버린 것으로 볼 수 있
다. 자기에게 집중하고 '나'라고 말할 수 있는 것은 개체의 특권이다. 다른
존재에게는 문을 닫음으로써 전체에 대항할 수 있으니 말이다. 그러나 '집
단'이나 '세상'이 더 큰 현실이고 더 지속가능하다. 그런 방향에서 보면 '나'
는 쪼그러들고 사그라진다. 개성은 아주 작고 덧없으며 결국 벗어나야 할

[역주1] 희랍어 알파벳에서 오메가(Ω)는 마지막 글자이다. 그러므로 오메가 포인트는 '끝' 또는
'마지막 때'를 가리킨다.

감옥일 뿐이다…….

　현대인들이 처한 상황이 그렇다.

　그러나 여러 가지 사실들을 논리에 맞게 끝까지 밀고 나가보자. 그러면 우리가 말한 대로 '시공간'이나 '진화' 같은 개념이 전혀 다른 관점을 가져다 준다.

　진화는 '의식'을 향해 오름이다. 유물론자들이나 불가지론자들도 그 점을 부인할 수는 없다. 그러므로 진화는 마침내 가장 으뜸가는 의식에 다다를 것이다. 그러나 그것이 으뜸가는 의식이라면 그 안에 우리 의식을 완성하는 것을 품고 있지 않겠는가? 말하자면 자기 중심을 돌이키는 빛 같은 것 말이다. 반성으로 사람이 되었지만 그걸 그대로 연장하려 하면 안된다. '생각'을 넓혀 나가 '큰 반성' 곧 '큰 사람'을 바라보아야 한다. 우리가 반성을 통해 이룬 성과를 축적할 방법이 달리 있겠는가? '내'가 '전체'와 연합하는 것이 처음에는 충격이라 뒤로 물러난다. 그 두 낱말은 뚜렷하게 맞서는 개념으로 보인다. 그러나 그것은 우리 의식에 들어 있는 세 가지 성질을 잘 몰라서 일어나는 일이다. 첫째, '모든 걸' 어느 정도 자기 둘레에 놓고 본다. 둘째, 스스로 자기 집중을 '더해간다.' 셋째, 그런 자기 집중의 결과 자기를 둘러싼 '다른 중심들과 손을 잡는다.' 느낌으로나 생각으로나 우리 안에 어떤 거대한 우주가 쌓여가는 것을 가끔 경험하지 않는가? 그리고 과학이나 철학에서 새로운 인류 집단의 '세계관'을 말하고, 그런 세계관의 형성에 참여하고 있는 것을 보면 더 높은 단계의 집단이 태어날 것 같지 않은가? 생각하는 지구 위에 퍼져 있는 수많은 개체들이 수렴되어 이루어지는 큰 개체 같은 것 말이다. '전체'와 '개인'(한 사람)의 대립 때문에 빚어지는 어려움은 사라질 수 있다. '얼누리' 또는 이 세상은 하나의 모임이며 단순히 닫힌 게 아니라 '중심 있는' 모임이라는 것을 이해하면 말이다. '시공간'은 의식을 품고 있고 의식을 낳기 때문에 '수렴하는 성질'을 지닌다. 그러므로 시공간에 사는 여러 무리들은 그들을 묶어주고 최고에 달하게 해주는 어떤 점(오메가)으로 모여들기 마련이다. 세상이 아무리 크다 해도 결국 여러 가닥이 모여드는 그런 방향으로(시간과 공간 너머일 수도 있다) 있으며 그런 방향으로 관측된다. 세상이 크면 클수록 '존재하는 사물들'이 집중해 모여드는 점의 의식도 더 커지고 깊어진다. 우리가 볼 때 '참 얼'은 처음부터 통합하고 조직하는 힘이기 때문이다.

그렇게 보면 우주는 그 거대함을 잃지 않고도 다시 말해서 꼭 사람 모습이 아니더라도 어떤 모양을 지닌다. 그럴 생각하고 받아들이려면 지금의 얼 '너머로' 보아야지 거꾸로 가서는 안된다. '참 얼 발생'의 관점에서 보면 시간과 공간은 정말 사람과 가까워진다. 아니 '큰 사람'과 가깝다고 할까? 세계(우주)와 개인('중심을 잡은')은 서로 배척하지 않고 같은 방향으로 크며 서로 상대방 안에서 으뜸에 이른다.

그러므로 우리 사람과 얼누리의 끝을 사람과 관계 없는 것으로 보면 잘 못이다. 세계의 미래는 '오메가 포인트'에 이르러 '큰 사람'의 모습을 띨 것이다.

2) '내'가 되는 우주

'내가 됨.' 반성을 통해 정말 자기가 생긴 이후 그 의식이 깊어지면서 개인(나)이 된다고 했다. 그리고 우리 연구는 거기서 잠시 멈췄다. 적어도 한 사람 한 사람의 운명에 대해서는 말이다. 그런데 이제 '내가 된다'고 하는 발전의 형태가 다시 나타난다. 물론 앞의 나와 다르다. 생각의 알갱이들이 하나로 뭉친 것이다. 개체로나, 그 개체들이 종합된 전체로나 내가 되는 것은 같은 기능을 지닌다. 어떻게 두 운동이 서로 조화를 이룬다고 생각할 수 있을까? 수많은 개체들이 어떻게 상처를 입지 않고 망가지지 않으면서 하나를 이룰 수 있을까?

그 문제를 다룰 시간이 되었다. '얼누리'의 진화가 개인의 중심과 연결되어 있다고 했다. 그렇다면 그 개체 중심을 더욱 분석해야 할 것이다. 또 진화의 마지막 점은 어떤 것이 될지 좀더 자세히 보아야 할 것이다.

끝(오메가)에 달하면 '얼 발생'을 통해 생긴 의식들이 모이고 쌓여 충만해진다. '의식이 쌓인다'는 것은 무엇인가?

만일 그것이 우리가 세대를 지나가며 남긴 것들 곧 무슨 사상이나 발명품이나 예술품 따위가 계속 쌓이는 것을 뜻한다면 인류에 희망이 없다. 낙심만 더할 뿐이다. 그러나 그것들은 훌륭한 우리의 흔적이 아닌가?

사실이다. 그러나 좀 생각해 보자. 만일 우리가 말한 대로 세상이 '의식의 집합소요 보존자'라면 여러 유물들을 주워모으는 것은 쓸데없는 일이다. 발명품이나 문화 예술품 따위가 중요한 게 아니라 그것들을 만들어내는 개인의 얼이 사람 집단으로 흘러들어가는 것이 중요하다. 앞서 말한 대로 그것은 새로운 계통이라고 할 정도로 중요하다. 결코 평가절하해서는 안된다. 그러나 그 점을 인정한다 해도 한 가지 더 짚고 넘어가야 할 점이 있다. 그처럼 집단이 되면서도 우리가 다른 사람에게 전달하는 것은 우리 자신에게서 나온 것 곧 우리 작품이 아닌가?

그러나 생명 일반의 관심에서 볼 때 사람이 작품을 만드는 일은 결국 한 사람 한 사람이 아주 새로운 중심을 만들어 나가는 것이다. 그 중심에서 이 '세상'은 '우리 나' 또는 '우리 개성' 같은 아주 독특한 방법으로 생각한다. 우리 의식의 자리는 그것을 이루는 여러 가닥보다 더 깊다. 오메가가 정말 오메가가 되려면 그래야 한다. 그리고 우리는 거기에서 벗어날 수 없다. 다른 사람에게 외투나 촛불을 넘기듯이 넘겨버릴 수 없다. 교통하려면 나는 나를 포기하면서도 여전히 존재해야 한다. 그렇지 않으면 선물은 사라진다. 그렇다면 결국 의식 세계의 집중 또는 농축은 '하나'의 큰 의식을 낳지만 그 안에는 개체 의식이 '모두' 들어 있다는 결론이 나온다. 그 의식들 하나하나는 여전히 자신을 의식하고 있을 뿐 아니라 오메가에 가까울수록 다른 존재와 더욱 뚜렷하게 구분된다.

수렴이라는 것은 개체와 요소를 보존하는 것일 뿐 아니라 오히려 더욱 뚜렷하게 하는 것이다!

매우 간단하고 우리가 알고 있던 것과 잘 맞지 않는가?

몸을 이루는 세포든 사회를 이루는 구성원이든 얼의 종합을 이루는 개인이든 모두 '살아 있다.' 전체 조직을 통해 각 부분이 자기 완성을 꾀하는 것이다. 범신론은 그런 보편 법칙을 무시하고 전체 속에서 개체가 바닷속의 물방울처럼 또는 소금 알갱이처럼 사라지는 것으로 말한다. 의식의 축적과 관련해서 하나됨의 법칙이 어떤 것인지 기억해두면 범신론을 피할 수 있다. 범신론은 위험한 것인데 자꾸 나타난다. 중심들을 서로 엮어가면서 의식의 알갱이들은 자기를 잃거나 섞이지 않는다. 오히려 '나'의 깊이를 더해간다. '남'이 되면 될수록 '나'를 더해간다. 오메가에 다가가면서 달리 될 방법이 있겠는가? 그렇다고 하나의 '큰 중심'을 없애겠는가? 자기를 내놓는 것도 큰 중심을 찾기 위해서 아닌가?

의식들은 서로 섞이지 않는다는 기본 사실과 하나됨의 역학 이 둘을 합하면 얼의 농축으로 이루어지는 세상의 마지막 상태는 통일성과 함께 복합성이 같이 있는 조직이 될 것이다. 그러므로 세상 끝을 개체가 완전히 사라지고 생기는 하나의 큰 중심으로 보는 것은 잘못이다. 결국 오메가는 '여러 중심들이 이룬 유기체 한가운데서 빛나는 중심'이다. 매우 자율적인 '하나'[원주1] 아래에서 '전체'의 하나됨과 각 개체의 개체화가 서로 섞이지 않고 동시에 최고에 달한다. 우리가 생각들이 모여 이루는 뭉치 또는 집단 개념 따위를 논리에 맞게 끝까지 밀고 나가면 그릴 수 있는 그림이 그렇다.

생명의 문제를 이기주의로 해결하려는 노력이 나오는 까닭도 거기에 있고 그것이 헛된 일인 까닭도 거기에 있다. 개인이든 민족이든 자기중심주의는 하나뿐인 자기를 생명을 바쳐 끝까지 지키고 내세우려는 것으로 나름대로 일리가 있다. 그래서 언뜻 보기에 정당하다. 그러나 길을 잘못 들어섰다. '자기가 서는 것'과 '내가 서는 것'[역주2]을 혼동했기 때문이다. 남과 자꾸 떨어지면 자기는 설 수 있다. 그러나 서로 자기만 알면 조각조각 갈라진 세상, 물질이 된 세상 속으로 떨어지게 된다. 쭈그러들고 나를 잃게 된다. 내가 충만하려면 방향이 거꾸로 되어야 한다. 나를 뺀 나머지와 만나고 '남'을 향해야 내가 발전한다. 정말 독창성이 있으려면 자기가 아닌 내가 되어야 한다. 그 '나'는 세상의 진화구조로 볼 때 우리가 하나되면서 찾을 수 있다.

[원주1] 이 자율적인 중심점을 우리는 '오메가 포인트'라고 부른다.
[역주2] 우리는 여기서 우리말로 '자기'와 '나'를 구분하고자 한다. '자기'는 남과 연관되지 못하고 개체 속으로 좁혀들어감을 뜻하고, '나'는 남과 관계 속에서 참다운 주체로 서는 자아를 가리킨다.

통합 없이는 얼도 없다. 위에서부터 밑에까지 늘 같은 법칙이다. 참다운 '나'는 '자기중심주의'와 반대다. 개체는 자신을 세계(우주)에 열면서 참다운 개체가 된다.

그러나 한 가지 기본되는 조건이 있다. '하나됨'의 창조력 밑에서 개개인이 정말 나를 찾으려면 그것들이 아무렇게나 결합되어서는 안된다. 하나되기 위한 통합이 중심들의 종합이기 때문에 중심과 중심이 만나야 하는 것이지 달리 되어서는 안된다. '얼누리'를 구성하는 얼의 상호 관계는 여러 형태가 있지만 무엇보다 '중심끼리 만나는' 힘을 인식하고 그걸 붙들고 발전시켜야 한다. 그래야 우리 안에서 일어나는 진화의 발전에 적절히 대처할 수 있다.

그렇게 해서 우리는 사랑의 문제에 도달했다.

2. 사랑 에너지

사랑이라고 하면 흔히 감성 차원을 생각한다. 기쁨과 고통을 떠올리면서 말이다. 그러나 내가 여기서 사랑을 말하는 것은 그것이 굉장한 자연의 힘이며 진화의 뜻이 있기 때문이다. 사랑 얘기를 통해 나는 '인간현상'의 마지막 모습을 그려보려 한다.

생물계 전체에서 볼 때 사랑(존재와 존재가 가까워짐)은 사람에게만 있는 것이 아니다. 생명의 일반 현상인 사랑은 그 모습과 정도의 차이가 있지만 모든 유기체에 있는 것이다. 우리는 우리와 가까운 포유동물에서 성욕, 모성애, 사회적 결속 같은 여러 형태의 사랑을 본다. 계통수 위에서 그보다 더 위로 가거나 더 밑으로 가면 그런 모습이 희미해진다. 그런 사랑의 행위들이 느끼기 어려울 정도로 줄어든다. 그러나 바로 여기서 내가 앞에서 말한 '사물 안' 얘기를 다시 해야겠다. 만일 아주 미약하나마 분자에게도 서로 하나가 되려는 욕구가 없었다면 높은 단계인 우리 사람에게서 사랑이 나타나는 것이 물리적으로 불가능하다. 우리에게 사랑이 있다고 하려면 존재하는 것에는 모두 사랑이 있다고 해야 한다. 우리 둘레에서 수렴하며 올라가는 의식들 어디에도 사랑은 빠지지 않는다. 이미 플라톤이 그걸 알아 그 내용이 대화편에 실려 있다. 그 이후에 니콜라스 쿠자누스 같은 사상가들이 있어 중세 철학이 같은 생각에 도달했다. 사랑의 힘으로 세상의 조각들이 모여 세상을 이룬다. 이건 무슨 비유가 아니다. 시 이상이다. 우리 몸을 잡아끄는 무슨 중력은 자연을 실제로 움직이는 그 무엇의 이면이거나 그 그림자다. 우주의 '샘'과 같은 그 힘을 느껴보려면 사물의 안으로 들어가보면 된다. 거기에는 끌어당기는 얼이 있기 때문이다.

여러 가지 느낌을 주지만 사실 사랑은 '우주'의 얼이 개체에 수렴될 때 개체 속에 직접 남는 흔적 이상도 이하도 아니다.

내가 틀리지 않았다면 이제 우리 주변을 환히 비출 수 있는 빛을 찾지 않았는가?

공동체를 이루려는 현대인의 노력이 이론과 달리 또 기대에 어긋나게 의식을 떨어뜨리고 사람을 노예로 만들었다고 해서 걱정하고 있다. 그러나 우리가 하나되기 위해 지금까지 어떤 길을 취했는가? 물질을 늘렸다. 새로운 산업을 일으켰다. 어떤 사회 계급이나 뒤떨어진 민족을 위해 좋은 환경을 만들었다……. 우리가 하는 노력이란 것이 아직도 그런 것들뿐이다. 모두 기계화하려는 것뿐이다. 하긴 기계화된 동물 사회의 뒤를 이어 기계화된 인간 사회가 나오는 것은 어찌 보면 그리 놀라운 일이 아니다. 사람의 지성이 과학을 일으켰지만 그 과학마저도 (순전히 사변이고 추상인 한) 사람의 얼에 그리 큰 영향을 주지 못했다. 관계는 아직 겉돌고 그래서 더욱 노예화될 수도 있다……. 오직 사랑만이 개체들을 하나되게 함으로써 개체를 완성할 수 있다. 사랑만이 속 깊은 만남을 가져오기 때문이다. 사랑하는 두 사람이 서로 자신을 상대에게 내주지 않고 어떻게 상대를 완벽하게 가질 수 있겠는가? 남과 하나가 되면서 '내가 된다'는 모순된 행위를 실현하는 것은 사랑이 아닐까? 그런 일이 매일 여러 규모로 일어나고 있다면 어느 날 전 지구 차원에서 일어나지 말라는 법이 어디 있겠는가?

인류, 지구 얼, 개인과 민족의 통합, 개체와 전체의 조화, 하나와 여럿의 조화. 유토피아 같지만 생물학에서 볼 때 꼭 일어나고 말 이런 일들이 세상에서 일어나려면, 우리의 사랑하는 능력이 모든 사람과 지구의 모든 것을 품을 수 있을 정도로 커질 것을 꿈꾸는 것으로 족하지 않을까?

불가능한 것 아닌가 하고 생각하는 사람들이 있으리라.

한 사람은 어떤 사람 아니면 기껏해야 몇 안되는 사람에게 사랑을 주는 것이 고작일 게다. 그걸 넘어 더 큰 가닥으로 가면 차디찬 정의와 이성만 남고 마음은 설 자리가 없다. 모든 사람, 모든 걸 사랑한다는 것은 거짓이요 결국 아무것도 사랑하지 않는 게 된다.

그러나 그렇다고 해서 우주적 사랑이 불가능하다면, '하나'가 되고자 하는 본능이 우리 마음속에 있는 것은 무엇일까? 우리 마음이 '우주'를 향해 '전체'를 향해 움직이는 게 사실이다. 자연 앞에서 또는 아름다운 것이나 음악이나 아련한 과거의 기억 앞에서 무슨 큰 존재를 느끼고 기대한다. 이것은 단순히 신비주의로 몰아붙일 일이 아니다. 단순한 감정이 아니라 바닥에서 나오는 울림인데 심리학에서 놓치고 있는 까닭은 무엇인가? 순수한 시와 순수한 종교 안에 들어 있는 것은 '전체'를 향한 울림이다. 이 현상은 '생각'과 함께 탄생해서 생각과 함께 자랐다. 그렇다면 무엇이겠는가? 두 개의 현실이 깊이 일치하는 것을 보여주지 않는가? 다시 말해서 흩어져 있는 조각이 나머지와 가까워지고 하나가 되려는 것을 보여준다는 말이다.

남자와 여자의 사랑 또는 자식이나 친구에 대한 사랑을 보고 우리는 여러 가시 자연스런 사랑의 형태를 보았다고 믿는다. 그러나 거기에는 가장 바탕되는 열정이 빠져 있다. 우주의 압력으로 개체를 전체로 몰아가는 열정이다. 우주 차원의 사랑이다.

우주 사랑. 가능한 심리일 뿐 아니라 결국 완벽하고 충만한 사랑은 그런 방식일 수밖에 없다.

그렇다면 우리 둘레에서 억압과 미움이 점점 늘어가고 있는 것처럼 보이는데 어떻게 된 일인가? 만일 우리 안에 하나되려는 힘이 들어 있다면 행동으로 나오지 않고 무얼 기다리는가?

세상 끝은 사랑할 만하고 또 그것을 사랑하는 자도 있음을 인정해야 한다. 바로 그걸 기다리는 것이다. 그러려면 한 사람을 제거하려는 시도를 물리쳐야 한다. 한 사람을 사그라뜨리는 '집단'은 사랑을 죽이는 집단이다. 그런 집단을 사랑할 수 없다. 박애주의자가 실패한 까닭이 거기에 있다. 익명의 개체들을 모아 숫자만 채우는 집단에 몸을 맡길 수는 없다. 앞으로 올 '세상'(우주)은 그렇게 되지 않는다. 그것은 얼굴과 마음을 지니고 있으며 말하자면 한 사람처럼 된다.[원주2] 그리고 그 환경 속에서 개체들도 활짝 꽃핀다. 그리고 하나가 되려는 세상의 압력으로 사람들끼리 서로 끌어당기는 힘도 가장 으뜸이 된다.

100년 전부터 여러 가지 발견이 있었는데 그것은 우리가 보는 세계관이나 인간관에서 볼 때 매우 중요한 비약을 이룩했다. 현대의 범신론이 나온 것도 그 때문이다. 그러나 그 비약은 우리를 누구에게로 이끄는 것이 아니면 우리를 큰 물질에 빠뜨리고 말 것이다.

우리를 낙심하게 하는 실패를 성공으로 바꾸려면 그리고 사람 단자들의 뜻이 제대로 이루어지려면, 우리 각자가 지니고 있는 중심들의 '중심' 곧 오메가라고 이름붙인 그 중심이 올지 모른다고 희미하게 생각할 것이 아니라 반드시 오며 '이미 오고 있다'고 믿으면 된다. 사실 우리 과학을 끝까지 밀고 나가면 '시공간'의 균형을 위해 그리 될 수밖에 없다는 것을 알게 된다. 이제 그것을 인정하고 받아들여야 한다.

3. 오메가 포인트의 특성

한때 분석의 효과를 지나치게 과장해서 환상에 빠진 적이 있었지만 이제 현대과학은 종합이 지니는 창조기능을 보게 되었다. 분자는 원자들의 합 '이상'이다. 세포는 분자들의 합 '이상'이다. 사회는 개인들의 합 '이상'이다.

[원주2] 물론 어떤 한 사람이 된다는 것은 아니다. 여러 사람들이 서로 끄는 힘을 하나로 묶는 무엇이 된다는 얘기다.

수학은 계산과 정리 이상이다……. 결합의 단계마다 개체 요소에서 볼 수 없는 '무엇'이 나타난다는 것을 새로운 차원에서 인정하게 되었다. 그러면서 의식이나 생명 또는 생각 같은 것들이 과학의 대상이 되었다. 그러나 과학은 그 '무엇'에 손을 대지 못하고 있다. '통합된 존재들'은 상당한 고비를 넘겨가며 집단을 이루었지만 새로운 힘(우리가 잴 수 있는)이 더 생겼는지 잴 수 없기 때문에 모른다. 그렇다면 그것은 아름답기는 하지만 상당히 취약한 것 아닌가? 개체들이 잠깐 연합하는 것은 가능할지 모르나 어떻게 그짓을 계속 확대해 나간단 말인가? 결국 물리학자나 생물학자들이 '영원한 것'과 '가장 안정된 것'을 찾으려면 개체를 들여다봐야 하고 물질이 어떻게 끝없이 계속 묶어지는지 봐야 한다.

그런 자세를 가지면 세상 끝에 얼의 '얼'이 있다는 생각은 그리 이상하게 보이지 않을 것이고, 이성의 관점에서도 믿을 만한 것이 되리라. 우리 생각 차원에서 '나타남의 법칙'을 일반화하는 방법으로 다른 방법이 있을까? 그러나 또 문제가 있다. 개체들이 상상할 수 없을 정도로 가깝게 만나 생기는 그 '큰 얼'은 에너지 가역성 법칙을 따라 아주 먼 장래에나 등장하리라는 생각이다.

이 두 가지 지적(취약하고 멀다는 점)은 오메가의 본질과 기능으로 볼 때 맞지 않는 얘기다. 두 가지 까닭이 있다. '사랑'과 '다음 생명'이다.

먼저 '사랑' 때문이다. 내면 에너지의 각도에서 볼 때 우주 오메가의 기능은 반성하는 개체들이 하나로 되게 하는 데 있다. 그 점은 앞에서 보았다. 그러나 어떤 모양으로든 '지금부터' 사랑스럽고 사랑하는 그런 일이 일어나지 않으면 어떻게 장래에 그런 일이 있겠는가? 사랑은 비인칭과 익명을 만나면 죽는다는 것을 앞에서 보았다. 공간이 너무 떨어져 있거나 시간 차이가 나도 사랑은 식는다. 사랑을 위해서는 같이 있어야 한다. 오메가가 아무리 훌륭해 보여도 사람들이 가까이 있지 않으면 서로 끌고 미는 힘의 균형을 잡기가 힘들다. 다른 힘들도 그렇듯이 사랑의 힘도 지금 있는 것들을 가지고 이리저리 엮어 나가는 것이다. '큰 중심'이 있으리라는 것만 가지고는 불충분하다. '얼누리'는 지금의 현실이어야 하며 '큰 중심'도 지금의 현실이어야 한다. 장차 크게 꽃피려면 오메가는 지금 이미 상당히 있어야 한다.

'다음 생명'을 보자. 반성 행위와 조화를 이루지 못해 사그라드는 일이 없도록 사람은 자신의 활동의 열매들을 큰 주체 속으로 모으는 방법을 취한다. 그 주체는 문명, 인류, 지구얼 따위로 점차 커지고 영원해진다. 지독히 늦은 진화 속도를 따라 그런 큰 실체에 기대며 사람은 시간의 파괴력을 피한 것 같다.[원주3]

그러나 결국 문제를 해결한 것은 아니다. 시간과 공간 안에 있는 한 그 가닥이 아무리 커도 낡은 것 아니겠는가? 우리가 하는 일이 이 땅에 바탕을 두고 있는 한, 이 땅과 함께 없어질 것이다. 진보에 대한 믿음이 여러 형태이지만 그들의 근본 결점은 '죽음'을 완전히 제거하지 못한다는 점이다. 진화가 막바지에 달해 무엇이 탄생된다 해도 그것이 곧 사라진다면 무슨 소용이 있는가? 정말 만족스럽게 되려면 진화를 끌어온 힘이 오메가에서 뒤로 떨어지지 말아야 한다.

현재성과 불가역성.

그것이 모든 중심들의 중심이 지니는 두 가지 기본 속성이다. 그것을 '얼 발생'의 그림 속에 모순 없이 끼워 넣으려면 '나타남의 법칙'을 다시 취해 손질을 하는 수밖에 없다. '진화중에' 나타남. 앞에 나타난 것을 바탕으로 그 뒤를 이으며 계속 나타난다. 그건 우리 경험으로 쉽게 알 수 있다. 먼저 무리지은 개체들이 있다. 그 다음 '얼'이 나타나는데 힘의 관점에서 볼 때 그것은 개체들이 전달한 힘이 쌓여 점점 복잡해지고 고도화되는 것이다. '탄젠트'의 '방사' 기능이다. 밑에서부터 쌓아 올려진 피라미드요 꼭대기는 밑의 힘으로 버틴다……. 길을 가는 도중에 그것이 보인다. 마찬가지다. 오메가도 통합 운동이 최고에 달하는 지점이기 때문에 끝까지 안 가도 지금 우리에게 보인다. 그러나 주의할 점이 있다. 가고 있는 중에는 '반'밖에 안 보인다는 점이다. 일련의 과정의 마지막은 그 '과정 밖'이다. 마무리일 뿐

[원주3] 이 문제에 대해서는 웰스(Wells)의 『횡령 해부』(Anatomy of Frustration)를 보라. 현대인의 믿음과 근심을 잘 말하고 있다.

아니라 완전히 끝이다. 그렇지 않으면 전체가 흔들린다. 그건 모순이다. 우리가 개체를 넘어 세상을 의식하는 어떤 정점을 말했을 때, 그것이 의식들의 상승으로 '나타난다'고 하는 것은 불충분하다. 그것이 생길 때부터 이미 '나타났다'고 하는 말을 덧붙여야 한다. 그렇지 않으면 그것은 사랑에 들어갈 수도 없고 부패에 빠지지 않을 수도 없다. 시간과 공간을 모으지만 그것이 처음부터 시간과 공간을 넘지 않는다면 결코 오메가라고 할 수 없다.

자율, 현재성, 불가역성, 초월. 이렇게 오메가의 속성은 네 가지다.

이 책 처음에 우리는 이 세상의 복잡한 힘의 구조를 그려보려 했는데, 이제 그 그림이 완성되었다.

먼저, 더 큰 의식을 향해 계속 나아가는 것을 설명하고 가장 약한 것이 강한 까닭을 설명하기 위한 원리로 오메가가 있다. 아직도 물리학에서는 달리 얘기하지만 '가장 안정된 것'은 밑이 아니라 위다. 개체 이하가 안정된 것이 아니라 큰 통합이 가장 안정된 것이다. 그러므로 탄젠트 에너지가 꽉 차 있을 때 세상은 물질로 분해된다. 거꾸로, 방사를 통해 세상은 앞에서 끄는 거룩한 '참 얼'을 향해가며 자기의 자연스런 모습을 찾고 일관성을 찾는다.

그러므로 우주 안에서 무언가가 엔트로피를 피해간다. 갈수록 더욱 그러하다.

'앞으로 가는 첫 힘'으로 나온 방사 에너지는 진화 기간중 상당 부분을 동물의 집단의식 형태로 있었다. 그 단계에서는 더 단순한 질서로 다가가지 못한 채, 중심들이 각각 흩어진 채 있었다. 그런데 '반성'이 등장하면서 새로운 연합체가 나왔는데 그것은 닫혀 있지도 않고 중앙집권도 아닌 형태로서 바야흐로 중심들의 역학운동이 시작되었다. 각 요소가 한 사람(인격체) 곧 중심이 되면서 역시 한 사람(인격체)이 되려고 하는 '중심의 중심'에 대해 반발하기 시작했다. 사람이 되는 임계점을 넘는다는 것은 의식이 흩어짐에서 모임(수렴)으로 가는 것이요 말하자면 반대편으로 옮아간 것이다. 적도와 같은 임계선 이쪽은 여럿으로 흩어져 있다. 임계선 저편은 거꾸로 점차 하나가 되어간다. 한번 생긴 이후 반성하는 중심은 자기를 자꾸 강화하는 일만 한다. 그래서 겉으로 볼 때 사람은 꼭 동물처럼 지저분하다. 그러나 여기저기에 반대 기능이 있다. 동물에게서 죽음은 방사가 탄젠트에 완전히 먹히는 것이다. 그러나 사람은 그렇지 않고 거기서 자유로워진다. 엔트로피를 넘어 오메가를 향해간다. 죽음도 사람스럽게 (인간화)되었다!

생각 알갱이의 출현으로 우주는 참되고 결코 부서지지 않을 바탕을 찾았다. 그러면서 물질과 반대방향으로 우리 머리에 우주가 자리잡게 되었다. 흔히 생각하는 것과 달리 우주는 기계 에너지가 모이고 보존되는 곳이 아니라 인격이다. 우리 둘레의 한 사람에게서 다른 사람에게로 '얼'들이 샘솟고 위를 향해서 의식을 실어나른다. 한 사람 한 사람이지만 결코 따로 떨어져 있지는 않다. 왜냐하면 한 사람이 완벽하게 뚜렷해지는 것은 오메가 포인트에 이르렀을 때이기 때문이다. 거기에 이르면 하나되는 통합 운동이 우주를 한 사람(인격체)으로 만들면서 동시에 각 개체들을 하나하나 뚜렷하게 한다. 그리하여 '얼누리'는 수렴의 점에 이른다. 그것이 '세상의 끝'이다.

제3장
세상의 끝

앞서 말한 대로 분자들이나 세포들이나 계통의 가지들의 화학반응 없이는 생물계도 얼누리도 있을 수 없다. '물질'이 뭉치지 않고는 세상이 있을 수 없다는 얘기다. 생명이나 생각의 발생과 발전은 이 땅의 무리들과 단단히 연관되어 있다.

그리고 그와는 반대로 의식의 힘을 앞으로 모으고 균형잡는 세계 얼의 '큰 중심'이 나타났다. 그것은 시간과 공간을 초월했으니 처음부터 이 땅 너머의 것이다.

'얼 발생'은 계속 오메가를 향해 올라가지만 좁은 '지리 발생'의 영역을 거치게 된다…….

때가 되면 어느 쪽이 영향 때문이든지 아니면 서로 영향을 주고받든지 둘은 서로 갈라 설 수밖에 없게 된다. 진화는 모임(수렴)이지만 흩어짐(분산)을 거친다.

시상의 모든 생명의 끝은 그렇게 시작된다. 행성의 죽음이요 인간현상의 마지막 단계인 그런 놀랍고 황홀한 사건이 하루하루 지날수록 더욱더 우리 눈에 뚜렷해진다.

그러나 '얼누리'의 마지막이 어떨지 그 모습은 알 수 없다. 우리가 '지구 얼' 속에 쌓여 있는 어마어마한 힘을 안다 해도 세상의 끝을 자세히 말할 수는 없다. 다만 지금까지의 흐름을 종합하고 그 뜻을 참고해서 대충 그려볼 수는 있을 것이다.

예를 들어, 세상의 바탕이 의식이기 때문에 결코 어떻게 되지는 않으리라는 것, 그리고 대개 어떻게 될 가능성이 많다는 식으로 말이다. 내가 냉정하게 그리고 논리에 맞게 말하고자 하는 것은 그것이다. 세상 끝을 말한다고 해서 묵시록을 말하려는 것이 아니다. 뭔가 단정하려는 것이 아니라 생각할 거리를 주려는 것이다.

1. 넘겨 짚지 말아야 한다

세상의 끝을 말하면 불행을 먼저 떠올린다.

가장 흔하게 말하는 것이 우주의 재앙이다. 하늘에서 수많은 별들이 떨어진다는 것이다. 그리고 땅은 갈라진다는 등……. 우리도 오늘 그런 재앙을 당해 죽을지도 모르지 않을까?

적어도 무슨 감옥에 갇혀 천천히 죽어가는 것을 불가피하게 생각한다. 에너지가 줄어간다고 물리학에서 말했기 때문에 세상의 열기가 차츰 식어가는 것처럼 느낀다. 그런데 방사능을 발견하여 그런 느낌이 줄고 지구 종말이 좀 뒤로 미뤄졌다. 천문학자들에 따르면 별일이 없는 한 아직 수백만 년은 갈 것이라고 한다. 안도의 한숨을 쉴 만하다. 그러나 만기일은 멀어졌지만 어두운 그림자는 더 커진다.

저녁 노을을 또 볼 수 있을까? 우주 재앙은 접어두더라도 지구 생태계는 괜찮을까? 세월이 갈수록 '생물계'와 '얼누리'에 가해지는 위험은 더욱 커진다. 미생물의 침투, 유기체의 역진화, 번식불능, 전쟁, 혁명. 이 세상이 노쇠현상으로 사라지기 이전에 세상을 없앨 수 있는 것들이 많다.

그런 여러 가지 가능성들을 우리는 잘 알고 있다. 생각도 많이 했다. 공쿠르나 벤슨이나 웰스의 소설 또는 유명한 과학자들이 쓴 글에도 그런 얘기를 다루고 있다. 정말 그럴듯한 얘기들이다. 언제든지 큰 유성과 부딪쳐 지구는 산산조각이 날 수 있다고 한다. 사실이다. 어쩌면 내일 당장 지구가 우리 발 밑에서 갈라질지도 모른다. 정말 그렇다. 또 하나가 되어야 하는 임무 앞에서 한 사람은 무력할 수 있다. 나도 그 점을 인정한다. 그러나 지금까지 진행되어온 '진화'를 볼 때 그들이 말하는 재앙이나 천재지변은 그렇게 두려워할 것이 아니라고 본다. 이론으로는 그런 재앙이 가능하겠지만 그보다 더 큰 까닭으로 '그런 일은 결코 일어나지 않으리라.'

더 큰 까닭이란 이것이다.

우주의 재앙이나 생태계 파괴나 또는 단순히 성장의 멈춤과 노화현상을 들먹이며 지구의 종말을 얘기하는 비관론자들은 우리 개인과 개체의 상황을 '그대로' 생명 전체에 적용한다. 조각나고 병들고 늙음. 사람의 죽음이 그렇듯이 '인류'의 죽음도 그러리라는 애기다.

그런데 그렇게 단순하게 생각할 수 있는가?

한 사람이 사라지면 늘 다른 사람이 그 뒤를 잇는다. '생명'의 계속성에서 볼 때 한 사람을 잃었다고 그 자리를 메울 수 없지 않다. '인류'의 경우는 어떨까? 위대한 고생물학자 매튜는 자기 책에서, 만일 사람가지가 사라진다면 다른 생각하는 가지가 그 뒤를 이으리라고 했다. 그러나 우리가 알고 있는 계통수 위 어디쯤에서 그 새싹이 날지 그는 아무 말도 안 하고 있다.

생명의 역사 전체를 볼 때 전혀 그렇지 않다는 것이 내 생각이다.

'생명'이 지구라는 행성 위에 생긴 것은 한번, 오직 한번이었다. 마찬가지로 그 '생명'이 '반성'을 뛰어넘는 것도 단 한번 있을 일이다. '생명'에게 단 한번의 기회가 있었듯이 '생각'에게도 단 한번의 기회가 있을 것이다. 그 순간부터 '사람'은 계통수의 방향타가 될 것이다. 그 점을 잊지 말아야 한다. 그때부터 '얼누리'의 장래, '생물 발생'의 장래, 결국 '우주 발생'의 장래는 사람에게 달리게 된다. 우주가 자살하지 않는 한(있을 수 없는 일이다) 그런 일이 가다가 멈추지는 않을 것이다.

현재 상황에서 볼 때 '반성'의 존재는 '매우 큰 것'(극대)과 '매우 작은 것'(극소)의 비밀스런 공모로 볼 수밖에 없다. 그 둘 사이에 나타난 '의식'을 데리고 키우고 끝까지 지탱하기 위하여 둘이 공모한 결과로 보아야 한다. 물론 거기에는 우연과 자유가 끼어들지만 말이다. 우리가 지켜보아야 할 것은 바로 그 공모다. '사람은 둘도 없는 존재다.' 그렇기 때문에, 어떻게 들릴지 모르지만 '사람은 끝까지 간다.' 필연성을 말하려는 것이 아니라 그렇게 될 수밖에 없다는 얘기다.

겉으로 어떻게 보이든 멈춤이 아니라 진보의 끝이 있을 뿐이다. 성숙과 절정이다. 일어날 것 같지 않은 일이 일어나 우리가 생겨났듯이 일어날 것 같지 않은 상태를 향해 우리는 계속 올라간다. 그런 방향으로 '사람'을 보고 '사람됨'을 보아야 세상의 끝을 내다볼 수 있다.

2. 접근

'생명'이 펼쳐지는 데는 아직도 지질학에서 말하는 시기들을 길게 거쳐야 한다. 과학에서도 인정할 수 있는 얘기다. 한편 생각하는 생명을 들여다보면 에너지가 충분히 팽창했음이 여러 가지로 드러난다. 한편으로, 그에 앞선 동물군들, 즉 적어도 8천만 년의 나이를 지닌 것들과 비교할 때 '인류'는 너무 어려 막 태어난 갓난아이라고 할 수 있을 정도다. 그러나 다른 한편으로 그저 수십 세기라고 하는 짧은 기간에 '생각'이 빠르게 발전한 것을 보면 그 어린아이 속에서 아주 새로운 생물학 사이클을 내다보게 된다. 그러므로 지금 세상과 세상 끝 사이에는 긴 세월이 남아 있으며, 그 기간에는 느려짐이 아닌 빨라짐이 있고 사람의 방향을 따라 진화의 힘이 완전히 꽃피게 될 것이다.

그런 상황에서 '진보'는 어떤 모양으로 어떻게 이루어질까?

먼저 '집단 형태로 그리고 얼의 형태로' 이루어질 것이다. 사람이 출현하면서 개인이 의식적으로 그리고 적극적으로 사회를 이루어나감으로써 비록 수동적이고 느리지만 사회라고 하는 유기체가 형성되어 나가는 것을 볼 수 있었다. 인공이 자연의 뒤를 잇는다. 유전자의 전달말고 말과 글의 전달이 생겼다. 지나온 정향진화의 힘이 사람의 수와 신경조직에 그대로 영향을 미칠 가능성이 없지는 않지만[역주1] 내 생각에는 그 영향력이 점차 사라지리라고 본다. 사실 호모 사피엔스 이후 그 영향력은 거의 느껴지지 않는다. 일종의 질량의 법칙에 따라 생명 에너지도 다른 주변 형태로 바뀌지 않고는 새로운 모습을 띨 수 없으리라고들 한다. '사람'이 생긴 이후 계통수의 다른 가지에는 진화의 압력이 떨어졌다. 그리고 이제 성숙한 사람 앞에 얼과 사회형태의 영역이 열린 지금 겉 몸뚱이는 뚜렷하게 바뀌지 않는다. 사람가지에서 몸뚱이는 더이상 변할 것 같지 않고 혹시 변한다 해도 우리가 조절할 수 있을 정도다. 우리 뇌를 보자. 뇌의 개인 용량과 개인 상호간의 침투는 한계에 달했을지 모른다. 그러나 운동은 멈추지 않는다. 그래서 서양에서 동양에 이르기까지 '진화'는 여러 얼들을 합해 개인보다 더 큰 영역에서 '큰 얼'을 만들어내는 일을 한다. 민족과 인종을 넘어 '인류'를 이룬다. 이미 이루고 있다.

그처럼 전 지구 규모로 얼이 모이고 진화의 비약이 있는 지금, '얼누리'의 현재 상태로 보건대 앞으로 우리는 어떤 공격선을 따라 진군하면 되는가?

나는 대개 세 가지 원칙을 말하겠다. 앞에서 '과학'과 '인류'의 개념을 분석할 때 이미 예측할 수 있었던 것들이다. '연구' 조직, 사람에 대한 집중연구, '과학'과 '종교'의 연결.

똑같은 진보 속에 들어 있는 세 가지 측면이다.

1) 연구 조직

우리가 '과학'의 시대에 살고 있다고 한다. 새벽이 환하다고 하는 것은 밤과 비교할 때는 맞는 말이다. 우리가 연구하고 발견하는 데 따라 뭔가 거대한 것이 '우주' 안에 생긴다. 그건 결코 멈추지 않고 계속되리라. 그러나 '연구'하고 응용한다고 하면서도 그 얼과 수단이 빈약하고 무질서해서 정작 우리 자신은 모르고 있다.

이런 불행한 사태에 대해 한 번이라도 심각하게 생각해 본 적이 있는가?

예술이나 생각처럼 '과학'은 잉여와 환상 속에서 생겼다. '생명'에게 필요

[역주1] 유전법칙이나 호르몬의 흐름을 따라 반사적으로 은밀하게 영향을 미칠지도 모를 일이다.

한 물질을 넘어 속의 활동이 차고 넘치면서 생긴 것이다. 꿈꾸는 이의 호기심이요 손에 닿지 않은 부분을 내다보는 것이다. 그 중요성과 효율성 때문에 차츰 자리를 잡아갔다. 과학은 사회를 바꾸었고 그처럼 바뀐 사회에 사는 우리는 과학이 사회에 끼치는 역할을 인정하고 과학예찬마저도 받아들일 수 있다. 그러나 마치 원시인들이 숲속 야생식물에서 먹을 것을 구하듯이 우리는 아무 걱정도 없이 계속 과학을 이용한다. 생산도 대단하고 무장도 대단하다. 그러나 그런 힘을 가져다주는 과학자가 볼 때 그것은 아직 아무것도 아니다. 사실 과학의 발견은 해나 비처럼 하늘에서 주기에 따라 떨어지는 것 같고, 사람이 이 땅에서 하는 일은 기껏해야 서로 죽이고 잡아먹는 일밖에 없는 것 같다. 진리를 찾으려고 사람이 쏟는 노력이 현재 얼마나 되는지 계산해 보라. 그리고 좀더 구체적으로는 세계 평화에 중요한 문제 해결을 위해 국가 예산에 예비해둔 돈의 비율도 내보라. 놀랄 것이다. 매년 연구에 들어간 돈의 액수가 작은 데도 놀라겠지만 그보다 그 경직성에 더욱 놀라리라. 우리 후손들이 우리를 가리켜 야만인이라고 하는 게 지나친 일일까?

전환 시대에 있으면서도 우리는 풀려나오는 힘을 의식하지도 못하고 그것을 충분히 다스리지도 못하고 있는 실정이다. 옛 방식에 젖어 과학을 소금이나 빵을 좀더 쉽게 얻는 수단 정도로 생각한다. 우리는 페가수스를 쉽게 그린다. 그러나 쟁기가 없으면 그것은 아무것도 아니다. 사람에게도 그런 날이 반드시 올 것이다. '과학'이 사람에게 부수 현상이 아니라 바탕되는 행위 형태이며 자연스러운 것이며, '기계' 때문에 쌓이는 자유 에너지가 지나치게 많아질수도 있다는 것을 알 날이 있을 것이다.

'여가'가 많아지고 관심은 적어지고 있는 지금 살 수 있는 길은 모든 걸 깊이 파보고 해보고 늘여보는 일일 것이다. 거대한 망원경과 원자 분쇄기가 폭탄이나 대포보다 더 많은 돈과 관심을 끌고 있다. 미립자나 천체나 무슨 유기체의 비밀을 정복하는 일이 연구 전문가들뿐만 아니라 거리에 지나가는 사람에게도 그날의 최대 관심거리가 되었다. 갖기 위해서보다는 알기 위해 그리고 있기 위해 사는 세상이 되었다.

우리 주변에서 일어나고 있는 일이 그렇다. 그 힘을 느낄 수 있다.[원주1]

낮은 유기체의 망막은 몸 전체에 퍼져 있듯이 사람의 시각도 아직 부지런함과 전쟁이 뒤섞여 흩어져 있다. 생물학적으로 말하자면 사람의 시각은 개인마다 나름대로의 기능을 가진 채 따로 따로 흩어져 있다.

좀더 나가야 '얼누리'에 눈이 생길 것이다.

2) 사람 과학

인류의 첫번째 기능은 둘레에 있는 힘(에너지)을 꿰뚫어보고 잘 생각해서 하나로 만들고 취하는 일이다. 더 잘 알고 더 많은 것을 품기 위해서도 그렇다. 그 점을 인식하기만 하면 인류가 발전하는 데 적어도 바깥 한계에 부딪히는 위험은 없을 것이다. 상품 시장에는 언제나 사람이 들끓을 수 있지만 다른 것으로 대체하지 않는 한 유전과 광산은 언젠가 텅 비게 될 것이기 때문이다. 어쨌든 알려는 우리의 욕구나 발견하는 능력을 누를 것은 아무것도 없는 것 같다. 더 커지면 커졌지 작아지지는 않는다.

그러나 그것은 과학이 전파처럼 아무런 방향으로 나아가도 괜찮다는 얘기는 아니다. 주의를 집중할수록 더 보인다. 그러나 어디를 보아야 할지도 보인다. 생명이 앞으로 나갈 수 있었던 것은 가장 저항이 적은 곳을 더듬어 찾을 수 있었기 때문이다. 마찬가지로 '연구'가 발전하려면 가장 민감하고 뜻있는 중심 영역을 잡아야 한다. 거기를 잡으면 다른 곳은 저절로 잡히는 그런 곳 말이다.

그렇게 볼 때, 앞으로 다가올 시대는 사람 과학의 시대가 될 것이다. 앎의 대상인 사람이 모든 자연과학의 열쇠임을 알게 될 것이다.

삶은 알 수 없는 존재라고 카렐이 말했다. 그러면서도 모든 것을 풀 수 있는 열쇠는 사람에게 있다.

지금까지 과학은 사람을 직접 알려고 하지 않고 그 둘레만 빙빙 돌았다.

[원주1] 바깥으로는 '인류'가 유기적으로 뭉치도록 누르는 전 지구 차원의 힘이 있다. 그리고 안으로는 기술사회의 작용으로 점차 얼이 되어가는 힘이 있다.

편견 때문이기도 했고 두려움 때문이기도 했다. 물질로 볼 때 우리 몸은 별 뜻이 없고 순간에 머물고 매우 약하다. 연구할 까닭이 없지 않은가? 얼로 보자면 우리 얼은 매우 복잡하고 신비하다. 그걸 어떻게 무슨 법칙이나 공식으로 만들 수 있겠는가?

그런데 이론 속에 사람을 넣지 않으려고 애쓸수록 그 둘레를 빙빙 도는 원이 마치 소용돌이에 휘말린 듯 사람에게로 좁혀져간다. 내가 서론에서 말했듯이 물리학도 끝에 가면 순수 에너지만 갖고는 더 나가지 못한다. 사실 '생각'은 그 반대 방향으로 물리학을 끌고 간다. 생물학도 마찬가지다. 여러 가지 발견을 논리에 맞추어 따라가면 결국 생각하는 존재들의 무리가 진화의 마지막 형태임을 보게 된다. 사람이 밑이며 위다. 무엇보다도 사람은 중심이다. 우리 안에서, 우리 둘레에서, 치열하게 살고 퍼지고 싸우는 존재다. 그러므로 그 사람에 관심을 집중해야 한다.

사람이 과학의 대상으로서 지니는 독특한 가치는 두 가지 사실로 설명할 수 있다. 첫째, 개인으로나 사회로나 사람은 가장 잘 종합된 상태를 보여주므로 사람을 통해 우주의 바탕에 다가갈 수 있다. 둘째, 사람은 우주 바탕의 변화가 가장 활발히 일어나는 점이다.

그렇기 때문에 사람을 벗기면 세상이 어떻게 이루어졌고 앞으로 어떻게 될지 알게 된다. 사람 과학. 사람됨의 이론과 실천. 과거와 기원을 깊이 있게 파헤침. 그러나 계속 새로워지는 대상을 따라가며 쌓아가는 작업이다.

연구할 것은 어마어마하게 많다. 연구 목적은 우리 미래를 위해서다.

먼저 사람 몸의 장래에 대한 문제가 있다. 유기체의 까다로움과 튼튼함 문제다. '탄젠트' 국면으로 잦아드는 것이 계속되는 한 '생각'이 크는 데는 물질이 필요하다. 그런데 얼이 깨면서 관념이 활발하게 되고 그러면서 우리 몸은 뒤떨어지는 것 아닌가? 수만 마리의 개체가 모두 안테나를 달고 질서정연하게 움직이는 동물 사회에 비교할 때 장애인이 많은 우리 인류는 부끄럽다고 하는 사람이 있다……. 지리적인 완벽성이 꼭 진화의 징표는 아니다. 진화란 하나됨과 함께 자유를 향한 것이기 때문이다. 그러나 어떤 지표나 교훈은 될 수 있다. 우리는 계속 전진만 했다. 그렇지만 '잔인한 자연선택 대신에 어떤 의학과 어떤 도덕을 세울 것인가'에 대해 깊이 생각하지 않았다. 장차 지극히 사람다운, 사람을 존중하는 우생학이 발견되고 발전되어야 하는 것은 불가피한 일이다.

개인의 우생학 그리고 사회의 우생학. 우리 몸뚱이들이 모여 이루어진 거대한 몸인 사회가 개인들이 하는 데 따라 자동으로 움직이도록 놔두는 것이 더 낫다고 생각할지도 모른다. 우주의 힘에 간섭하지 말아라! 본능의 유혹이요, 자연은 전능하다는 주장이다. 그러나 '생각'에 도달한 우주 자신이 우리에게 기대하고 있는 것은, 우리가 자연의 본능을 다시 생각해서 완성하는 것 아닌가? 반성된 실체, 반성된 질서를 바란다. 인류에게 미래가 있다면 그 미래는 '자유'와 '계획' 또는 '자유'와 '뭉침'이 조화롭게 결합하는 방향일 수밖에 없다. 자원 분배와 자유공간을 향한 압력 통제. 기계 때문에 생긴 자유로운 힘의 적절한 사용. 민족과 인종의 생리학. 지리 경제학, 지리 정치학, 지리 인구학. 세상을 올바르게 통합하기 위한 방향으로 연구활동을 조직함. 우리가 원하든 원하지 않든 우리에게 필요한 것은 한 방향이다. 모든 물리학, 생물학, 심리학을 거쳐 그 넘어로 '하나의 인류의 힘'이 필요하고 어쩔 수 없이 그것을 이루고 있는 중이다.

그러면서 이제 사람에게 집중하는 과학은 '종교'와 얼굴을 맞대게 된다.

3) 과학과 종교의 결합
언뜻 보기에 현대 세계는 반종교운동과 더불어 생긴 것 같다. 사람은 홀로 만족한다. '이성'이 '믿음'을 대신한다. 우리 세대 그보다 앞선 두 세대 정도는 '믿음'과 '과학'이 서로 대치되는 것이라는 말을 들으며 살았다. 언젠가는 믿음이 완전히 사라지고 과학만 남을 것이라는 말까지도 있었다.

그런데 긴장이 사라지지 않으면서 문제의 해결은 서로 배척과 대결이 아니라 균형과 종합으로 끝날 것 같다. 두 세기 동안 치열한 대립이 있었지만 과학도 믿음도 약해지지 않았다. 오히려 서로 상대방 없이는 제대로 발전하지 못한다는 것이 뚜렷해졌다. 그도 그럴 것이 삶은 하나요 그 삶이 둘 모두를 부추기기 때문이다. 믿음의 신비를 제쳐놓고는 과학은 제대로 비약할 수도 없을 뿐·아니라 아예 제대로 성립되기도 힘들다.

비약을 보자. 이 문제는 우리가 행위 문제를 다루면서 짚고 넘어간 적이 있다. 사람이 계속 일하고 연구하려면 그렇게 할 맛이 있어야 한다. 그런데 그 맛은 어떤 믿음에서 나온다. 우주에 어떤 방향이 있으며 우리가 하기에 따라서 세상은 어떤 완성을 이룰 것이라는 믿음이다. 진보에 대한 믿음인 것이다.

과학의 성립을 보자. 사람의 신체조직이나 사회가 계속 개선된다는 것을 과학으로 말할 수 있다. 그러나 우리 꿈을 설명하려면 우리가 사는 이 세상이 하나로 모인다는 점을 받아들이지 않으면 안된다. 그건 어느 정도 이성을 넘어선 직관이다. '하나됨'의 '믿음'이다. 더 있다. 우리가 여러 가지 사실로 미루어 하나됨을 믿는다고 할 때 우리 각자의 사람을 다치지 않고 엮어줄 어떤 접합제가 필요하게 된다. 전진에 따르는 비약을 위해서나 우리 발걸음을 내디딜 무슨 목표를 위해서도 그게 필요하다. 개개인을 강하게 연결해줄 어떤 중심에 대한 믿음이다.

줄여 말하면 이렇다. 과학에서 분석은 낮은 예비단계다. 그 단계를 지나면 종합하는데 종합은 인류의 가장 높은 상태를 현실화하는 데서 절정에 이른다. 그 종합을 시작하자마자 과학은 '미래'를 내다보고 '전체'를 가늠하게 된다. 그러면서 '경배'에 들어간다.

르낭(Renan)과 19세기 사람들이 과학을 종교로 본 것은 옳았다. 다만 인류의 장래는 얼의 힘이 새로운 형태로 뭉치는 데 있다는 점을 놓쳤다.

우리가 움직이고 있는 우주 안에서 원뿔의 평면처럼 우리 둘레를 돌아넘어가는 시간과 공간 운동을 보는 동안은 순전히 과학을 하고 있다고 할 수 있다. 그러나 눈을 위로 돌려 '전체'와 '미래'를 보면 우리는 종교에 들어가게 된다.

종교와 과학. 앎의 두 모습이다. 이 둘이 결합될 때 완벽한 앎을 이루고 진화의 과거와 미래를 모두 끌어안으며, 그것을 생각하고 가늠하고 마무리 지을 수 있다.

과학과 종교, 이성과 신비, 아직은 서로 대립하고 있는 두 능력이 서로를 튼튼하게 할 때 인류의 얼은 최고에 달하고 가장 활기찬 생명력을 띠게 될 것이다.

3. 끝

아직 살아야 할 기간이 엄청나게 남아 있는 인류, 위에서 말한 세 가지 방향으로 나가야 할 인류 앞에 여러 가지 가능성이 놓여 있다.

사람 이전에 생명은 행동하기 위해 전문화를 이룰 수밖에 없었고 전문화에 막혀 비약은 번번이 제자리 걸음을 했다. 그러나 '반성'이 출현한 이후 완전히 새로운 진화의 세계로 들어갔다. 그것은 '인공'이 기관과 별도로 도구를 만듦으로써 개체의 행동 양식을 깊이 있게 하면서 동시에 다양화할 수 있게 되었기 때문이다. 물론 자유를 잃지 않고 말이다. 또한 '생각'을 통해 한 사람 한 사람을 하나의 의식으로 통합할 수 있는 능력이 생긴 것도 전혀 새로운 진화의 세계를 여는 데 중요한 역할을 했다. 과거를 들여다보면 흩어진 유기물질이 지닌 자원을 어느 정도 알게 되지만 '얼누리'가 얼마나 어마어마한 세계인지는 전혀 알 수 없다. 수백만 인류의 진동 소리, 미래를 향한 의식의 뭉치, 백만년 동안 쌓인 생각의 집산물……. 이런 어마어마한 장면을 생각이나 해볼 수 있었겠는가?[원주2]

이런 각도에서 볼 때 가장 놀라운 일은 가장 기다리던 일인지도 모른다.

지상에 '얼'이 더욱 커가는 걸 느끼면서 드는 의문은, 어느 날 생명이 지구라고 하는 영역을 넘어 다른 별을 찾아가든지 아니면 공간을 넘어 다른 의식체와 얼의 교통을 하지 않겠느냐는 것이다. 두 개의 '얼누리'가 만나 서

[원주2] 여러 집단이 단위별로 지성이 뛰어나기 때문에 그러한 단위들을 유지하는 집단 노력을 생각해볼 수도 있다. 아리스토텔레스나 플라톤이나 어거스틴 같은 사람들이 또 나올지 알기 어려운 일이다. 그러나 분명한 것은 우리 현대인은 과거의 위인들이 생각하지 못한 세계를 보고 느끼고 있다는 점이다. 그러한 의식 발전에 맞추어 존재의 구조가 발전한다는 것을 부인할 수 있을까?

로 풍부해진다. 터무니없이 들릴지 모르나 알고 보면 물질의 크기 단계를 얼에 적용한 것이다. '의식'이 종합을 통해 전 지구를 하나로 만든다. 그것이 지구 차원이 아닌 우주 차원으로 되지 말라는 법이 어디 있는가? 별들이 모여 은하계를 이루는 우주에서도 마찬가지 일이 일어날 수 있지 않은가?

그런 가설을 바탕으로 계속 영역을 확장해 나갈 수도 있을 것이다. 그러나 나는 그럴 가능성이 별로 없다고 본다.

사람이 지구 공간을 훌쩍 넘어설 수 있다 해도 몸조직이 지구 환경에 맞추어져 아주 복잡하고 예민하기 때문에 다른 별에 적응한다는 것은 힘든 일이다.

항성의 기간이 너무 길기 때문에 하늘 두 군데에서 두 개의 '생각'이 서로 보조를 맞추어 발전하고 공존한다는 것은 어려운 일이다.

무엇보다 그 두 가지 까닭 때문에 우리 '얼누리'는 지구를 떠나지 않고 홀로 마감하게 되리라고 본다. 그 진행 방향은 공간 차원이 아니라 얼 차원이다.

여기서 자연히 상태 변화의 개념이 다시 나온다.

우리 안에서 그리고 우리를 거쳐 '얼누리'는 계속 올라간다. 이 운동에 대해 우리는 몇 가지 특징을 말했다. '생각' 알갱이들의 모임, 개인과 민족과 인종의 통합, 한 사람 한 사람을 다치지 않으면서 묶는 '큰 사람'. 이 모든 것은 복합성의 법칙과 의식의 법칙을 따라 둥글게 된 지구 그리고 얼의 수렴과 연관이 있다.

자연은 수렴 운동을 하고, 충분한 개체가 충분히 모여 일정한 강도와 일정한 수준에 이르면 더 크게 하나를 이루려고 한다. 그렇게 해서 인류에 이르면 개인의 본능이 그랬듯이 '정확하게' 자신에게로 돌아온다.[원주3] (다시 말해 더 큰 중심을 향해 자기중심을 버리는 일을 그만둔다.) '지구 얼'로서

[원주3] 사람의 역사는 '반성'의 두 임계점 사이에서 이루어진다. 하나는 개인 반성이요 낮은 차원이고 또 하나는 집단 반성이요 높은 차원이다.

는 그것이 끝이요 절정이다.

세상의 끝 : 복잡함과 수렴이 최고에 이른 '얼누리'가 자기 속으로 들어감.

세상의 끝 : 완전히 자란 얼이 물질에서 떨어져 하느님-오메가에 안식함.

세상의 끝 : 나타남과 다시 나타남, 성숙과 도피의 임계점.

성숙해가는[원주4] 지구의 물리 상태와 얼 상태를 두고 두 가지 유형을 말할 수 있는데 그 둘은 서로 반대된다.

첫번째 가설은 상당히 희망을 담고 있다. 우리가 그 이상을 향해 노력하길 바라는 것인데, 그것은 '악'이 마지막 때에 아주 작아진다는 것이다. 과학 덕분에 병과 가난을 두려워하지 않게 될 것이다. 갈수록 강해지는 오메가의 빛을 받은 사람과 지구의 상식 덕분에 미움과 싸움도 사라진다. '얼누리' 전체에 만장일치가 존재한다. '평화'로 수렴이 이루어진다.[원주5] 이론에 어긋나지 않는 얘기들이다.

그러나 '악'도 '선'과 함께 자라 새로운 형태로 최고에 달한다는 얘기도 가능하다. 과거에 늘 그랬듯이 말이다.

큰 차이가 없는 정상은 없다.

인류가 속으로 뭉쳐 생긴 힘은 어마어마할 것이다. 어제나 오늘처럼 내일도 그 힘이 엇갈릴 수 있다. 그것이 기계적으로 뭉쳐 잔인하게 될까? 아니면 마음을 합친 힘이 될까? 사람은 인류 전체의 완성을 이루려고 할까? 자기 혼자 더 커지려고 하지는 않을까? 오메가를 거부하지는 않을까?⋯⋯ 그 경우에 '얼누리'는 하나됨에 기의 이르면서 동시에 서로 다른 두 방향으로 나뉠 수 있다. 얼누리가 이루어지는 과정에서 추측할 수 있는 일이다. '생각'이 결코 하나로 뭉치지 못한다는 얘기다. 그때 사랑은 '얼누리'의 일부만 건드리고 만다. 자기를 떠나 남에게 가는 결단을 내린 일부 사람들만 해당된다. '마지막으로 또 한 번 가지치기를 한다'는 얘기다.

[원주4] 자유로운 집단은 반드시 성숙하게 되어 있다. 그 점에 대해서는 결론을 보라.

[원주5] 그렇지만 '극도의 긴장'은 있다. 임계점에 다가가는 것이기 때문이다. 마지막 때에 천년왕국을 꿈꾸는 사람들과는 전혀 다른 얘기다.

이 두번째 가설은 '묵시사상'과 같은데 그렇게 되면 대개 다음과 같은 세 가지 일이 미래에 일어나게 된다. 먼저, 지구 전체가 하나될 가능성은 사라진다. 그리고 의식은 서로 다른 두 개의 이상을 좇아 안에서 분리된다. '큰 중심' 둘레를 도는 사람들은 따로 있고 큰 중심은 그들을 이끈다. 이 세 가지가 동시에 최고도에 달하면서 세상은 끝나게 된다.

물질이 말라 끝이 나는 지구. 하나되는 형태를 갖추지 못한 채 갈라지는 얼누리. 세상의 일부만 시간과 공간과 악을 넘어 끝까지 가 통합을 이룬다.

그러나 그것은 진보가 아니다. 눈에 보이는 세상을 훌쩍 넘어 황홀경에 젖은 것일 뿐이다. '얼누리'의 수렴하는 특성과 맞지 않는 가설이다.

일치의 황홀경이냐 불일치의 황홀경이냐. 일치의 황홀경도 안의 긴장이 넘쳐나 생긴 것이다.

인간현상을 두고 생각할 수 있는 생물학적 출구는 그것뿐이다.

이 책을 끝까지 읽은 독자는 불만스럽게 책을 덮을지도 모르겠다. 저자가 사실을 말한 것인지 형이상학을 말한 것인지 아니면 꿈 얘기를 한 것인지 모르겠다고 하면서 말이다.

그러나 그렇지 않은 독자라고 해도 이 세상의 수렴을 알기 위해 우리 이성이 어떤 조건을 갖추어야 하는지 잘 이해했을지 모르겠다. 필름 위에 생긴 흠, 힘이 사라진 건전지, 물리학에서 어마어마한 원자의 능력을 인정하게 된 것 등…… 그런 식이었다. 마찬가지다. 사람을 그 몸과 얼 전체로 볼 수 있으려면 시간과 공간을 완전히 재구성해야 한다.

세상 속에 있는 '생각'을 보기 위해 나는 '물질' 속으로 들어갔고 '얼'의 힘을 그려보았고 '얼 발생'을 엔트로피에 맞서는 것으로 보았다. 그리고 '진화'에 방향을 주었고 임계점을 세웠다. 그리고 모든 사물이 무슨 '큰 사람'으로 모인다고 보았다.

가치를 매기는 이같은 나의 작업에 흠이 많을 것이다. 다른 이들이 더 좋은 결론을 내주길 바란다. 나는 다만 문제의 현실이 무엇이며 그것이 얼마나 어렵고 급한 문제인지 알려주고 또 그 문제가 어떤 방향으로 풀려나갈

지 느끼게 하려고 했다.

한 사람 한 사람을 그 안에 품으면서 세상은 더 큰 사람이 되어가고 있다.

글을 마치면서
그리스도교 현상

반성하는 생명이 계속 이어지고 전진하려면 일관되게 끌어주는 무슨 푯대가 있어야 한다. 개체의 활동에도 무슨 희망이 있어야 하며 집단이 뭉치는 데도 큰 사랑이 있어야 한다. 개인으로나 사회로나 '얼누리'는 결국 '큰 중심'인 오메가 포인트의 영향 아래 있다.

진화의 법칙을 사람에게 적용하여 얻은 결론이 그렇다.

상당히 이론에 충실한 결론같아 보이지만 우리 경험으로도 뭔가 그럴듯해 보이지 않는가?

만일 오메가가 마지막 때에 의식이 수렴되어 나타나는 아주 먼 이상향이라면 그 수렴이 있기 전에는 우리 눈에 안 보일 것이다. 우리가 살고 있는 지금 느낄 수 있는 것은 개인의 힘이 모여 이루어진 것뿐이리라.

그러나 우리가 앞서 말했듯이 오메가가 지금 '이미 있으며' 생각하는 집단 한가운데서 활동하고 있다면 지금부터 그 모습이 이모저모로 눈에 띌 것이다. 낮은 단계의 진화에서는 의식의 푯대가 '생물학'에 가려 비인칭으로 작용했다. 그러나 생각하는 존재인 사람에 이르러서는 '큰 중심'이 개인의 중심과 곧 '인격 관계'(사람다운 관계)로 활동할 수 있게 되었다. 그밖의 다른 방도가 있을까?

이 책에서 한 얘기가 헛된 관념론이든지 만일 그렇지 않다면 사람 넘어 사람답게 하는 힘이 넘치는 것을 어떤 모양으로든지 볼 수 있어야 한다. 우리 둘레를 잘 살펴보면 보여야 한다는 얘기다.

'그리스도교 현상'을 연구하는 과학이 그래서 중요하다.

그리스도교 현상.

인간현상을 연구 한 끝에 공연히 덧붙인 말도 아니고 단순히 비슷한 말을 갖다 쓴 것도 아니다. 내가 어떤 얼 속에서 말했는지 그 얼을 밝히는 데 적합한 말이다.

내 자신이 그리스도인이기 때문에 그리스도교를 마음 먹고 변호하는 것 아닌가 의심할 수도 있다. 그러나 한 사람 안에 여러 가지 인식 체계가 있다. 나는 자연과학자로서 말하는 것이지 한 종교의 신자로서 말하는 것이 아니다.

그리스도교는 하나의 사실로서 우리 앞에 있다. 그것은 여러 가지 세상 현실 가운데 하나다.

우리에게는 믿음이 필요하다. 그런데 교리와 그 활기참과 놀라운 성장으로 둘러싸인 그 믿음을 어떻게 우리의 우주관에 연결시키느냐 하는 것이 나의 관심이다. 사람답게 하는 힘이 지배한다고 보는 우리 세계관에 그리스도교의 믿음을 어떻게 갖다붙이느냐 하는 문제다.

1. 그리스도교 교리

밖에서 볼 때 그리스도교는 너무 복잡한 것으로 보인다. 그러나 그 속을 들여다보면 세상을 푸는 방식이 아주 단순하고 놀랍도록 대담하다.

중심에는 사람다운(인격적인) '하느님'에 대한 확신이 버티고 있다. 섭리의 하느님은 세상을 인도하고 계시자 하느님은 앎의 차원에서 앎을 통해 사람과 교통한다. 이 대담한 인격주의의 현실과 그 대가에 대해서는 조금 뒤에 말하는 것이 낫겠다. 여기서 중요한 것은 그런 태도를 지닌 신자들의 마음이 '보편' 속에 들어 있는 위대하고 건강한 것을 얼마나 받아들이겠는가 하는 점이다.

유대교의 뒤를 이었다는 측면에서 그리스도교는 스스로를 어떤 특정한 민족의 종교로 생각할 수도 있었다. 나중에, 사람의 인식이 흔히 그렇듯이 그리스도교 역시 세상을 자기 둘레에 끌어모아 아주 작은 세계관을 가질 수도 있었다. 그러나 그리스도교는 생기자마자 여러 체계를 끌어안았다.

인격주의와 보편주의가 그것이다.

이 두 요소가 그리스도교 신학 안에서 어떻게 하나가 될 수 있었는가?

실천의 필요 때문이기도 하고 잘 알 수 없기 때문이기도 하지만, 옛 성인들의 책에서는 '하느님 나라'를 주로 협정이나 도덕의 관점에서 기술했다. '하느님'은 '세상'을 다스린다. 둘의 관계를 가족이나 정부 같은 무슨 법적인 연합체로 보았다. 그러나 그리스도교의 진수를 만들어낸 샘은 전혀 다른 관점이었다. 복음을 내세우며 그리스도교를 박애주의라고 하는 사람들이 있는데 그건 잘못된 복음주의다. 그리스도교의 '신비'를 이해하려면 그 믿음과 희망이 대단히 현실주의이고 대단히 우주적이라는 점을 놓치면 안된다. '하느님 나라'는 큰 가족과 같은가? 어떤 면에서 옳다. 그러나 생물학식으로 풀어도 옳다. '성육신'[역주1]이라고 하는 대속 사건을 그렇게 볼 수 있다.

하느님이 세상을 창조하고 완성하고 깨끗하게 하는 것은 하느님이 세상을 하나되게 해서 자기와 더불어 있게 하려는 것이다. 우리는 그 사상을 이미 바울이나 요한에게서 본다.[원주1] 그런데 하느님은 어떻게 세상을 하나되게 하는가? '개체'가 됨으로써 사물로 들어와 물질 속에 받침점을 만들고, 오늘날 우리가 '진화'라고 부르는 것의 머리가 되어 이끈다. 세계 생명의 원리인 그리스도는 사람으로서 사람 중에 나타났기 때문에 의식의 상승 속에 한 자리를 차지하고 그것을 깨끗하게 하고 이끌고 북돋운다. 교통과 승화를 통해 그는 지상의 전체 얼을 자기에게로 모은다. 그렇게 해서 전체를 모으고 바꾸었을 때 마지막으로 자신의 또 한 모습인 신성과 결합하면서 자기를 찾고 승리한다. 그래서 성 바울도 말하기를 "모든 것 중의 모든 것이신 하느님"이라고 했다. 허무주의도 아니고 혼합주의도 아니고 '범신론'도

[역주1] 하느님이 사람이 되어 세상에 왔다는 교리.
[원주1] 그리스 사상에서도 '있음'과 '하나됨'은 같은 것 아닌가?

아니다. 완전한 하나됨을 기다리는 것이다. 그래야 세상 전체와 함께 개체도 한껏 드러나기 때문이다.

'세상'은 중심들의 통합으로 완성된다. 그게 하나됨의 법칙이다. 하느님이 바로 중심의 중심 곧 '큰 중심'이다. 이 종말론에서 그리스도교의 교리는 절정에 이른다. 그래서 앞에서 나는 오메가 포인트를 더 자세히 설명하지 않았다. 하느님을 들먹이지 않고는 살아 있는 오메가 포인트를 생생하게 말할 수 없었기 때문이다.

2. 활기참

세상을 이론으로 세워보는 것은 그래도 쉬운 일이다. 그러나 종교의 탄생은 개인의 힘으로 되지 않는다. 플라톤과 스피노자와 헤겔 같은 사람들은 '성육신'과 맞섰다. 그러나 그들의 형이상학은 한결같이 이데올로기의 한계를 넘지 못했다. 물론 그들은 사람들의 얼을 일깨웠다. 그러나 '생명'을 낳지는 못했다. 자연과학자가 보기에 그리스도교 현상의 중요성은 그 활기참에 있다.

그리스도교는 활기차다. 무엇보다도 인류 역사 속에 수많은 운동을 만들어냈다. 모든 사람 모든 계층이 받아들이면서 그것은 '얼누리' 역사 중에 가장 넉넉하고 힘찬 흐름을 이루었다. 그리스도교를 믿든 안 믿든 그 영향력은 오늘날 어디에서나 느낄 수 있지 않은가?

물론 양도 크다. 행동 반경이 대단하다. 그러나 질이 더 중요하다. 그리스도교는 아주 새로운 의식 상태를 낳았다. 생물학에서 말하는 진보를 이룬 셈이다.

내가 생각하는 것은 그리스도교의 사랑이다.

그리스도교의 사랑은 그 맛을 보지 않은 사람은 이해하지 못한다. 무한하고 만질 수 없는 것을 사랑한다. 또 사랑으로 이웃을 위해 싸우기도 한다. 대개 그런 것을 불가능하게 보고 때로는 괴상하게 보기까지 한다. 그러나 환상에 바탕을 두고 있든 아니든 그런 사랑이 있기는 있지 않은가? 그게 비정상으로 보이든 아니든 우리 주변에서 그런 사랑으로 일어나는 일이 많지 않은가? 뚜렷한 사실은, 2천 년 동안 신비스런 사랑에 빠진 사람들이 열정에 불타 헌신을 하고 그것이 후대 인류에게 얼의 비약을 가져다주지 않았던가? 자기 자신을 포기하는 것을 기쁨과 희망으로 삼고 살았던 선남선녀가 많았던 것도 또 사실 아닌가? 만일 성도들 속에 하느님의 사랑이 없다면 거대한 교회 의식이나 직제나 교리가 먼지로 돌아가리라는 것 역시 뚜렷한 사실 아닌가?

사실, 이 땅 어느 곳 생각이 있는 지역에서 참다운 보편 사랑이 나타나, 그것이 머릿속에 있거나 말로 선포될 뿐 아니라 실제로 활동하여 참다운 가능성을 보였다. 그것은 '사람 과학'을 위해 대단히 중요한 현상이다. 더욱이 그 사랑은 사라지지 않고 활기차게 점점 깊이와 넓이를 더해가는 운동을 일으키고 있다. 얼마나 중요한 일인가?

3. 성장력

'현대의 얼'이 거대한 관점의 변화를 가져온 후 옛 종교들은 거의 모두 위기를 맞았다. 완전히 사라지지는 않았더라도 다시 일어서기는 어려울 것이라고 한다. 황당한 신화들로 이루어졌거나 비관주의와 남의 힘을 입는 신비주의로 이루어진 종교들은 '시공간'의 활동력에 적응할 수 없게 되었다. 우리 '과학'에도 안 맞고 우리 '활동'에도 맞지 않았다.

그런데 그런 충격으로 다른 종교들은 힘을 잃었지만 그리스도교는 오히려 앞으로 건너뛰는 비약의 징조를 보인다. 우주 전체를 내다보며 잡히는 새로운 사실들을 가지고 그리스도교는 그 어느 때보다 더 튼튼해지고 세상을 위해서 더 필요한 존재가 되었다.

'더 튼튼해짐.' 그리스도교는 일정한 크기와 연결이 있어야 존재하고 발전한다. 세상이 더 클수록 속의 결속도 더 커지고 그에 따라 '성육신론'이 더 그럴듯해진다. 그리스도인들이 그 점을 발견하기 시작했다. 처음에는 '진화론'에 놀랐지만 이제는 그것이 하느님을 더 가까이 느끼고 하느님께 더 가까이 가는 훌륭한 수단이 됨을 알았다. 흩어지고 멈추어 있는 바탕에서는 그리스도가 우주를 지배한다는 것이 힘으로 내리누르는 것처럼 들린다. 그러나 모이는 얼의 세상에서 그리스도의 힘은 얼마나 깊숙이 자리잡고 있는가? 만일 세상이 모인다면(수렴) 그리고 그리스도가 그 중심이라면 성 바울과 성 요한의 '그리스도 발생'은 '우주 발생'의 절정인 '얼 발생'의 연장이요 그것은 우리가 기다리고 기다리던 것이다. 그리스도는 창조의 위엄을 몸에 두르고 있다. 사람은 이 그리스도로부터 하느님을 받아들이고 찾을 수 있다. 그리스도를 통해 하느님을 받아들인다는 것은 운동하고 있는 우주의 길이와 두께와 깊이 속에서 하느님을 찾는 것이다. 몸과 마음과 얼을 다할 뿐 아니라 하나되고 있는 온 우주를 다하여 하느님을 사랑하는 것, 그것은 '시공간'의 세계에서만 할 수 있는 기도다.

'더 필요함.' 그리스도교가 겉으로 어떻게 보일지 몰라도 과학으로 더 커지는 세상 속에서 잘 적응하고 있다고 말하는 것은 실상의 절반만 보는 것이다. '진화론'은 그리스도교의 호흡에 새로운 피를 넣은 셈이다. 그러나 이번에는 그리스도교 믿음이 '진화'의 뒤를 이어 그것을 구해야 하지 않는가?

'큰 얼'의 끝에 '사람다움'(인격성)이 없다면 아무런 발전도 기대할 수 없다고 했다. 내가 앞에서 강조한 것 가운데 하나가 그 점이다. 그런데 지금 얼누리 전체 지역에서 그리스도교가 상당히 바람직하고 대담한 생각의 흐름을 이룩하고 있다. 믿음과 희망이 사랑에서 절정에 달하는 온전한 행위로 세상을 실제로 품을 수 있는 그런 흐름이다. 이 세상에서 오직 그리스도교만이 한 방에 '전체'와 '개인'을 통합할 수 있는 것 같다. 우리를 이끄는 그 운동을 앞장서서 따르고 사랑하도록 하는 것은 그리스도교뿐인 것 같다.

우리가 미래의 종교에서 기대하는 것들이 그리스도교 속에 있고 그래서 진화의 주축이 그리스도교를 거치지 않는가?

이제 상황을 요약해보자.

첫째, 객관 현상으로 말할 때 그리스도교 운동은 과거를 보거나 현재의 발전 상태를 보거나 독립한 '하나의 계통'(문)이라고 할 만하다.

둘째, 진화를 의식의 상승이라고 할 때, 이 새로운 계통은 정확히 '생물 발생'의 방향에 맞게 나아가고 있다. 사랑을 바탕으로 통합해 나가는 것이 그것이다.

셋째, 앞으로 가는 힘은 비약이다. 이 운동은 저 멀리 있는 큰 얼의 폿대와 '지금 관계하며' 비약을 이룩한다.

우리는 앞에서 세상 끝에 오메가 포인트가 있다고 했다.[원주2] 이제 오메가 포인트가 보인다. 구름을 뚫고 비치는 햇빛이 보인다. 앞에서 이미 위에 있는 것에 대한 '반성'을 말했는데 그것도 보인다. 고독의 단절도 보인다. '남' 그리고 '큰 사람'이 이 세상에 주는 영향도 보인다……. 사회 현상 한 가운데 나타난 그리스도교 현상이 바로 그것 아닌가?

내가 그리스도인이 아니라 단지 과학자였다 해도 같은 말을 했을 것이다. 아주 많은 사실들이 들어맞기 때문이다.

1938년 7월에서 1940년 7월
베이징

[원주2] 어쩌면 '오메가 포인트보다 더 높은 것'이라고 하는 게 더 정확하겠다. 신학에서 말하는 '초자연'에 더 잘 맞추려면 말이다. 하느님과 세상이 지금 여기서 접촉하지만 마침내 매우 가까워지고 오직 은혜만 있는 곳에 이르는데, 그것은 사람이 자기의 '본성'(자연)으로는 생각할 수 없는 '초자연'이다.

인간현상의 본질

이 책을 쓴 이후에도 생각은 변하지 않았다. 나는 요즈음에도 이 책을 처음 쓸 때와 똑같은 방식으로 사람을 본다. 그러나 그 시각이 움직이지 않는 채 굳어 있는 것은 아니다. 10년 전부터 새로운 구도가 생겨 전에 쓴 책의 요점을 간추리고 싶어졌다. 그것은 생각이 깊어졌기 때문이기도 하고 흩어져 있던 여러 생각들이 서로 엮어졌기 때문이기도 하고 새로운 사실들이 밝혀졌기 때문이기도 하며, 더 잘 알아듣도록 해야겠다는 욕심 때문이기도 하다.

다시 생각했지만 인간현상의 본질은 바뀌지 않았다. 나는 그것을 세 가지 명제로 말함으로써 요약과 동시에 결론으로 삼으려고 한다.

1. 안으로 깊어지는 세상 : 복잡해짐과 의식은 우주 법칙이다

우리는 최근에 우주에 익숙해졌다. 수십억 년 전에 원시 원자로부터 수많은 은하계로 퍼져나간 우주 얘기를 많이 들었다. 세상이 폭발로 이루어졌느냐 하는 것은 아직 논란이 많다. 그러나 그런 가설을 무슨 철학이나 신앙을 뒤집어쓴 것으로 보고 거부하는 물리학자는 없다. 그렇다면 내가 내보인 관점의 사정거리와 한계도 얼마나 과학에 들어맞는지를 이해할 수 있으리라. 앞에서 길게 얘기한 것을 아주 줄여 말하면 다음과 같다. 우주는 공간 팽창('아주 작은 것'에서 '아주 큰 것'으로)을 하고 있다. 그리고 더 뚜렷한 것은, 물리화학으로 볼 때 우주는 자기 안으로 감겨들어가 조직을 이룬다(아주 단순한 것에서 아주 복잡한 것으로). 그처럼 '점점 복잡하게' 감겨들어가는 것은 얼 또는 의식이 안으로 깊어지는 것과 밀접히 연관되어 있다.

우리 지구를 놓고 볼 때(생물학을 할 수 있는 곳은 아직 지구뿐이다) 복잡해짐과 의식 사이의 구조 관계는 의심할 수 없는 사실이다. 더 복잡해짐으로 생명을 더하려고 하는 특성은 지상의 모든 물체에 들어 있는 아주 보편적인 현상 가운데 하나다. 이 책에서 밝힌 내 주장의 독창성은 거기에 있다. 과학에서는 우주 물질이 폭발로 전파처럼 퍼져나갈 뿐 아니라 전기자기 힘과 중력으로 아주 작게 응축되기도 하며 더 나아가 방사되어 비물질로 된다는 점을 얘기했다. 과학에서 밝힌 그런 현상과 내가 말한 의식의 현상은 서로 단단히 연관된다.

그처럼 의식을 복잡한 조직활동(유기화)의 열매로 보면 우리 눈으로 머무는 시간은 너무 짧아 그걸 가려내기가 힘들다.

한편으로, 크기가 아주 작은 것 또는 중간쯤 되는 것(매우 큰 분자)도 우리가 느끼기에는 너무 복잡하며 따라서 모든 미립자 속에 아주 작은 양(또는 매우 흩어져 있음)이긴 하지만 무슨 얼이 들어 있음을 인정하지 않을 수 없다. 물리학자들이 느린 운동에서 생기는 양의 변화를 직접 느낄 수 없음에도 불구하고 셈하는 것과 같다.

다른 한편으로, 여러 가지 물리환경(온도, 중력……) 때문에 그 복잡함이 우리가 의식의 방사를 느낄 정도의 크기에 다다르지 못했다 해도, 안으로 깊어지는 운동은 잠시 멈춘 것일 뿐 조건이 갖추어지면 전진을 계속할 것이라고 생각하게 된다.

'복잡함'의 공식을 따르면 우주는 전체로 보거나 한점 한점으로 보거나 계속 자기 속으로 조직해 들어가는 긴장, 다시 말하면 속으로 깊어지는 긴장 속에 있다. 다른 말로 하자면 과학에서 볼 때 생명은 처음부터 무슨 압력을 받고 있다는 얘기다. 그리고 어느 단계에서 그걸 느낀 생명은 그때까지의 과정을 다시 최고 한도로 밀어붙이고 만다는 얘기다.

인간현상을 일관되게 설명하려면 그처럼 활기차게 모여드는 우주 환경과 연관지어야 할 것이다.

2. 첫 사람의 출현 : 개인 반성의 단계

점점 더 복잡한 단위로 발전된다는 것을 확인이라도 하듯, 반성 이전의 영역에서 안으로 깊어지던 우주는[원주1] 수많은 시도를 거쳐가며 한걸음씩 앞으로 나아간다. 이 더듬어 찾는 행위와 재생산 및 유전의 역학(개체수를 줄이지 않고 늘려가면서 한번 얻은 조직상태를 차차 개선해 나간다)이 결합해서 여러 생명체 계통들을 만들어내고 그런 계통들의 전체를 우리는 '계통수'라고 불렀다. 여러 생명체 계통들을 스펙트럼 분산에 비유할 수도 있다. 각 파장의 길이가 의식이나 본능의 수준이라고 보면 말이다.

어떤 각도에서 보면 이 얼 부채꼴의 방산선들이 모두 똑같은 생명으로 보일 수도 있다. 본능도 가지각색이고 해결책도 가지각색인데 서로 비교해 어떤 게 낫다 할 수 없다는 얘기다. 그러나 나는 사람 계통에서 등장한 '반성'에 중요한 가치를 둔다. 그것은 새로운 상태로 들어가는 '문턱'이다. 앞에서 생명을 우주질서의 보편기능이라고 본 것이 내 주장의 독특한 면이라고 했다. 이제 반성의 출현을 중요하게 보는 것이 또 하나 독특한 면이다.

근거 없는 얘기가 아니고 무슨 형이상학에 바탕을 둔 얘기도 아니다. 우리가 경험할 수 있는 사실에 바탕을 둔 얘기다. '반성의 단계'에서부터 새로운 생물학 형태에 들어가게 되었는데[원주2] 몇 가시 특성을 늘어보면 다음과 같다.

첫째, 개체 생명 속에 바깥에서 꾸려가는 요소(기회를 사용함)말고 속에서 꾸려가는 요소(만들어냄)가 생겼다.

둘째, 개체 사이에 정말 가까워지거나 멀어지는 힘(공감 또는 반감)이

[원주1] '반성' 이후에는 그 이전의 우연한 '부딪힘'에다 '계획'과 '만들어냄'을 보탠다. 아니, 대체했다고도 할 수 있다.

[원주2] 물리학이 중간 것에서 아주 큰 것 또는 거꾸로 아주 작은 것으로 옮겨가므로 크게 바뀐 것과 같다. '아주 복잡한 것'을 다루는 생물학이 있어야 한다. 그 점을 너무 쉽게 잊어버린다.

생겨났다. '이른 생명' 또는 낮은 생명에서 서로 끌고 밀고 했지만 그것은 생물권의 움직임에 대한 단순한 반응이었다. 개체 의식이 (미래를 내다볼 수 있게 된 다음부터) '끝없는 다음 생명'에 눈뜨게 되었다. 다시 말하면 생명이 거꾸로 가지 않는 성질을 어느 정도 갖고 있는 상태(속으로 깊어지는 움직임은 한번 시작한 후에는 멈추지 않는다)에서 완전히 갖게 되는 상태(반성하는 '진화'를 계속하는 한 '전체의 죽음'은 있을 수 없다)로 옮겨갔다.

이런 특성은 두말할 나위 없이 매우 뛰어난 것이다. 수와 양뿐 아니라 기능과 생명력이 뛰어나다. 이제 복잡함과 의식의 법칙을 집단 전체의 진화에 의심 없이 적용할 수 있다.

3. 사회 현상 : 집단 반성의 단계

눈에 보이는 대로 말하자면, 사람은 생명의 부채꼴을 이루는 수없이 많은 가닥 가운데 하나에 지나지 않는다. 그런데 이 가닥만이 특별한 위치와 구조로 '본능'을 넘어 '생각'에 이르렀기 때문에 자유로운 세상 속에서 새로운 부채꼴을 낳는다. 인간학에서 볼 때 매우 다양한 민속을 이룬다. 이 두 번째 부채꼴을 보자. 우리가 이 책에서 선보인 '우주 발생'의 모습이 특이하기 때문에 우리 존재는 우리 과학에 다음과 같은 물음을 제기한다. "인류는 속으로 깊어지는 우주 운동에서 생겨났는데 이제 어느 정도나 또는 어떻게 그 운동을 따를 것인가?"

이 물음에 대한 답은 우리 둘레에서 펼쳐지는 '사회 현상'의 본질을 무엇으로 보느냐 하는 데 달렸다.

쉽게 생각하면 수많은 사람이 뭉친다는 것은 어떤 법 효력이 있는 모임이거나 아니면 우연히 모인 것으로 생각된다. 그러므로 생물학에서 말하는 사회집단과 다르다고 본다. 물론 인류가 생긴 이래 계속 번식했고 그래서 그 구성원들 사이도 점점 밀접해졌다. 그러나 그건 참다운 발전이 아니다. 진화로 보면 사람은 달라지지 않는 것 같다. 마치 전에도 달라진 적이 전혀 없는 것처럼…….

그러나 정말 과학자라면 바로 그 점을 받아들일 수 없다.

우리 '사람들' 안에서 생물학 차원의 진화가 머물고 있다. 자기에게로 돌아가면 '생명'은 정지할지 모른다. 그러나 오히려 앞으로 재도약한다고 보아야 하지 않을까? 사람 숫자가 많아지면서 그 안에 얼의 긴장이 더욱 커졌음을 기억해야 한다. 시간과 공간 의식 그리고 발견하는 능력 따위도 더 커졌다. 그런 사건이 그리 신비하게 보이지 않을 수도 있다. 그러나 사람 집단 속에서 얼이 가운데로 모이는 것을 보지 않는가? 그렇다면 진화의 힘이 계속 움직이고 있음을 어떻게 인정하지 않을 수 있겠는가? 그리하여 우리 한 사람 한 사람으로 하여금 각자 자기 속으로 들어가게 하던 힘이 이제 우리 머리를 넘어 계속 작용하리라는 것을 인정하지 않을 수 있겠는가? 다시 말하면 우리 모두 각자 자기 속에서 다른 모든 사람과 조직을 이루는 방향으로 가지 않겠는가 말이다.

"인류가 사회를 이루면서 지상에 있는 모든 반성체 다발 전체를 통째로 자기 속으로 깊어지게 한다. 그것은 결국 '속으로 깊어지는' 우주 진화의 축이 인류로 이어져 활동한 결과다." 이것이 '인간현상'을 과학의 눈으로 보면서 내가 주장하는 세번째 명제다. 앞에서 공식 두 개(하나는 생명의 뛰어남, 또 하나는 반성의 뛰어남)를 말했는데 이 세번째 공식도 매우 중요하다.

사회 현상을 어떻게 그렇게 볼 수 있는지 역사를 짚어가며 여기서 자세히 설명할 필요는 없다고 생각한다. 다만 이 정도 얘기하려고 한다. 즉 개인에게서 질정에 달하는 개체의 사람됨을 넘어 정말 우리 위로 또 다른 사람됨의 과정이 집단으로 일어나고 있다면, 개인 반성의 단계에 들어 있는 세 가지 특성이 인류가 이루는 사회에도 똑같이 들어 있으리라.

첫째, 우리 시대부터 연구 능력을 크게 개발해서 만들어내는 힘이 매우 컸다. 그래서 사람 진화의 비약을 말할 수 있게 되었다.

둘째, 아직 혼란스럽게 작용하고 있지만 서로 잡아 끄는 힘(또는 밀어내는 힘)이 우리 속에서 매우 빨리 커져 세계를 꾸려나가는 경제체제가 현재의 이데올로기로 유지될지 알기 어렵게 됐다.

셋째, 아직 개인 차원에서 머뭇거리긴 하지만 거기서 나와 반드시 '인류'

의 이름으로 존재하려고 한다. 반드시 그렇다. 혼자 동떨어져 있는 사람은 신체로나 도덕으로나 자기 자신을 완전히 없앨 수 있다고 생각하지만 만일 인류 전체가 사라지게 될 지경에 이르렀다면 인류는 반드시 거기에 대항한 다. 지구를 통째로 한꺼번에 앞으로 끌기는 매우 어렵다. 그래서 우리가 깨 끗하고 훌륭하게 될 때까지 인류는 언제까지 계속 존재하는 수밖에 없다.

이런 여러 가지 사실들을 종합할 때, 인류라고 하는 집단은 개인주의로 말미암아 하나하나 흩어지는 일도 없고 (우주 비행사들 덕분에) 우주로 뻗 어나가 죽음을 당하는 일도 없고 큰 재앙으로 멸망하지도 않으며 지상의 반성하는 개체들이 모이고 뭉침에 따라 두번째 임계점을 향해 나아간다고 보여진다. 이런 나의 생각은 과학이며 '가운데로 모이고 복잡해지는' 보편 법칙에도 들어맞는다. 어쨌든 두번째 임계점은 집단반성이다. 그것은 임계 점이기 때문에 우리가 여기서 그 다음을 볼 수는 없다. 그러나 그 점을 거 치면서 '생각'과 '오메가'가 만나리라는 예상은 할 수 있다. 사물의 바탕이 속으로 깊어져 생긴 '생각'과 그처럼 속으로 깊어지는 운동을 일으키고 북 돋우는 '오메가'가 거기서 만날 것이다.

독자들이 가질 만한 세 가지 물음에 대한 내 생각을 말하고 이 책을 마치 려 한다. 첫째, 거기에 자유(또는 세상이 망할 가능성)가 있는가? 둘째, '물질'과 비교할 때 '얼'의 가치는 무엇인가? 셋째, 우주가 '속으로 깊어진다' 고 할 때 '하느님'과 '세상'의 차이가 있는가?

첫번째 물음을 보자. '우주 발생'의 성공 가능성에 대해 말하자면 사람됨 의 성공이 필연이요 운명이요 보장되어 있다는 것은 아니다. '반성'의 종합 은 조직하고 속으로 깊어지는 '얼 발생'의 힘으로 이루어지는데 그 힘이 잠 시도 늦추지 않고 사람을 압박한다. 그렇기 때문에 '모든 게 잘 되면' 이러 이러한 방향으로 가리라[원주3]고 앞일을 예상할 수 있다는 것뿐이다. 그러나

[원주3] 보기를 들자면 사회통합의 방향으로 간다든지, 기계화와 자동화로 얼이 자유롭게 된다든 지, 끝까지 '모든 걸 해보고' '모든 걸 생각하는' 방향으로 간다든지 하는 것들이다.

그 본질 때문에라도 크게 복잡하게 되려면 두 가지 방식이 서로 결합해야한다. 특히 사람이 그렇다. 먼저, 알맞은 기회를 (여러 번 시도하여) 더듬어 찾아야 한다. 그 다음 생각해서 만들어내야 한다. 그러므로 '속으로 깊어지는' 우주의 힘이 아무리 크고 세도 이 두 가지 조건이 충족되느냐에 따른 불확실함이 있다. 하나는 기회 문제이고 또 하나는 자유와 관련된 문제다. 그러나 또 한 가지 밝힐 것은 아주 큰 집단(인류 같은)의 경우엔 '실수 없이 일을 치르는' 경향이 있다는 점이다. 거기에 끼어든 개체가 많기 때문에 성공할 기회는 많아지고 실패할 기회는 적어진다.[원주4]

두번째 물음을 보자. 얼의 가치를 말하자면, 현상으로 볼 때 '물질'과 '얼'은 단순히 무슨 '사물'이나 '본질'이라기보다 결합'변수'다. 그러므로 그 실체가 뭔지 손에 잡으려고 하기보다는 '시간'과 '공간'에 따른 운동을 보아야 한다. '의식' 역시 무슨 실체 덩어리로 보기보다는 '복잡함'의 '열매'로 보아야한다.

그렇게 되면 매우 중요한 것들이 떠올라 어떤 새로운 형이상학을 세울 수 있다.

조금 전에 내린 의식의 정의를 받아들인다면 '사물의 안'을 복잡함이 아주 옅은 밑의 존재들에게까지 끌고 내려갈 수 있다. '얼'은 그 농축의 정도가 각각 다르긴 하지만 모든 현상에 다 들어 있다는 얘기가 된다.

거꾸로 아주 복잡한 것을 향해 위로 올라가면 같은 '얼'이 복잡함을 더해감에 따라 자율을 더해간다. 생명의 기원에서는 각 개체 안에서 정돈점(F_1)이 의식의 수렴점(F_2)을 다스리고 이끌었을 것이다. 그러나 위에서는 그 균형이 바뀐다. '개인 반성의 단계'에서부터 F_2가 (만들어냄을 통해) F_1의 발전을 좌우한다. 그리고 더 높이 올라가 집단 반성에 가까이 가면 F_2는 시간과 공간의 틀을 벗고 최고의 보편점인 오메가 포인트와 결합하려고 한

[원주4] 그리스도인들은 사람이 되신 하느님의 부활을 생각하면 된다. 그러면 '사람됨'(또는 우주의 속이 깊어짐)의 과정이 마침내 성공한다는 것을 알게 된다. 물론 그것은 믿음이므로 '현상'에선 떠난 얘기다.

다. 나타남 이후 다시 나타남이다! 우주가 '속으로 깊어진다'는 점에서 볼 때 '의식'은 '우주'와 같은 크기가 될 뿐 아니라 우주는 '생각'의 형태를 띠며 안으로 깊어진다.

'얼'이 더 뛰어나다는 것을 이보다 더 뚜렷하게 말할 수 있을까?

세번째 질문을 보자. '진화'라고 하면 계속 '범신론'의 논란이 이는데 여기서 그 염려를 떨쳐버리기 바란다. '수렴하는 우주'를 내가 말할 때, 개체 중심들을 통합하는 '큰 중심'은 개체 중심들을 없애거나 그것과 섞이지 않는다. '큰 중심'은 개체 중심들을 초월하여 이미 있다. 말을 갖고 늘어지면 어쩔 수 없이 그것도 '범신론'이라고 할 수 있겠는데, 그렇다면 정말 합당한 범신론이다. 왜냐하면 반성하는 중심들이 결국 '하느님과 하나'가 된다는 얘기는 하느님과 사람이 똑같아지는 것(하느님이 만물이 됨)이 아니라 서로 다른 가운데서 사랑으로 교통하는 것(만물 안에서 만물을 충만하게 하는 하느님)[역주1]이기 때문이다. 그것은 정통 그리스도교 사상이다.

[역주1] 이것은 에베소서 제1장 23절의 일부분이다.

진화하는 세계에서 악의 자리와 크기

이 긴 글을 읽은 후에도 한 가지 이상한 점이 독자에게 남을지 모른다. 어디서도 고통이나 잘못 같은 낱말을 들먹이지 않은 점이다. 내가 말한 세계 속에서는 악은 사라질 것이고 그래서 악의 문제는 문제가 되지 않는 것일까? 그렇다면 세상을 너무 단순하고 순진하게 본 것 아닐까?

지나친 낙관주의 또는 순진한 낙관주의라는 비난이 있지만 사실 나는 이 책에서 사람됨이라고 하는 생물학 차원의 과정이 잘 진행될 때의 모습을 보이려고 했다. 그렇기 때문에 나쁜 경우는 말할 필요를 느끼지 못했다. 어두운 면을 자꾸 말하거나 꼭대기와 꼭대기 사이에 있는 골짜기의 깊이를 자꾸 말해서 뭐가 좋은가? 그런 어두운 면이 있고 그런 골짜기가 있다는 것은 너무 뚜렷하지 않은가? 내가 말하지 않아도 독자들은 그 점을 보았으리라고 믿는다. 그러므로 나는 우주 사건을 말하려 했는데 거기서 목가풍의 살림살이를 보려고 하는 것도 잘못이다.

이 책에 '악'의 얘기는 없다. 글자가 눈에 띄지는 않는다. 그러나 내가 세운 체계 마디마디 구석구석에 악의 문제가 여러 모습으로 들어 있지 않은가?

먼저 '무질서와 실패'가 있다. 반성이 있기 전까지 세상은 기회를 봐가면서 더듬어 나아갔다. 그때는 한번 성공하기 위해 여러 번 실패해야 했고 한번 행운을 얻는 데 여러 번 불행이 있었으며 한번 거룩해지려면 많은 악이 필요했다. 물질 차원에서는 물체가 형태를 갖추거나 흩어지거나 하는 정도다. 그러나 좀더 올라가면 '몸뚱이'에 아픔이라는 게 생긴다. 거기서 더 올라가면 '얼'의 아픔이 있다. '진화'를 진행하면서 악은 우리 둘레 언제 어디서나 생기고 또 생긴다. "방해꾼은 있게 마련이다." 하나가 되어가는 무리 중에 그런 악은 엄청나게 발생한다.

그 다음 '분해'다. 병이나 상처는 어떻게 보면 우연한 불행이다. 그러나 그보다 훨씬 더한 운명이 있으니 그것은 죽음이다. 산 생명에게 죽음은 같은 계통 안에서 한 개체가 다른 개체를 잇기 위해 필요한 조건이다. 죽음은 '생명'이 활동하고 상승하는 데 필요한 장치다.

그리고 '외로움'과 '두려움'이 있다. 빛이 도착하는 데 어마어마한 세월이 필요한 엄청난 우주 속에서 반성을 시작한 의식(사람을 가리킨다)에겐 두려움과 외로움이 있다. 우리는 아직 우주를 잘 모르고 우주가 우리에게 무얼 원하는지도 모른다.

끝으로 '성장의 아픔'이 있다. 분만의 고통이라고 하는 신비한 법칙이다. 화학작용으로부터 얼의 통합에 이르기까지 아주 낮은 데서 높은 데까지 하나로 되는 발전에는 모두 애쓰고 수고해야 하는 분만의 고통이 따른다.

세상의 진행을 진보에서 보지 않고 위험과 수고의 측면에서 보면 새로운 모습이 보일지도 모른다. 위에서 보면 모든 게 안전하고 조화롭게 보이지만 대단한 악(있을 수도 있고 없을 수도 있는 게 아니라 반드시 있는 구조 악이다)이 널려 있어 진화의 흔적을 이루고 있다. 우주는 속으로 깊어진다. 동시에 아파하고 죄짓고 괴로워한다. 자리잡기 그리고 자리를 떠나 중심으로 모이기. 이 두 운동은 높은 산을 오르거나 하늘을 정복할 때처럼 철저하게 대가를 치르게 되어 있다.

아픔과 잘못, 눈물과 피. '얼누리'가 가는 길에는 수많은 부산물이 따른다. 우리가 연구를 시작할 때 운동하는 세상 속에서 처음 본 게 바로 그것이다. 그러나 그게 정말 모두일까? 다른 것은 없을까? 과학이 아닌 다른 눈으로 볼 때 지금 세상에 퍼진 악은 그 양과 힘이 이미 일정 한도를 넘었고, 그것이 진화의 특수 효과로서 정상 효과를 누르고 재앙을 몰고 오지는 않을까?

　나는 잘 모르겠다. 게다가 그 문제를 놓고 이렇다 저렇다 얘기할 곳이 아닌 것 같다. 그러나 한 가지는 뚜렷한 말을 하고 마치자. 경험에서 나온 명제나 자료를 깊이 있게 완성하는 것은 신학의 자유다. 그 자유는 그냥 굴러다니는 것이 아니라 '현상'으로부터 온 것이므로 현상의 제한을 받는다.

　이렇든 저렇든 단순한 생물학자가 보기에도 사람의 서사시는 '십자가'의 길과 그렇게 닮을 수가 없다.

1948년 10월 28일

로마에서

피에르 테이야르 드 샤르댕

● 샤르댕 연보

1881년 5월 1일, 프랑스의 오베르뉴 지방의 오르니크 마을에서 출생.

1899년(18세) 예수회 입단.

1904년(23세) 예수회가 프랑스에서 추방당하자 샤넬 섬에서 철학과 신학을 계속 공부.

1905년(24세)부터 1908년(27세)까지 이집트의 이스마일리아에서 물리학과 철학을 가르침. 이때 앙리 베르그송의 『창조적 진화』(1905)를 정독하고 크게 감명을 받음.

1911년(30세) 예수회 사제로 서품. 이즈음에 이름 있는 과학자들과 어울려 화석을 연구함. 평생을 화석 연구에 바치기로 마음 먹음.

1912년(31세) 프랑스에 돌아와 파리에 있는 국립 역사박물관에서 유명한 고생물학자인 마르셀랭 블레의 지도를 받으며 공부함. 1919년 파리 카톨릭 대학(Institute Catholique de Paris)의 지질학 교수가 됨.

1923년(42세) 국립박물관의 뒷받침으로 고고학 자료를 얻기 위해 몽골로 여행함.

1924년(43세) 화석 상자들을 가지고 파리로 돌아와 교수직에 복귀.

1926년(45세) 다시 극동지방으로 떠나 상당한 기간을 이곳에서 보냄. 중국 정부의 지질학 연구소 및 다른 나라들과 손을 잡고 자료 수집과 연구를 계속함.

1928년(47세) 12월 샤르댕의 제자들로 구성된 중국인 발굴대가 북경원 인의 유골 발견. 이 결과로 중국 지질학 관찰단의 고문으로 정식 추대됨. 이후 만주와 시베리아 고비 사막까지 발굴을 계속함.

1933년(52세) 북미를 여행하면서 뉴욕과 시카고 여러 대학에서 강연하고 일본과 파리를 거쳐 북경에 갔으며, 다시 워싱턴으로 돌아가 범태 평양지질학회에서 '중국의 화석 인간'이란 제목으로 강연함.

1934년(53세) 진화론을 받아들이는 그의 신학이 프랑스 교계에 물의를 일으키기 시작함.

1935년(54세) 북인도와 자바에서 발굴을 계속함.

1939년(58세) 제2차세계대전이 터지면서 북경에서 구금됨. 이 기간에 그 의 대표작인 『인간현상』을 씀.

1946년(65세) 파리로 돌아와 6년 동안 예수회 수도원의 작은 골방에서 지내며 수많은 학자들과 토론하고 학생들에게 강연함.

1948년(67세) 『인간현상』이 로마 교황청의 서적 검열에 걸림.

1950년(69세) 프랑스 아카데미 위원으로 선출됨.

1951년(70세) 교회에서 추방되어 70세의 고령으로 파리를 떠나 망명길에 오름. 이때 뉴욕의 그렌 재단이 그를 상임위원으로 추대.

1951년(70세)부터 **1953년**(72세)까지 최초의 인류가 생겨났을 곳으로 여 겨지는 남아프리카로 가서 발굴을 함.

1954년(73세) 봄에 파리에 가 강연을 하였으나 다시 문제가 됨.

1955년(74세) 4월 10일 부활주일 저녁 뉴욕에서 숨을 거둠.

HANGIL GREAT BOOKS **23**

인간현상

지은이 테야르 드 샤르댕
옮긴이 양명수
펴낸이 김언호

펴낸곳 (주)도서출판 한길사
등록 1976년 12월 24일
주소 10881 경기도 파주시 광인사길 37
홈페이지 www.hangilsa.co.kr
전자우편 hangilsa@hangilsa.co.kr
전화 031-955-2000~3 **팩스** 031-955-2005

출력 블루엔 **인쇄** 오색프린팅 **제책** 경일제책사

제1판 제 1 쇄 2001년 9월 15일
제1판 제11쇄 2023년 4월 30일

값 25,000원

ISBN 978-89-356-0194-3 94160

• 잘못 만들어진 책은 구입하신 서점에서 바꿔드립니다.

한길그레이트북스 인류의 위대한 지적 유산을 집대성한다

●한길그레이트북스는 계속 간행됩니다.